MORE
Effective C#

더 강력한 C# 코드를 구현하는
50가지 추가 전략과 기법 **2판**

빌 와그너 **지음**
김완섭 **옮김**

 Addison-Wesley 한빛미디어
Hanbit Media, Inc.

모어 이펙티브 C#

더 강력한 C# 코드를 구현하는 50가지 추가 전략과 기법

2판 1쇄 발행 2019년 5월 6일
2판 2쇄 발행 2023년 8월 4일

지은이 빌 와그너 / **옮긴이** 김완섭 / **감수** 김명신 / **펴낸이** 김태헌
펴낸곳 한빛미디어(주) / **주소** 서울시 서대문구 연희로2길 62 한빛미디어(주) IT출판2부
전화 02-325-5544 / **팩스** 02-336-7124
등록 1999년 6월 24일 제25100-2017-000058호 / **ISBN** 979-11-6224-089-2 93000

총괄 송경석 / **책임편집** 서현 / **기획·편집** 박지영 / **교정** 윤지현 / **진행** 이민혁
디자인 표지·내지 김연정 전산편집 이경숙
영업 김형진, 장경환, 조유미 / **마케팅** 박상용, 한종진, 이행은, 고광일, 성화정, 김한솔 / **제작** 박성우, 김정우

이 책에 대한 의견이나 오탈자 및 잘못된 내용에 대한 수정 정보는 한빛미디어(주)의 홈페이지나 아래 이메일로
알려주십시오. 잘못된 책은 구입하신 서점에서 교환해드립니다. 책값은 뒤표지에 표시되어 있습니다.

한빛미디어 홈페이지 www.hanbit.co.kr / 이메일 ask@hanbit.co.kr

지금 하지 않으면 할 수 없는 일이 있습니다.
책으로 펴내고 싶은 아이디어나 원고를 메일(writer@hanbit.co.kr)로 보내주세요.
한빛미디어(주)는 여러분의 소중한 경험과 지식을 기다리고 있습니다.

모든 면에서 귀한 영감을 주는 말린과 라라, 그리고 스콧에게

지은이 · 옮긴이 소개

지은이 **빌 와그너** Bill Wagner

일리노이 대학에서 컴퓨터 과학을 전공했고 현재 마이크로소프트의 .NET Core 콘텐츠팀에서 C#과 .NET 관련 교육 자료를 작성하는 업무를 담당하고 있다. 세계 최고의 C# 전문가 중 한 명이며 ECMA C# 표준 위원회의 멤버이기도 하다. 휴매니테리언 툴박스Humanitarian Toolbox의 대표이자 마이크로소프트 지역 디렉터인 동시에 11년간 .NET 분야의 MVP이기도 하다. 최근에는 .NET Foundation 자문 위원으로 위촉되었다. 스타트업부터 대기업에 이르기까지 다양한 기업의 개발 프로세스를 개선하고 개발팀을 성장시키는 일을 돕고 있다. 앞서 『Effective C#』을 출간한 바 있다.

옮긴이 **김완섭** jinsilto@gmail.com

네덜란드 트벤터 대학교 ITC에서 Geoinformation for Disaster Risk Management 석사 학위를 취득했다. 약 9년간 일본과 한국의 기업에서 IT 및 GIS/LBS 분야 업무를 담당했고, 일본에서는 세콤SECOM 계열사인 파스코PASCO에서 일본 외무성, 국토지리정보원 등 정부 기관 대상의 시스템 통합(SI) 업무를 담당했다. 이후 야후 재팬으로 옮겨 내비게이션 지도 개발 담당 시니어 엔지니어로 근무했으며, 한국으로 돌아와 SK에서 내비게이션 지도 데이터 담당 매니저로 근무했다. 현재는 싱가포르의 한 국제 연구 기관에서 Technical Specialist로 근무 중이다.

저서로는 『나는 도쿄 롯폰기로 출근한다』가 있으며, 역서로는 『C# 코딩의 기술 기본편』, 『C# 코딩의 기술 실전편』, 『코딩을 지탱하는 기술』, 『코딩 부트캠프 with 파이썬』, 『스프링 부트 프로그래밍 입문』, 『그레이들 철저 입문』(이상 길벗), 『인공지능 70』, 『처음 만나는 자바스크립트』, 『다양한 언어로 배우는 정규표현식』, 『다양한 언어로 배우는 정규표현식』, 『그림으로 공부하는 IT 인프라 구조』, 『그림으로 공부하는 시스템 성능 구조』(이상 제이펍) 등 30여 종이 있다. 블로그(https://blog.naver.com/itbk100)에 IT 번역 관련 이야기와 싱가포르 직장 생활을 소개하고 있다.

처음 C#을 접한 것은 10년 전이다. 비주얼 스튜디오 2005로 개발했던 기억이 아직도 생생하다. 당시에는 스레드 관련 기능이 다양하지 않아서 직접 스레드를 구현해야 했고, 예기치 못한 곳에서 오류가 발생해서 프로그램이 헛도는 경우가 자주 있었다. 하지만 이제는 모두 옛이야기다.

이 책을 번역하면서 새삼 기술 변화 주기가 매우 빠르다는 것을 느꼈다. 개발자가 불편하다고 여겼던 기능들이 빠르게 개선되고 새로운 알고리즘이나 라이브러리가 속속 등장하고 있다. 이 책은 생각 이상으로 깊이가 있는 책이다. C# 내부 깊숙이 파고들어 C#의 모든 것을 보여준다.

지금까지 30여 권이 넘는 IT 기술서를 번역했다. 입문서도 있었고 중고급자용 서적도 있었다. C#은 물론 자바, 파이썬, HTML 등 다양한 언어의 책을 번역했지만 다른 책과는 달리 이 책은 언어 자체를 깊이 다룬다. 그만큼 번역에 더 많은 시간과 노력을 쏟은 책이라 더 애착이 가는지도 모르겠다.

공교롭게도 일서와 영서의 C# 고급서를 모두 번역한 번역가가 됐다. 『C# 코딩의 기술 실전편』은 일본 아마존 베스트셀러이며, 『More Effective C#』은 미국 아마존뿐만 아니라 전 세계에서 명성을 얻은 책이다. 두 책의 스타일이 너무 달라서 비교하기는 어렵지만 두 저자(일본인과 미국인)가 접근하는 관점이 다른 것은 분명하다. 서로 다른 관점의 C#을 번역할 수 있었다는 것이 개인적으로는 영광이다.

예전에는 C#은 자바를 모방한 언어라는 소리를 많이 들었다. 실제 코딩 방식도 매우 비슷했다. 하지만 지금의 C#이 C++를 대체할 정도로 성장한 느낌이다. C++ 개발자가 귀했던 것처럼 C# 개발자가 귀한 시기가 오지 않을까 생각해본다. 이 책이 시대를 앞서가는 엔지니어가 되는 길을 알려주리라 믿는다. 특히 책의 마지막 부분에서 C# 커뮤니티에 적극적으로 참여할 방법을 소개하는데, 이를 통해 수동적이 아닌 능동적인 C# 개발자가 될 수 있을 것이다.

좋은 책을 번역할 수 있도록 허락해주신 한빛미디어 관계자분들과 이 책을 담당한 박지영 과장님에게 감사의 인사를 전한다. 책을 번역하는 동안 힘든 육아를 혼자 짊어진 속 깊은 아내(로이 엄마이자 나의 아내인 희운)에게 고맙다는 말을 전하고 싶다.

2019년 싱가포르에서

김완섭

개발 언어는 개발자에게 세상을 바라보는 시각을 제공함과 동시에 문제를 해결하기 위한 논리의 기초 체계가 된다는 점에서 핵심적인 가치를 제공한다. 언어의 구조, 표현 체계, 수행 환경, 개발 도구 등은 문제 영역을 정의하고, 그 문제를 해결하기 위한 접근 방식을 규정한다는 측면에서 사람의 언어와 유사하며, 개발 언어에 입문하고 익혀나가는 과정 또한 닮았다.

개발 언어를 능숙하게 사용하기 위해서는 문법적 특성과 라이브러리를 익히는 것만으로는 충분하지 않다. 실용적인 관점에서 개발 언어의 장단점을 분석하고, 문제를 해결하기 위한 다양한 접근 방법을 살펴보며 커뮤니티에서의 토론 과정을 거쳐 성숙하는 과정이 필요하다.

이런 이유로 특정 개발 언어를 전문가 수준으로 활용하기 위해서는 입문서만으로는 턱없이 부족하며, 플랫폼이나 라이브러리에 관한 참고 서적을 읽는 것으로도 충분하지 않다. 하지만 불행히도 입문서는 차고 넘치지만 올바른 고급 서적은 그리 많지 않다.

『More Effective C#』은 『Effective C#』과 시리즈를 이루는 빌 와그너의 대표 서적이다. 빌 와그너가 C# 커뮤니티에 기여한 바는 적지 않은데, 그중 단연 돋보이는 활동 중 하나가 『Effective C#』을 저술한 것이 아닐까 싶다. 10여 년 전 출간된 『Effective C#』의 초판본은 출간 즉시 미국은 물론 전 세계 C# 개발자들에게 큰 영감을 주었을 뿐 아니라, 실용적인 고급 안내서로서 모든 개발자가 반드시 읽어야 하는 바이블로 자리매김하였다. 『More Effective C#』은 『Effective C#』의 2부라고 할 수 있으며, 1부에서 미처 다루지 못한 내용과 고급 활용 기법을 담고 있다.

초판 시리즈가 출간된 지 10여 년, 그간 눈부시게 발전한 C# 언어와 프레임워크의 새로운 면모와 더불어 C# 커뮤니티에 쌓여온 지식을 담아낸 개정판을 만나볼 수 있다는 것은 C# 개발자들에게는 행운과도 같은 일이다.

이 책은 단순히 언어와 프레임워크의 체계와 구현 특성만을 설명하는 것에 그치지 않는다. 현업에서 C# 언어를 이용하여 개발할 때 흔히 겪는 문제와 그 해결책, C# 언어에 새롭게 추가되고 개선된 내용을 적재적소에 사용하는 방법, 문제의 발생 원인을 찾고 이를 개선하는 방법과 같이 다른 책에서는 쉽게 접할 수 없는 내용을 담고 있다.

최근 한국어 개정판이 출간된 『Effective C#』과 함께 『More Effective C#』은 C# 개발자라면 반드시 읽어볼 것을 권한다.

김명신, 마이크로소프트 기술 에반젤리스트

『Effective C#(3판)』역자

기술 서적의 번역은 결코 쉬운 일이 아니다. 일반 번역가도 기술 서적을 번역할 수는 있지만, 경험에 근거하지 않은 경우나 배경지식이 없는 경우에는 독자가 납득할 만한 수준의 번역이 나오기 어렵다. 김완섭 번역가는 이미 10년 이상을 현업에 종사하면서 다양한 IT 프로젝트와 기술을 경험한 베테랑이다. 그뿐만 아니라 30권이 넘는 기술 서적을 번역한 몇 안 되는 기술 서적 전문 번역가이기도 하다.

이 책은 C#을 이미 어느 정도 알고 있는 독자가 더 깊이 있게 이해할 수 있도록 도울 뿐만 아니라, 개념적으로도 자바나 다른 언어와 연계되는 심도 있는 부분까지 다루고 있어서 다른 언어의 개발자에게도 도움이 될 것이다.

조대명, 헬로마켓 CTO

들어가며

C#은 계속 진화하고 있으며 이에 발맞추어 주변 커뮤니티에도 변화의 바람이 불고 있다. 더 많은 개발자가 C#을 실무에 사용할 첫 번째 프로그래밍 언어로 채택한다. 다행히 이런 개발자는 C 기반 언어를 수년간 사용하다 C#으로 옮기는 개발자가 흔히 지니는 선입견을 갖지 않는다. 오랫동안 C#을 사용한 개발자도 이런 C#의 빠른 변화 때문에 새로운 개발 습관을 익혀야 하는 실정이다. C# 언어의 혁신적인 발전은 특히 컴파일러가 오픈소스화되면서 가속도가 붙었다. C#에 새로운 기능을 제안하면 예전에는 몇몇 전문가만 검토 과정에 참여했지만 이제는 커뮤니티 전체가 참여한다.

권장 아키텍처와 배포 방식의 변화는 C# 개발자로서 알고 있어야 할 프로그래밍 작성 방식도 바꿨다. 마이크로서비스microservice 구성이나 분산 프로그래밍 알고리즘에서 데이터를 분리하는 방식 등은 모두 최신 애플리케이션을 개발할 때 필요한 요소다. C#은 이런 새로운 개발 방식을 수용하는 첫걸음을 이미 내디뎠다.

『More Effective C#(2판)』은 C# 언어 자체에 대한 변화뿐만 아니라 C# 커뮤니티의 변화도 함께 고려해서 집필했다. C#이 어떻게 발전해서 현재에 이르렀는지에 관한 내용보다는, 현재의 C#을 어떻게 사용하면 좋을지를 알려준다. 최신 C#이나 최신 애플리케이션에서 사용하지 않는 오래된 기능은 이번 개정판에서 제외했다. 이 책은 언어와 프레임워크의 새로운 기능과 이를 사용한 다양한 버전의 소프트웨어를 다룬다. 『More Effective C#(1판)』을 읽은 독자라면 알겠지만 『Effective C#(3판)』 이전에 다룬 내용도 이번 2판에 포함시켰으며 『More Effective C#(1판)』의 내용 중 제외된 부분도 많다. 이번 2판에서는 이 두 책을 재구성했다고 볼 수 있다. 이 책에서 다루는 50가지 비법은 전문 개발자로서 C#을 더 효율적으로 다룰 수 있도록 안내할 것이다.

이 책은 C# 버전 7을 기반으로 설명하지만 새로운 기능을 빠짐없이 모두 다루지는 않는다. 다른 'Effective' 시리즈가 그렇듯이 늘 접하는 문제를 새로운 기능을 이용해서 어떻게 해결할 수 있는지를 실용적인 관점에서 다룬다. 특히 이 책은 일반적인 프로그래밍 구문을 새롭고 효율적으로 작성할 수 있게 해주는 신기능을 소개한다. 인터넷을 검색하면 결국 찾게 되는 것은 주로 옛날 방식이다. 이 책은 이런 이전 방식의 문제점을 다루고 언어 차원의 진화된 기능을 사용하는 편이 왜 더 나은지를 설명한다.

이 책에서 제시하는 추천 기법 대부분은 로슬린Roslyn 기반 분석기 및 코드 픽스를 사용해서 검증할 수 있다. 코드는 깃허브(https://github.com/BillWagner/MoreEffectiveCSharp Analyzers)에서 관리한다. 코드에 대한 새로운 아이디어가 있거나 저장소에 참여하고 싶은 독자는 풀 리퀘스트나 이슈를 작성하면 된다.

이 책의 대상 독자

『More Effective C#』의 주요 대상 독자는 C#을 주 언어로 하는 전문 개발자다. C# 구문과 기능을 이미 알고 있다고 가정하며 C#을 전반적으로 다룰 줄 아는 독자가 대상이다. 따라서 이 책에서는 C# 언어의 기본 기능이나 특징은 다루지 않는다. 대신 C#이 현재 제공하는 모든 기능을 실제 업무에 어떻게 접목시킬 수 있는지를 알려준다.

C#의 기본 기능뿐 아니라 공용 언어 런타임Common Language Runtime (CLR)과 JITJust-In-Time 컴파일러에 대해서도 어느 정도 이해하고 있다고 가정한다.

이 책에서 다루는 내용

1장 데이터 타입에서는 언제, 어떤 접근법을 선택해야 하는지 그리고 목적에 따라 어떤 프로그래밍 방식을 선택해야 하는지 소개한다. 우리는 언제 어디서나 데이터를 접할 수 있는 세상에 살고 있다. 객체 지향형object-oriented 접근법에서는 데이터나 코드를 타입type의 일부나 타입 자체로 인식한다. 함수형functional 접근법에서는 데이터를 메서드로 처리한다. 서비스 지향형service-oriented 접근법에서는 데이터 처리 코드에서 데이터를 분리시킨다. C# 언어가 진화하면서 이 모든 접근법에서 공통으로 사용할 수 있는 C#만의 프로그래밍 방식을 지니게 됐다.

2장 API 설계에서는 C#이 제공하는 화려한 기능을 사용해서 원하는 기능을 표현할 수 있는 최적의 방법을 소개한다. 지연 평가lazy evaluation 활용법과 구성형 인터페이스composable interface 제작 방법을 배우고, public 인터페이스 내에서 언어 요소 간 발생할 수 있는 다양한 문제에 대해 다룬다. 프로그래밍은 기본적으로 API를 설계하는 것이다. API는 사용자가 여러분이 작성한 코드를 사용할 수 있도록 사용자와 상호작용하기 위한 도구다. 또한 API 설계는 다른 개발자의 필요와 기대를 얼마만큼 이해하고 있는지를 말해주는 척도다.

3장 태스크 기반 비동기 프로그래밍에서는 태스크 기반 비동기 언어를 사용해서 다양한 자원을 기반으로 서로 다른 서비스에서 코드를 실행하는 방법을 배운다. 태스크 기반 비동기 프로그래밍task-based asynchronous programming은 C#만의 새로운 방식으로 비동기 블록을 이용한 애플리케이션을 작성할 수 있게 한다. 이 기능을 제대로 익히면 코드가 언제 어떤 식으로 실행되는지 명확하게 파악할 수 있는 비동기 처리용 API를 쉽게 작성할 수 있다.

4장 병렬 처리에서는 멀티스레드 병렬 실행이라는 구체적인 비동기 프로그래밍 예를 살펴본다. PLINQ가 다중 코어, 다중 CPU에서 동작하는 복잡한 알고리즘을 어떻게 단순화하는지 볼 수 있다.

5장 동적 프로그래밍*에서는 C#의 동적 언어dynamic language로서의 측면에 대해 다룬다. C#은 강력한 정적 타이핑 언어다. 하지만 오늘날 프로그램은 대부분 동적 타이핑dymamic typing과 정적 타이핑static typing 모두를 지원한다. C#은 정적 타이핑의 장점을 잃지 않으면서도 프로그램 전체에 동적 프로그래밍 방식을 적용할 수 있다. 5장에서는 동적 기능의 사용법과 동적 타입이 프로그램 전반에 걸쳐 초래하는 메모리 누수 방지 방법을 소개한다.

6장 글로벌 C# 커뮤니티에 참여하기에서는 글로벌 C# 커뮤니티에 참여할 방법을 소개한다. C# 커뮤니티에 참여할 다양한 방법을 통해 C# 능력을 향상할 수 있을 것이다.

---

* 역자주_ 흔히 dynamic programming은 '동적 계획법'을 일컫지만, 이 책에서 저자는 '동적 타이핑의 특성을 활용한 프로그래밍 방식' 정도의 의미로 이 단어를 사용했다.

이 책의 예제 소스

일반적으로 책에 코드를 수록할 때는 페이지 분량이나 가독성을 고려한다. 이 책에서도 코드 전체를 다 싣지 않고 핵심을 이해할 수 있는 예제 일부만 수록했다. 경우에 따라선 클래스나 메서드의 일부를 생략하고 수록할 때도 있어서 수록된 코드만 실행할 때는 오류가 발생할 수도 있다. 또한 public 메서드의 경우 매개변수나 입력값이 유효한지 검증해야 하지만 이 책에서는 지면의 제약으로 해당 코드를 생략한다. 복잡한 알고리즘에서는 메서드 호출이나 try/finally 구문에 대한 검증 코드도 생략한다.

대부분의 개발자가 적절한 네임스페이스를 찾을 수 있다고 가정하고 예제에서는 일반적인 네임스페이스는 생략한다. 즉 모든 예제에서 다음 using 문이 암묵적으로 생략됐다고 보면 된다.

```
using System;
using static System.Console;
using System.Collections.Generic;
using System.Linq;
using System.Text;
```

감사의 글

이 책이 나오기까지 수고한 많은 분에게 감사의 말을 전하고 싶다. C# 커뮤니티에서 오랜 시간 많은 도움을 받았다. C# 인사이더Insiders 메일링 리스트(마이크로소프트 내부뿐 아니라 외부 관계자도 포함돼 있는)에서 이 책을 위한 좋은 아이디어를 얻었고 논의를 통해 더 좋은 책을 낼 수 있었다.

C# 커뮤니티에서도 특별히 감사의 말을 전하고 싶은 이들이 있다. 직접적으로 아이디어를 제공했고 이 아이디어를 구체적인 코드로 변환할 수 있도록 도움을 준 분들이다. 존 스키트John Skeet, 더스틴 캠벨Dustin Campbell, 케빈 필치Kevin Pilch, 제러드 파슨스Jared Parsons, 스콧 앨런Scott Allen, 그리고 매즈 토거슨Mads Torgerson과의 대화는 이번 개정판을 만드는 다양한 아이디어의 밑거름이 됐다.

이번 개정판을 위해 수고해준 멋진 기술 검수팀에게 감사의 말을 전하고자 한다. 제이슨 보크Jason Bock, 마크 마이클스Mark Michaelis, 에릭 리퍼트Eric Lippert는 문장과 예제를 세세히 검토해서 책의 품질을 크게 향상시켰다. 꼼꼼하고 철저하게 검수한 덕에 책을 집필하는 사람은 물론 독자도 만족할 만한 좋은 책이 나왔다. 게다가 검수팀이 여러 추천 기법을 추가함으로써 다양한 주제를 더 쉽게 설명할 수 있었다.

애디슨 웨슬리Addison-Wesley 출판사는 함께 작업하기에 너무 완벽한 드림팀이었다. 트리나 맥도 널드Trina Macdonald는 환상적인 편집자이자 모든 일을 완벽하게 끝낼 수 있도록 뒤에서 지원해주는 조율자이기도 했다. 트리나를 도와 함께 작업한 마크 렌프로Mark Renfrow와 올리비아 바세지오Olivia Basegio는 내게도 큰 도움을 주었다. 이들 덕분에 책 표지부터 마지막 페이지까지 높은 수준의 원고를 만들 수 있었다. 커트 존슨Curt Johnson은 기술적인 내용을 완벽하게 마케팅했다. 여러분이 어떤 형태의 책(전자책이든 종이책이든)을 들고 있든지 커트의 마케팅 영향을 받은 것이다.

스콧 마이어스Scott Meyers 시리즈를 집필할 수 있게 된 것은 큰 영광이다. 스콧은 모든 원고를 읽은 후 개선을 위한 여러 제안을 했다. 스콧은 믿을 수 없을 정도로 완벽을 추구하는 사람이었다. C#에 대한 경험은 없지만 소프트웨어에 대한 깊은 통찰력은 내가 명확하게 설명하지 못한 아이템(기법)이나 철저하게 검증하지 못한 추천 기법을 지적해주었다. 스콧이 준 의견은 언제나 그렇듯 개정판을 준비하는 데 소중한 밑거름이 됐다.

우리 가족은 이 책을 출간할 수 있도록 나와 함께할 수 있는 많은 시간을 희생해야 했다. 아내 말린Marlene은 내가 책을 집필하고 예제를 만든다고 자리를 비운 오랜 시간을 인내심 있게 기다렸다. 그녀의 도움 없이 이 책은 물론 다른 어떤 책도 끝낼 수 없었을 것이며 책을 끝냈다는 만족감도 느낄 수 없었을 것이다.

CONTENTS

CHAPTER **1 데이터 타입**

CHAPTER **2 API 설계**

CONTENTS

CHAPTER 3 태스크 기반 비동기 프로그래밍

CHAPTER 4 병렬 처리

CHAPTER 5 동적 프로그래밍

CHAPTER 6 글로벌 C# 커뮤니티에 참여하기

데이터 타입

최초에 C#은 데이터와 기능을 함께 담는 객체 지향 설계를 지원하기 위한 언어로 만들어졌지만, 진화를 거듭하면서 업계에서 저변을 넓혀온 프로그래밍 기법을 지원하기 위한 새로운 관용구들이 추가됐다. 그중 하나가 데이터의 저장과 처리 메서드를 분리하는 것이다. 이런 변화는 분산 시스템의 대중화로부터 큰 영향을 받았다. 분산 시스템에서는 하나의 애플리케이션을 여러 개의 소규모 서비스로 분리한다. 각 서비스는 하나의 기능만을 수행하도록 구현하거나 연관 관계가 있는 소규모의 기능들을 합하여 하나의 서비스로 작성한다. 관심사의 분리로도 알려진 이 같은 전략에는 새로운 프로그래밍 기법이 필요했으며, 이러한 필요성은 다시 언어의 새로운 기능으로 이어졌다.

이 장에서는 데이터 자체와, 데이터를 다루고 처리하는 메서드를 분리하는 기법을 배운다. 여기서 말하는 데이터는 단순히 객체만을 의미하지 않으며, 때로는 함수의 형태를 취하거나, 수동적인 데이터 저장소가 될 수도 있다.

아이템 1: 접근 가능한 데이터 멤버 대신 속성을 사용하라

속성property은 C# 초기부터 지원한 기능이지만 여러 측면에서 보완되면서 지금은 표현력이 더 풍부해졌다. 예를 들면 게터getter와 세터setter의 접근 제한을 다르게 설정할 수 있게 되었다. 자동 속성auto property을 사용하면 데이터 멤버를 명시적으로 선언할 필요가 없어서 타이핑의 수고로움을 덜어준다. 식 본문 멤버expression-bodied member는 구문을 더 간결하게 작성할 수 있게 도와준다. 아직도 타입의 필드를 public으로 선언한다면 그만두는 게 좋다. get이나 set 메서드를 직접 작성하고 있었다면 이 역시 그만두자. 속성을 사용하면 데이터 멤버를 public 으로 노출하면서도 객체 지향에 필요한 캡슐화encapsulation (은닉화)를 유지할 수 있다. 속성은 마치 데이터 멤버처럼 접근할 수 있지만 실제로는 메서드로 구현된 언어 요소다.

타입의 멤버 중에는 데이터로 표현해야 어울리는 것이 있다. 예를 들면 고객 이름, 어떤 위치의 (x, y) 좌표, 작년 매출 등이 그렇다. 이럴 때 속성을 사용하면 데이터 필드에 직접 접근하는 것처럼 실행되면서도 메서드가 주는 이점을 그대로 취할 수 있다. 클라이언트 코드에서는 속성이 마치 public 데이터 필드인 듯 사용하겠지만, 실제로는 속성 접근자property accessor 메서드를 호출하게 된다.

.NET 프레임워크는 public 데이터 멤버 대신 속성을 사용할 것이라고 가정한다. 실제로 .NET 프레임워크의 데이터 바인딩data binding 클래스들은 public 데이터 필드가 아니라 속성에 대해서만 동작한다. WPF, 윈도우 폼, 웹 폼 등에 포함된 모든 데이터 바인딩 라이브러리가 모두 그러하다. 실제로, 데이터 바인딩은 객체의 속성과 사용자 인터페이스user interface (UI) 컨트롤을 연결해주는데, 이때 리플렉션reflection을 이용하여 주어진 이름의 속성만을 찾는다.

```
textBoxCity.DataBindings.Add("Text", address, nameof(City));
```

이 코드는 textBoxCity 컨트롤의 Text 속성을 address 객체의 City 속성과 연결한다. City가 public 데이터 필드이면 안 된다. 클래스 라이브러리의 설계자가 public 데이터 멤버를 사용하는 것을 나쁜 예로 간주하고, 속성을 사용하도록 설계했기 때문이다. 이것은 객체 지향 기법을 올바르게 따라야 하는 또 다른 이유이기도 하다.

이처럼 데이터 바인딩은 사용자 인터페이스에 표시되는 요소를 포함한 클래스에만 적용된다. 속성을 사용자 인터페이스 컨트롤 연결 시에만 사용해야 하는 것은 아니며, 여타의 클래스나 구조체에도 사용할 수 있다. 속성을 사용하면 향후에 요구사항이 변경되어 코드를 수정해야 하는 경우에도 용이하다. 예를 들어 '고객 이름은 비어서는 안 된다'는 새로운 요구사항이 생겼다고 하자. Name을 public 속성으로 선언하였다면, 단 한 곳만 수정하면 되기 때문에 이 요구사항을 아주 쉽게 반영할 수 있다.

```
public class Customer
{
    private string name;
    public string Name
    {
        get => name;
        set
        {
            if (string.IsNullOrWhitespace(value))
                throw new ArgumentException(
                    "Name cannot be blank",
                    nameof(Name));
            name = value;
        }
        // 나머지 생략
    }
}
```

만약 public 데이터 멤버를 사용했다면 전체 코드를 살펴보고, 고객 이름을 설정하는 코드를 모두 찾아 수정해야 하는데, 코드를 수정하는 시간보다 수정해야 하는 코드를 찾느라 훨씬 많은 시간을 소비할 것이다.

속성은 메서드로 구현되므로 멀티스레드도 쉽게 지원할 수 있다. get과 set 접근자에 동기화 기능을 구현해주기만 하면 된다(**아이템 39: XAML 환경에서의 스레드 간 호출을 이해하라** 참조).

```
public class Customer
{
    private object syncHandle = new object();

    private string name;
    public string Name
    {
        get
        {
            lock (syncHandle)
                return name;
        }
        set
        {
            if (string.IsNullOrEmpty(value))
                throw new ArgumentException(
```

```
                "Name cannot be blank",
                nameof(Name));
        lock (syncHandle)
            name = value;
        }
    }
    // 이하 생략
}
```

속성은 메서드와 매우 유사해서, 속성을 virtual로도 설정할 수 있다.

```
public class Customer
{
    public virtual string Name
    {
        get;
        set;
    }
}
```

앞의 몇몇 예제에서 사용한 암묵적 속성implicit property에 대해서도 살펴보자. 데이터를 저장하는 저장소를 속성을 이용하여 감싸는 방식은 일반적인 패턴인데, 게터와 세터에서 값의 유효성을 검사하는 로직이 필요 없을 수도 있다. 이 경우 C#의 암묵적 속성 문법을 사용하면 필드를 속성으로 감싸기 위한 코드를 크게 줄일 수 있다. 컴파일러는 데이터를 실제로 저장할 private 필드(통상 backing store라고 부르는)와 get/set 접근자를 자동으로 생성해준다.

인터페이스를 정의할 때에도 속성을 사용할 수 있다. 이 경우 암묵적 속성과 비슷한 문법을 사용한다. 다음 코드는 제네릭generic 인터페이스를 정의할 때 속성을 사용한 예다. 암묵적 속성과 비슷해 보이지만, 인터페이스의 정의이므로 어떤 구현부도 포함되지 않는다. 인터페이스는 단지 이를 구현하는 모든 타입이 반드시 준수해야 하는 계약을 정의하는 것이기 때문이다.

```
public interface INameValuePair<T>
{
    string Name { get; }
    T Value { get; set; }
}
```

속성은 내부 데이터에 접근하거나 그 값을 수정하기 위해서 메서드의 기능을 확장한 C# 언어의 기본 요소이다. 따라서 멤버 함수로 할 수 있는 작업이라면 속성으로도 할 수 있다. 게다가 속성을 이용하면, ref나 out 키워드를 사용하는 메서드에 속성을 직접 전달할 수 없으므로, 필드를 사용할 때 내부 데이터가 외부로 노출되는 중요한 결점 하나를 해결해주기도 한다.

속성의 접근자는 두 개의 독립된 메서드로 컴파일된다. C#에서는 속성의 get과 set 각각에 대해 서로 다른 접근 한정자access modifier를 지정할 수도 있다. 이런 유연성 덕분에 속성을 이용하면 데이터의 노출 방식을 좀 더 다양하게 제어할 수 있다.

```csharp
public class Customer
{
    public virtual string Name
    {
        get;
        protected set;
    }
    // 이하 생략
}
```

속성의 문법을 살펴보면 단순히 데이터 필드를 대체하는 그 이상의 기능을 제공한다. 어떤 타입이 여러 개의 요소를 포함하는 경우라면, 매개변수를 활용하는 속성이라 할 수 있는 인덱서indexer를 사용할 수 있다. 이는 여러 개의 요소를 순차적으로 사용하는 속성을 만들 때 유용하다.

```csharp
public int this[int index]
{
    get => theValues[index];
    set => theValues[index] = value;
}
private int[] theValues = new int[100];

// 인덱서에 접근
int val = someObject[i];
```

인덱서는 접근해야 할 요소가 하나뿐인 일반적인 속성이 제공하는 기능을 모두 지원한다. 인덱서 안에 유효성을 검증하거나 계산을 수행하는 코드를 둘 수 있으며, virtual이나 abstract로도 선언할 수 있다. 인터페이스를 정의할 때에도 사용할 수 있으며, 읽기 전용 또는 읽기/쓰기 용으로도 정의할 수 있다. 정수를 매개변수로 받는 1차원 인덱서는 데이터 바인딩에 사용할 수 있고, 정수 외의 매개변수를 받는 인덱서는 맵map을 정의할 때 유용하다.

```
public Address this[string name]
{
    get => addressValues[name];
    set => addressValues[name] = value;
}

private Dictionary<string, Address> addressValues;
```

C#의 다차원 배열처럼 다차원 인덱서를 만들 수도 있다. 이 경우 각 차원을 나타내는 매개변수를 동일 타입으로 지정할 수도 있지만, 서로 다른 타입을 취하도록 선언할 수도 있다.

```
public int this[int x, int y] => ComputeValue(x, y);
public int this[int x, string name] => ComputeValue(x, name);
```

모든 인덱서는 this 키워드로 선언한다는 것에 주목하자. C#에서는 인덱서가 이름을 가질 수 없다. 따라서 여러 개의 인덱서를 선언하려면 각기 매개변수 목록이 달라야 한다. 인덱서는 속성과 거의 동일한 특성을 지닌다. virtual이나 abstract가 될 수 있으며, 세터와 게터 각각에 서로 다른 접근 한정자를 지정할 수 있다. 유일한 차이라면 속성과는 달리 암묵적 인덱서는 만들 수 없다.

지금까지 알아본 것처럼 속성은 기능적으로 부족함이 없고, 이전보다도 훌륭하게 개선되었다. 그런데도 불구하고, 데이터 멤버로 우선 사용하다가 속성이 제공하는 이점이 필요해지면 그때 수정하려고 생각하는 사람도 있을 것이다. 합리적인 것처럼 보일지 모르지만, 사실 옳지 않은 생각이다. 다음의 클래스 정의를 생각해보자.

```
// public 데이터 멤버를 사용: 잘못된 예
public class Customer
{
    public string Name;

    // 이하 생략
}
```

이 Customer 타입은 한 명의 고객을 나타내기 위한 용도로 사용되며, Name 필드만을 가지

```csharp
// 원래 버전
public class Person
{
    public string FirstName { get; set;}
    public string LastName { get; set; }
    public override string ToString()
        => $"{FirstName} {LastName}";
}

// 검증 코드를 추가한 업데이트 버전
public class Person
{
    public Person(string firstName, string lastName)
    {
        // 속성 세터의 유효성 검증 코드를 활용
        this.FirstName = firstName;
        this.LastName = lastName;
    }
    private string firstName;
    public string FirstName
    {
        get => firstName;
        set
        {
            if (string.IsNullOrEmpty(value))
                throw new ArgumentException(
                    "First name cannot be null or empty");
            firstName = value;
        }
    }
    private string lastName;
    public string LastName
    {
        get => lastName;
        private set
        {
            if (string.IsNullOrEmpty(value))
                throw new ArgumentException(
                    "Last name cannot be null or empty");
            lastName = value;
        }
    }
    public override string ToString()
```

```
                => $"{FirstName} {LastName}";
    }
```

기존 코드가 암묵적 속성을 사용했었다면, 데이터 검증을 위해 명시적 속성으로 변경하더라도 검증에 필요한 코드를 모두 한 곳에 둘 수 있다. 이후에도 데이터 필드에 직접 접근하지 않고 속성 접근자를 사용하면 검증 코드를 계속 한 곳에만 유지하면 된다.

이러한 장점에도 불구하고 암묵적 속성에는 중요한 제약이 하나 있다. 바로 Serializable 특성^{attribute}을 사용한 타입에는 사용할 수 없다는 것이다. 클래스를 위한 영구 파일 저장소의 포맷은 암묵적 속성을 위해 컴파일러가 자동 생성한 뒷단 필드의 이름에 영향을 받는다. 그런데 이 필드의 이름이 변경되지 않을 것임을 보장할 수가 없다. 더 구체적으로 말하면, 클래스를 수정한 후 다시 컴파일하면 뒷단 필드의 이름이 변경될 수 있다.

이런 제약에도 불구하고 암묵적 속성은 개발자의 시간을 절약해주며 코드 가독성을 높여줄 뿐 아니라, 필드를 수정할 때 값을 검증하기 위한 코드를 추가하는 경우에도 검증 코드를 단 한 군데만 둘 수 있도록 도와준다. 코드를 이처럼 깔끔하게 유지하면 유지 보수하기도 편하다.

아이템 3: 값 타입은 변경 불가능한 것이 낫다

변경 불가능한 타입(불변 타입)^{immutable type}은 이해하기 쉬운데, 한 번 생성된 후에는 그 값을 변경할 수 없는 타입을 말한다. 변경 불가능한 타입으로 객체를 생성할 때 매개변수를 검증했다면, 그 객체의 상태는 항상 유효하다고 할 수 있다. 객체의 내부 상태를 변경할 수 없기 때문이다. 또한 생성 후 상태 변경을 허용하지 않기 때문에 불필요한 오류 확인에 들이는 노력을 많이 줄일 수 있다. 변경 불가능한 타입은 본질적으로 멀티스레드에 대해서도 안전^{thread safe}하다. 즉, 여러 스레드가 동일한 콘텐츠에 접근해도 안전하며, 내부 상태를 변경할 수 없으므로 여러 스레드가 항상 동일한 값에 접근하게 된다. 같은 이유로 호출자 측으로 객체를 노출하더라도 안전하다.

변경 불가능한 타입은 해시 기반의 컬렉션에서도 빛을 발한다. Object.GetHashCode()가 반환하는 값은 반드시 인스턴스별로 고정된 값^{instance invariant}이어야 하는데(**아이템 10: GetHashCode()의 위험성을 이해하라** 참조), 변경 불가능한 타입에서는 항상 성립하는 조건이다.

그런데도 불구하고, 실제로 모든 타입을 변경 불가능한 타입으로 만들기란 매우 어렵다. 그리고 이번 아이템은 원자적으로 상태를 변경하는 타입과 변경 불가능한 값 타입 모두에 적용할 수 있다. 특정 타입을 사실상 단일의 엔티티entityt만을 가지도록 분해해보자. 주소 타입의 경우 이 같은 타입으로 간주할 수 있다. 주소는 다수의 연관된 필드로 구성된 객체이겠지만, 하나의 필드를 수정하면 다른 필드도 함께 수정해야 한다. 이와는 다른 예로 고객 타입의 경우 원자적 타입으로 볼 수 없다. 고객 타입은 여러 정보의 조합으로 구성되며(주소, 이름, 하나 이상의 전화번호 등), 그 각각은 독립적으로 변경될 수 있다. 예를 들어 주소는 그대로 두고 전화번호만 바꿀 수 있고, 이사하면서 전화번호는 그대로 유지할 수도 있다. 또는 주소와 전화번호를 놔둔 채 고객의 이름만 바꿀 수도 있다. 따라서 고객 객체는 원자적이지 않다. 주소, 이름, 전화번호 등 다양한 변경 불가 타입들을 '조합'해 구성했기 때문이다. 원자적 타입은 단일 개체라, 자연스럽게 전체 콘텐츠를 변경해야 한다. 구성 필드 중 하나만 변경하면 예외 상황이 발생한다.

다음 예는 변경 가능한mutable 주소를 구현하는 전형적인 코드를 보여준다.

```csharp
// 변경 가능한(Mutable) 주소 구조체
public struct Address
{
    private string state;
    private int zipCode;

    // 시스템이 생성한 기본 생성자를 사용한다.

    public string Line1 { get; set; }
    public string Line2 { get; set; }
    public string City { get; set; }
    public string State
    {
        get => state;
        set
        {
            ValidateState(value);
            state = value;
        }
    }

    public int ZipCode
    {
        get => zipCode;
```

```
        set
        {
            ValidateZip(value);
            zipCode = value;
        }
    }

    // 세부 코드는 생략
}

// 사용 예
Address a1 = new Address();
a1.Line1 = "111 S. Main";
a1.City = "Anytown";
a1.State = "IL";
a1.ZipCode = 61111;
// 변경 코드
a1.City = "Ann Arbor"; // 이제, Zip, State가 유효하지 않다.
a1.ZipCode = 48103;    // State는 여전히 유효하지 않다.
a1.State = "MI";       // 이제서야 정상이다.
```

내부 상태를 변경하면 (적어도 일시적으로는) 객체의 불변성invariant을 위반하게 된다. 앞의 예에서 도시 이름 필드(City)를 변경하면 a1은 올바르지 않은 상태가 된다. 도시 이름이 바뀌면 이에 대응하는 우편번호(ZipCode)와 주 이름(State)이 적절하지 않을 것이기 때문이다. 코드상에 별문제가 없어 보일지도 모르겠다. 하지만 이 코드를 멀티스레드 프로그램에서 사용하면 어떻게 될까? City 값을 변경한 후, ZipCode나 State 값을 변경하기 전에 다른 스레드로 문맥 전환context switch이 일어나면, 다른 스레드는 유효하지 않은 값을 보게 된다.

멀티스레드 프로그램을 작성하지 않더라도 내부 상태를 변경하면 여전히 문제가 될 수 있다. 예를 들어 우편번호(ZipCode)가 유효하지 않은 경우 예외를 던지는 코드가 있다고 가정해보자. 예외가 발생하면 변경하려던 주소의 일부만 변경되었을 수 있으며, 시스템은 불완전한 상태가 된다. 이 문제를 해결하려면 주소(Address)를 나타내는 구조체에 상당량의 유효성 검증 코드를 추가해야 한다. 이 검증 코드는 결과적으로 전체 코드량을 증가시키고 복잡성도 증가시킨다. 왜냐하면 예외가 발생해도 안전한exception safe 코드를 완벽히 구현하기 위해서는 2개 이상의 필드를 함께 변경하는 모든 코드 블록에서 방어적 복사본defensive copy을 만들어야 한다. 더불어 멀티 스레드에 안전하도록 코드를 수정하려면 각각의 속성 접근자(get과 set 모두)에 상당량의 스레드 동기화용 코드를 추가해야 한다. 결과적으로 상당한 추가 작업이 불가피할 뿐 아니라, 향후에 새로운 기능을 추가할 때마다 작업량이 계속 늘어날 것이다.

주소 객체를 구조체로 만들어야 한다면 변경 불가능하게 만드는 편이 좋다. 그러려면 우선 외부에서 사용하는 모든 인스턴스 필드를 읽기 전용으로 변경하자.

```
public struct Address
{
    // 세부 코드는 생략
    public string Line1 { get; }
    public string Line2 { get; }
    public string City { get; }
    public string State { get; }
    public int ZipCode { get; }
}
```

이제 public 속성을 이용하는 변경할 수 없는 타입이 만들어졌다. 이 타입을 유용하게 만들려면 Address 구조체를 완벽히 초기화하는 데 필요한 생성자를 모두 추가해야 한다. 여기서는 다음 코드처럼 각 필드를 지정하는 생성자 하나만 추가할 것이다. 할당 연산자가 충분히 효율적이므로 복사 생성자는 필요 없다. 기본 생성자는 여전히 사용할 수 있음을 기억하자. 이를 이용하면 모든 문자열 필드를 null로 설정하고, 우편번호(ZipCode)를 0으로 설정할 수 있다.

```
public struct Address(string line1,
    string line2,
    string city,
    string state,
    int zipCode) :
    this()
{
    Line1 = line1;
    Line2 = line2;
    City = city;
    ValidateState(state);
    State = state;
    ValidateZip(zipCode);
    ZipCode = zipCode;
}
```

변경 불가능한 타입을 사용하되, 그 상태를 수정하려면 조금 다른 절차를 수행해야 한다. 구체적으로 기존 인스턴스의 내용을 수정하는 게 아니라 새로운 객체를 만들어야 한다.

```
// 주소를 하나 만든다.
Address a1 = new Address("111 S. Main", "", "Anytown", "IL", 61111);

// 변경하려면 다시 초기화한다.
a1 = new Address(a1.Line1, a1.Line, "Ann Arbor", "MI", 48103);
```

여기서 a1의 값은 주소인 Anytown이거나 변경된 위치인 Ann Arbor일 수 있다. 이전 예에서처럼 기존 주소를 수정하다가 잘못된 임시 상태에 놓이는 일은 일어날 수 없다. Address 생성자를 실행하는 동안에만 어중간한 상태에 놓이게 되지만, 생성자를 빠져나오면 완벽히 일관된 상태가 된다. 새로운 주소 객체가 생성되면 그 값이 영원히 고정된다. 이 코드는 예외에도 안전하다. a1은 원래 값 아니면 새로운 값 중 하나가 된다. 새로운 주소 객체를 생성하는 동안 예외가 발생하더라도 a1은 기존 값을 유지하게 된다.

변경 불가능한 타입을 만들려면 클라이언트가 내부 상태를 변경할 수 있는 어떠한 틈도 없어야 한다. 값 타입은 상속을 지원하지 않으므로 상속 타입이 필드를 수정할 가능성에 대비할 필요는 없다. 하지만, 변경 불가능한 타입 내의 변경 가능한 참조 타입 필드는 모두 잘 살펴야 한다. 생성자를 구현할 때 변경 가능한 타입은 방어적 복사본을 만들어야 한다. 이번 단락에서는 값 타입의 불변성만 고려하고 있으니, 다음 예제에서 등장하는 Phone 타입을 변경 불가능한 값 타입으로 가정하겠다.

```
// 변경이 거의 불가능하지만, 상태를 변경할 수 있는 틈이 존재한다.
public struct PhoneList
{
    private readonly Phone[] phones;

    public PhoneList(Phone[] ph)
    {
        phones = ph;
    }

    public IEnumerable<Phone> Phones
    {
        get { return phones; }
    }
}

Phone[] phones = new Phone[10];
```

```
// phones 초기화
PhoneList pl = new PhoneList(phones);

// 전화번호 목록 수정
// 변경 불가능하다고 생각한 객체 내부의 값이 변경됨
phones[5] = Phone.GeneratePhoneNumber();
```

배열은 참조 타입이다. 이 예에서는 PhoneList 구조체 내부의 phones 배열이 객체 밖에서 할당된 배열 (ph)을 참조하고 있다. 따라서 동일한 저장소를 참조하는 다른 변수(phones)를 통해서 변경 불가능한 구조체(pl)의 내부 상태를 수정할 수 있다. 이런 가능성을 없애려면 주어진 배열의 방어적 복사본을 만들어야 한다. Array는 변경 가능한 타입이므로 (System.Collections.Immutable 네임스페이스에 포함된) ImmutableArray 클래스를 이용할 수도 있다. 앞의 예제는 변경 가능한 컬렉션의 위험성을 보여준다. 만약 Phone 타입이 변경 가능한 참조 타입이었다면 문제가 발생할 가능성이 더 커진다. 변경할 수 없는 컬렉션을 쓰더라도 클라이언트가 그 안의 값, 즉 Phone의 값을 수정할 수 있기 때문이다. 이러한 문제는 ImmutableList 컬렉션을 사용하여 다음처럼 구현하면 쉽게 바로잡을 수 있다.

```
public struct PhoneList
{
    private readonly ImmutableList<Phone> phones;

    public PhoneList(Phone[] ph)
    {
        phones = ph.ToImmutableList();
    }

    public IEnumerable<Phone> Phones => phones;
}
```

변경 불가능한 타입을 초기화하는 방법에는 세 가지 전략이 있으며, 이 중 무엇을 택하느냐에 따라 해당 타입의 복잡성이 좌우된다. 첫 번째 전략은 생성자를 정의하는 방식이다. 즉, 앞서 Address 구조체가 주소를 초기화하는 생성자를 정의한 것처럼 클라이언트가 객체를 초기화하는 생성자를 정의한다. 적절한 생성자를 정의하는 것이 경우에 따라선 가장 단순한 해결책이 될 수 있다.

두 번째는 구조체를 초기화하는 팩토리 메서드factory method를 만드는 것이다. 팩토리 메서드

는 자주 쓰이는 값들을 간단히 생성하는 방법을 제공해준다. .NET Framework의 Color 타입은 이 전략을 활용하고 있는데, 정적 메서드인 Color.FromKnownColor()와 Color.FromName()은 주어진 시스템 색상의 이름을 매개변수로 받아 Color 객체의 복사본을 반환한다.

세 번째 전략으로, 불변 타입의 인스턴스를 단번에 완성할 수 없을 때는 변경 가능한 동반companion 클래스를 만들어 사용할 수 있다. .NET의 string 클래스는 System.Text.StringBuilder라는 동반 클래스를 통해 이 전략을 지원한다. StringBuilder 클래스는 여러 번의 연산을 거쳐 하나의 문자열을 만들 때 사용한다. StringBuilder를 이용하여 원하는 문자열을 만드는 연산들을 모두 수행한 후, 최종적으로 변경 불가능한 완성된 문자열을 얻는 식이다.

변경 불가능한 타입은 작성하기 쉽고 관리가 용이하다. 별다른 생각없이 무작정 속성에 get, set 접근자를 만들지 말자. 데이터를 저장하기 위한 타입이라면 변경 불가능한 원자적 값 타입으로 구현하자. 원자적 값 타입의 개체들을 이용하면 더욱 복잡한 구조체도 쉽게 만들 수 있다.

아이템 4: 값 타입과 참조 타입을 구분하라

값 타입이냐 참조 타입이냐? 구조체냐 클래스냐? 이 각각은 어떨 때 사용해야 할까? C++라면 모든 타입을 값 타입으로 정의하고 이를 가리키는 참조를 만들 수 있지만, C#은 C++와는 다르며, 모든 것이 참조 타입인 자바와도 다르다(여러분이 언어 설계자가 아니므로 어쩔 수 없다). C#에서는 타입을 만들 때부터 이 타입의 인스턴스가 어떻게 동작할지를 미리 정해야 하며, 상당히 중요한 결정사항이기도 하다. 나중에 이를 변경하려면 꽤 많은 작업이 필요하기 때문에 바꾸기가 쉽지 않다. 타입을 만들 때 struct와 class 키워드 중 하나를 선택하는 것은 매우 단순한 문제로 보이지만, 나중에 이를 뒤집으려면 해당 타입을 사용하는 모든 클라이언트도 함께 변경해야 하므로 상당한 추가 작업이 필요하다.

최선의 선택을 하기란 단순히 자신이 선호하는 쪽을 고르는 것처럼 간단하지 않다. 오히려 새로 작성할 타입이 어떻게 사용되리라는 기대를 염두에 두고 선택해야 한다. 값 타입은 다형성이 없으므로 일반적으로 애플리케이션이 사용하는 데이터를 저장하는 데 적합하다. 한편, 참조 타입은 다형성을 지니므로 애플리케이션의 동작을 정의할 때 사용해야 한다. 새로운 타입의 역할을 고려하여 그 역할에 맞는 타입을 선택하자. 정리하자면, '구조체는 데이터를 저장'하고 '클래스는 동작을 정의'한다.

.NET과 C#이 값 타입과 참조 타입을 구분한 이유는 C++와 자바에서 자주 발생하는 문제를 해결하기 위해서였다. C++에서는 모든 매개변수와 반환값이 값으로 전달된다. 값을 전달하는 방식은 매우 효율적이지만 한 가지 문제가 있는데, 바로 부분 복사(혹은 객체 쪼개기^{slicing the} ^{object})다. 만약 베이스^{base} 객체가 요구되는 곳에 파생 객체를 넘긴다면 객체의 베이스 부분만 복사된다. 즉, 파생 객체가 존재했었다는 사실조차 잊어버리게 된다. 심지어 가상 함수 호출도 베이스 클래스에서 정의하고 있는 함수로 전달된다.

자바에서는 값 타입을 가능한 한 제거해서 이런 문제를 해결하고자 했다. 그래서 모든 사용자 정의 타입은 참조 타입이며 모든 매개변수와 반환값이 참조로 전달된다. 이 방식은 일관적이라는 장점이 있지만 성능을 저하시키는 요인이 된다. 대다수의 타입에 다형성이 필요하지 않음을 인정하지 않을 수 없으며, 그리고 사실 그것이 정상이다. 자바 프로그래머는 모든 객체를 힙^{heap}에 할당하고 후에 가비지 컬렉터^{garbage collector}가 수거해가는 비용을 감내해야 한다. 또한 객체의 멤버에 접근할 때마다 this를 역참조하는 데 시간을 써야 한다. 모든 변수가 참조이기 때문이다.

C#에서는 struct와 class 키워드를 사용해 값 타입과 참조 타입을 각기 선언한다. 값 타입은 작고 가벼워야 한다. 참조 타입은 클래스의 계층 구조를 형성한다. 이 절에서는 값 타입과 참조 타입의 차이를 이해할 수 있도록 여러 용례를 살펴볼 것이다.

첫 번째로 메서드의 반환값으로 타입을 사용한 예를 살펴보자.

```
private MyData myData;
public MyData Foo() => myData;

// 호출하기
MyData v = Foo();
TotalSum += v.Value;
```

MyData가 값 타입이라면 반환 내용이 v 고유의 저장소에 복사된다. 하지만 MyData가 참조 타입이라면 내부 변수를 가리키는 참조를 반환하게 된다(캡슐화 규칙을 위반한다). 이는 호출자가 API를 우회하여 객체를 변경할 수 있음을 뜻한다(**아이템 17: 내부 객체를 참조로 반환해서는 안된다** 참조). 이번에는 다음 상황을 고려해보자.

```
public MyData Foo2() => myData.CreateCopy();

// 호출하기
MyData v = Foo2();
TotalSum += v.Value;
```

앞의 예에서 v는 myData의 복사본이다. MyData가 참조 타입이므로 힙에는 2개의 객체가 만들어진다. 내부 데이터를 외부에 노출하는 문제는 없지만, 힙에 추가로 객체를 만들어야 한다. 결국 이 코드는 비효율적이다.

public 메서드나 속성을 통해 데이터를 외부로 노출하는 경우는 가능한 값 타입을 사용하는 것이 좋다. 그렇다고 모든 public 멤버를 값 타입으로 변환하라는 것은 아니다. 앞의 코드에서 살펴본 MyData는 값을 저장할 용도로 만들어졌다고 가정했으며, 실제로도 그렇게 하고 있다.

하지만 이를 다음처럼 구현할 수도 있다.

```
private MyType myType;
public IMyInterface Foo3() => myType as IMyInterface;

// 호출하기
IMyInterface iMe = Foo3();
iMe.DoWork();
```

myType 변수는 여전히 Foo3 메서드의 반환값으로 활용된다. 하지만 여기서는 반환된 객체의 내부 데이터에 직접 접근하는 대신 사전에 정의된 인터페이스를 통해 메서드를 호출하는 형태로 작성되었다.

앞의 코드는 간단하지만 값 타입과 참조 타입의 핵심적인 차이를 극명하게 보여준다. 값 타입은 값을 저장하고 참조 타입은 동작을 정의한다는 점이다. 클래스로 정의된 참조 타입은 복잡한 동작을 정의할 수 있는 다양한 메커니즘을 제공한다. 상속을 지원하고 코드를 수정하더라도 대응하기가 상대적으로 편리하다. 인터페이스를 구현하면 암시적으로 발생할 수 있는 박싱boxing과 언박싱unboxing을 피할 수도 있다. 이에 비해 값 타입은 비교적 단순하다. 모델의 복잡한 동작을 정의하기는 어렵지만, 객체의 불변성을 고려하여 public API를 만들 수는 있다. 결론적으로 복잡한 동작을 모델링 하려면 참조 타입이 적합하다.

이번에는 각 타입이 메모리에 어떻게 달리 저장되는지, 그리고 각각의 저장 방식이 성능에 어떤 영향을 주는지 좀 더 자세히 살펴보자. 다음과 같은 클래스가 있다고 해보자.

```
public class C
{
    private MyType a = new MyType();
    private MyType b = new MyType();

    // 생략
}

C cThing = new C();
```

몇 개의 객체가 만들어질까? 그리고 그 크기는 어느 정도일까? 답은 경우에 따라 다르다. MyType이 값 타입이면 한 번의 메모리 할당만 일어나며 할당 크기는 MyType 크기의 두 배다. 하지만 MyType이 참조 타입이면 메모리 할당이 세 번 일어난다. 우선 C 타입의 객체를 저장하기 위해 8바이트(포인터가 32비트라고 가정)의 메모리가 할당된다. 또한 C 객체에 포함된 MyType 타입의 객체를 저장하기 위해 추가로 두 번의 메모리 할당이 이루어진다. 이런 차이가 생기는 이유는 값 타입은 객체 안에 포함되어 저장되지만 참조 타입은 그렇지 않기 때문이다. 참조 타입의 변수는 객체에 대한 참조만을 지니고 있으며 실제 객체를 저장하기 위한 메모리는 추가로 할당되어야 한다. 이해를 돕기 위해 다음 예를 살펴보자.

```
MyType[] arrayOfTypes = new MyType[100];
```

MyType이 값 타입이면 MyType 크기의 100배에 해당하는 메모리 할당이 한 번만 일어난다. 하지만 MyType이 참조 타입이면 메모리 할당 방식이 다르다. 우선 100개의 참조를 저장하기 위한 메모리 할당이 이루어진다. 이때 100개의 배열의 요소는 모두 null이 된다. 다음으로 각각의 배열 요소가 참조할 객체를 초기화한다. 결국 101번의 메모리 할당이 수행된다. 당연히 시간도 오래 걸린다. 이처럼 참조 타입의 객체를 많이 만들게 되면 힙이 조각나서 성능도 떨어진다. 데이터를 저장하기 위한 용도로 타입을 작성하려면 값 타입을 선택해야 한다. 그런데 이러한 기준은 값 타입과 참조 타입을 선택할 때 가장 낮은 우선순위로 가장 마지막에 고려해 봄직한 내용에 지나지 않는다. 이보다는 앞서 이야기한 것처럼 타입의 용도를 훨씬 중요하게 고려해야 한다.

값 타입이냐 참조 타입이냐는 중요한 결정이다. 값 타입을 참조 타입으로 변경하려면 많은 부분을 수정해야 하기 때문이다. 다음 코드를 보자.

```csharp
public struct Employee
{
    // 속성들은 생략
    public string Position { get; set; }

    public decimal CurrentPayAmount { get; set; }

    public void Pay(BankAccount b)
        => b.Balance += CurrentPayAmount;
}
```

앞의 예제는 직원에게 월급을 지급하는 메서드 하나만 가지는 간단한 타입이다. 이를 이용하는 시스템은 안정적으로 운영됐지만, 회사가 성장하면서 다른 직군을 만들기로 했다고 하자. 이제 영업직에게는 성과급을 주고, 관리자에게는 보너스를 지급해야 한다. 그래서 Employee 타입을 클래스로 변경하기로 했다.

```csharp
public class Employee
{
    // 속성들은 생략
    public string Position { get; set; }

    public decimal CurrentPayAmount { get; set; }

    public virtual void Pay(BankAccount b)
        => b.Balance += CurrentPayAmount;
}
```

이렇게 코드를 수정하면 기존에 구조체를 사용하던 코드의 상당 부분이 문제를 일으킨다. 값을 반환하던 것이 참조를 반환하게 되고, 매개변수로 값을 전달하던 것이 참조를 전달하게 된다. 작은 변경이 엄청난 변화를 몰고 온 것이다.

```csharp
Employee e1 = Employees.Find(e => e.Position == "CEO");
BankAccount CEOBankAccount = new BankAccount();
decimal Bonus = 10000;
e1.CurrentPayAmount += Bonus; // 일회성 보너스 추가
e1.Pay(CEOBankAccount);
```

이 코드는 CEO에게 일회성 보너스를 지급하는 것이 목적이었지만 월급을 영구적으로 인상하는 결과를 초래한다. 값을 복사해서 사용하던 곳이 참조로 바뀌었기 때문이다. (아무 사정을 모르는) 컴파일러는 기쁘게 여러분의 코드를 처리할 것이며, CEO도 아마 행복해할 것이다. 하지만 최고재무책임자(CFO)는 버그가 있다며 큰 불만을 토로할 것이다. 이 예에서 본 것처럼 값 타입과 참조 타입을 임의로 변경해서는 안 된다. 타입의 유형을 변경하면 동작 방식 또한 함께 바뀌기 때문이다.

앞 예제에서 Employee 타입에 이 같은 문제가 발생한 이유는 값 타입의 설계 지침을 따르지 않았기 때문이다. 데이터를 저장하는 용도 이외에 지급이라는 동작을 추가한 것이 문제의 원인이며, 이러한 동작이 필요했다면 최초에 클래스로 구현되었어야 했다. 클래스를 이용하면 동일한 동작에 대하여 다형적으로 다수의 구현체를 정의할 수 있다. 반면 구조체는 그렇지 못하므로 데이터 저장용으로만 쓰임새를 제한하는 것이 좋다.

.NET 문서를 살펴보면 '값 타입과 참조 타입을 선택하기 위한 기준으로 타입의 크기를 고려하라'고 이야기한다. 하지만 현실에서는 타입의 용도를 기준으로 삼는 것이 훨씬 적절하다. 크기가 비교적 작은 간단한 구조체나 데이터 저장(전달)이 목적인 타입을 정의할 때에는 값 타입이 더욱 적합하다. 확실히 해보자. 우선 값 타입은 메모리 관리 면에서 더 효율적이다. 힙 조각화도 줄고, 가비지도 줄고, 간접 참조도 줄어든다. 무엇보다 값 타입은 메서드나 속성에 의해 반환될 때 데이터 자체를 복사해준다는 장점이 있다. 따라서 변경 가능한 내부 데이터라 하더라도 외부로 노출할 위험이 없고, 예상하지 못했던 상태 변화가 일어날 가능성도 매우 낮다. 반면, 값 타입은 일반적인 객체 지향 기술을 매우 제한적으로만 지원하므로 기능적으로는 단점이 있다. 값 타입으로는 상속 관계를 만들 수 없으며, 자동으로 봉인^{sealed} 상태가 되어버린다. 인터페이스를 구현할 수 있긴 하지만, 박싱이 필요하므로 성능이 저하된다(『Effective C#(3판)』 **아이템 9: 박싱과 언박싱을 최소화하라** 참조). 따라서 값 타입은 객체 지향에서 말하는 객체라기보다는 저장소 컨테이너라고 생각하는 것이 좋다.

실제로 프로그래밍을 하다 보면 의심할 여지 없이 값 타입보다는 참조 타입을 더 많이 만들게 된다. 만약 다음 질문에 대하여 모두 "예"라고 답변할 수 있다면 값 타입을 사용하는 것이 맞다. 앞서 살펴본 Employee 예제를 고려하여 질문을 생각하면 답하기 쉬울 것이다.

1. 주요 용도가 데이터 저장인가?
2. 변경 불가능하게 만들 수 있는가?

3. 크기가 작을 것으로 기대하는가?

4. public 인터페이스가 데이터 멤버 접근용 속성뿐인가?

5. 자식 클래스를 절대 갖지 않는다고 확신하는가?

6. 다형성이 필요한 일은 없을 것으로 확신하는가?

저수준low-level의 데이터 저장용 타입은 값 타입으로 만들라. 애플리케이션의 동작을 정의할 때는 참조 타입으로 만들라. 값 타입을 활용하면 객체가 외부로 내보내려는 데이터를 안전하게 복사해줄 수 있고, 스택을 활용하여 메모리를 효율적으로 사용할 수 있다. 참조 타입을 활용하면 표준 객체 지향 기술을 활용해서 애플리케이션의 동작을 손쉽게 구현할 수 있다. 그런데도 쓰임새를 예상하기 어려운 경우라면 우선 참조 타입을 사용하자.

아이템 5: 값 타입에서는 0이 유효한 상태가 되도록 설계하라

.NET은 기본적으로 모든 객체를 0으로 초기화한다. 다른 개발자가 0으로 초기화된 값 타입 인스턴스를 만드는 걸 금지할 수 있는 방법은 없다. 따라서 0이 타입의 기본값이 되도록 설계하는 게 좋다.

열거형enum은 좀 특별한 사례다. 열거형은 반드시 0을 유효한 값으로 선언해야 한다. 모든 열거형은 System.ValueType에서 파생된다. 열거형의 값은 0부터 시작하지만, 이러한 동작을 임의로 변경할 수도 있다.

```
public enum Planet
{
    // 명시적으로 값을 부여했다.
    // 그렇지 않으면 기본적으로 0부터 시작한다.
    Mercury = 1,
    Venus = 2,
    Earth = 3,
    Mars = 4,
    Jupiter = 5,
    Saturn = 6,
    Uranus = 7,
    Neptune = 8
    // 이 책의 초판에는 Pluto(명왕성)를 포함하고 있었다.
```

```
    }

    Planet sphere = new Planet();
    var anotherSphere = default(Planet);
```

앞의 예에서 sphere와 anotherSphere는 둘다 값이 0이 되는데 이는 유효한 값이 아니다. 따라서 열거형이 정의한 값만을 사용한다고 가정하고 작성한 코드는 제대로 작동하지 않는다. 이런 일을 방지하려면 열거형을 정의할 때 반드시 0이 포함되도록 해야 한다. 열거형 값들을 비트 패턴으로 사용하려는 경우에는 아무런 값도 가지지 않음을 나타내기 위해서 0을 활용하자.

앞의 코드를 제대로 활용하려면 반드시 명시적으로 값을 초기화해야 한다.

```
    Planet sphere2 = Planet.Mars;
```

하지만 이렇게 선언하면 Planet 타입을 필드로 포함하는 다른 값 타입을 정의하기가 어렵다. 다음 예를 보자.

```
    public struct ObservationData
    {
        private Planet whichPlanet; // 어떤 행성을 관측 중인가?
        private double magnitude;    // 행성의 밝기
    }
```

관측 데이터를 뜻하는 ObservationData 객체를 다음과 같이 생성하면, whichPlanet이 유효하지 않은 값을 가지게 된다.

```
    ObservationData d = new ObservationData();
```

새롭게 생성한 d는 밝기(magnitude)로 0을 할당되는데, 이는 유효한 값일 수 있다. 하지만 행성 열거형인 Planet 에는 0이 없으므로 whichPlanet은 유효한 값을 가지지 못한다. 따라서 가능하다면 기본값을 0으로 설정하는 것이 좋다. 하지만 Planet 열거형은 기본값을 지정하는 것이 모호하다. 사용자가 아무것도 선택하지 않았다고 해서 임의의 행성을 기본값으로 설정하는 것은 이상하다. 이런 경우라면 0을 '초기화되지 않음'이란 의미로 사용하고, 나중에 원하는 값으로 수정하도록 유도하자.

```
public enum Planet
{
    None = 0,
    Mercury = 1,
    Venus = 2,
    Earth = 3,
    Mars = 4,
    Jupiter = 5,
    Saturn = 6,
    Uranus = 7,
    Neptune = 8
}

Planet sphere = new Planet();
```

이제 sphere는 None이 될 수 있다. 초기화되지 않음을 의미하는 기본값을 행성 열거형에 추가하였으므로 ObservationData도 영향을 받는다. 즉, 새로 생성한 ObservationData 타입의 객체는 magnitude가 0이고 whichPlanet이 None이 된다. 이제 모든 필드를 명시적으로 초기화하는 생성자를 추가해보자.

```
public struct ObservationData
{
    Planet whichPlanet; // 어떤 행성을 관측 중인가?
    double magnitude;    // 행성의 밝기

    ObservationData(Planet target, double mag)
    {
        whichPlanet = target;
        magnitude = mag;
    }
}
```

이 경우에도 기본 생성자는 여전히 구조체의 일부이므로 외부에서 호출할 수 있다는 사실을 잊지 말자. 즉, 사용자는 여전히 시스템이 초기화한 구조체를 만들 수 있으며, 이를 막을 방법은 없다.

앞의 코드는 여전히 문제가 있다. None이라는 행성을 관측하는 것은 의미가 없기 때문이다. 이 문제는 ObservationData를 클래스로 변환하여 매개변수가 없는 생성자를 호출할 수 없도

록 할 수 있다. 이런저런 방법에도 불구하고, 개발자가 enum 타입을 정의할 때 이러한 권고사항을 반드시 준수하도록 강제할 도리가 없다. 열거형은 정수들을 가볍게 감싼 것일 뿐이므로, 정수만으로는 개발자가 원하는 수준의 추상화를 달성하기가 어려울 수 있다. 이 경우 언어의 다른 기능을 검토해보는 것이 좋다.

다른 값 타입에 대해서 알아보기 전에 열거형을 플래그flag로 사용할 때 반드시 이해하고 있어야 하는 몇 가지 특별한 규칙에 대해서 알아보자. 첫 번째 규칙으로, 플래그로 사용하는 열거형은 항상 None을 0으로 설정하는 것이 좋다.

```
[Flags]
public enum Styles
{
    None = 0,
    Flat = 1,
    Sunken = 2,
    Raised = 4,
}
```

많은 개발자가 플래그로 사용하는 열거형에 대해서 비트 AND 연산자를 사용하곤 한다. 불행히도, 비트 연산시에 0이라는 값은 큰 문제를 일으킨다. 예를 들어 다음 코드에서는 Flat 값을 0으로 정의하였다면 제대로 실행되지 않는다.

```
Styles flag = Styles.Sunken;
if ((flag & Styles.Flat) != 0) // Flat == 0이면 항상 false가 된다.
    DoFlatThings()
```

열거형을 플래그로 사용하는 경우에는 0을 '어떤 플래그도 설정하지 않았음'을 의미하는 값으로 정의하자.

값타입을 정의할 때 참조를 필드로 포함하는 경우 또 다른 초기화 문제가 발생한다. 대표적인 예가 문자열이다.

```
public struct LogMessage
{
    private int ErrLevel;
    private string msg;
```

```
    }

    LogMessage MyMessage = new LogMessage();
```

MyMessage의 msg 필드는 null이다. 다른 값으로 초기화를 강제할 방법은 없지만 속성을 활용하면 문제를 최소화할 수 있다. msg 값을 노출하는 속성을 만들고, null 대신 빈 문자열을 반환하도록 코드를 추가하는 것이다.

```
public struct LogMessage
{
    private int ErrLevel;
    private string msg;
    public string Message
    {
        get => msg ?? string.Empty;
        set => msg = value;
    }
}
```

LogMessage 내에서도 msg 대신 Message 속성을 사용하는 것이 좋은데, 이렇게 하면 null 검사를 한 곳에서만 수행하면 되기 때문이다. Message 접근자는 어셈블리 내부에서 호출될 때 대부분 인라인화된다. 따라서 이 방법을 사용하면 효율적이면서도 오류를 최소화할 수 있다.

시스템은 값 타입의 모든 인스턴스를 0으로 초기화한다. 따라서 값 타입이 모두 0으로 초기화된 인스턴스를 생성하는 것을 막을 수 없다. 가능한 0이 자연스러운 기본값이 되도록 값 타입을 설계하자. 특별한 사례로, 플래그로 사용하는 열거형에서는 0이 어떤 플래그도 설정하지 않았음을 뜻하는 값으로 정의해야 한다.

아이템 6: 속성을 데이터처럼 동작하게 만들라

속성은 이중생활 중이다. 외부에서는 수동적인 데이터 요소처럼 보이지만 그 내부는 메서드로 구현된다. 이런 이중생활 때문에 자칫 사용자의 기대와는 다르게 동작하는 속성을 생성할 가능성이 있다. 대부분의 사용자는 속성이 데이터 멤버와 동일하게 동작할 것으로 기대하며, 그렇지 않을 경우 타입을 잘못 사용할 수 있다. 속성을 사용하는 문법이 데이터 멤버를 직접 사용하는 것과 같기 때문에, 동작 방식 또한 같으리라고 생각하게 된다.

속성이 데이터 멤버를 올바르게 모델링하도록 작성해야 사용자들이 불편하지 않다. 우선 속성은 다른 변경 사항이 없다면 get 접근자를 반복해서 호출할 때 늘 같은 값을 반환해야 한다.

```
int someValue = someObject.ImportantProperty;
Debug.Assert(someValue == someObject.ImportantProperty);
```

물론, 속성을 사용하든 혹은 데이터 멤버를 사용하든 상관없이 멀티 스레드 환경에서라면 이러한 가정이 틀릴 수 있지만, 그렇지 않은 경우라면 항상 같은 값을 반환해야 한다.

더하여, 사용자들은 속성 접근자가 많은 작업을 수행할 것으로 생각하지 않는다. get 접근자가 내부적으로 너무 많은 작업을 수행하지 않도록 하고, set 접근자에서도 값의 유효성 검증 정도의 작업만 처리하도록 작성하는 것이 좋다.

사용자들이 이런 기대를 갖는 이유는 속성이 데이터처럼 보이기 때문이며, 굉장히 빠르게 돌아가야 하는 루프 내에서도 속성을 사용하는 것에 서슴지 않는다. .NET 컬렉션 클래스를 사용해 보았다면 누구나 이런 경험이 있을 터인데, array의 Length 속성을 반복적으로 얻어오는 for 루프 같은 경우 말이다.

```
for (int index = 0; index < myArray.Length; index++)
```

배열이 길수록 Length 속성에 더 여러 번 접근하게 된다. 만약 배열의 Length 속성에 접근할 때마다 모든 요소의 개수를 세어야 한다고 해보자. 이 경우 앞의 루프는 마치 이중 루프처럼 수행되고 성능이 매우 나빠진다. 누구도 이런 루프를 사용하고 싶지는 않을 것이다.

사실 사용자의 기대에 맞추기란 그리 어렵지 않다. 먼저, 암묵적 속성을 사용하는 것이 좋다. 암묵적 속성은 컴파일러가 생성한 뒷단 저장소(필드)를 얇게 감싼 것으로, 그 특성이 데이터 접근과 매우 비슷하다. 사실 속성 접근자는 아주 간단한 구조라 인라인화될 가능성이 크다. 따라서 암묵적 속성을 사용하면 사용자의 기대에 맞출 수 있다.

속성에 접근할 때 추가 작업을 수행해야 해서 암묵적 속성으로 구현할 수 없는 경우라 하더라도 크게 걱정할 필요는 없다. 예를 들어 set 접근자에서 값의 유효성을 검사하는 등의 기능을 추가로 수행해야 하는 경우일 텐데, LastName을 설정하는 set 접근자를 다음과 같이 구현해 볼 수 있다.

```
public string LastName
{
    // 게터는 생략했다.
    set
    {
        if (string.IsNullOrEmpty(value))
            throw new ArgumentException("last name can't be null or blank");
        lastName = value;
    }
}
```

이 유효성 검증 코드는 속성에 대한 기본적인 가정을 잘 지키고 있다. 빠르게 실행되며 객체의 유효성을 지켜준다.

속성의 get 접근자도 값을 반환하기 전에 간혹 계산을 수행하는 경우가 있다. 점(Point) 클래스가 원점에서 거리(Distance)를 속성으로 갖는 경우를 생각해보자.

```
public class Point
{
    public int X { get; set; }
    public int Y { get; set; }
    public double Distance => Math.Sqrt(X * X + Y * Y);
}
```

Distance 계산은 빠르게 이루어진다. 이런 식으로 구현해도 사용자는 성능 문제를 겪지 않을 것이다. 하지만 혹시라도 Distance를 계산하는 것이 성능 저하의 원인이라 밝혀진다면 처음 계산한 거리를 캐싱할 수도 있다. 이 경우에는 X나 Y 값이 변경될 때마다 캐시된 값을 무효화 해야 한다(Point를 변경 불가능한 타입으로 바꾸는 대안도 있다).

```
public class Point
{
    private int xValue;
    public int X
    {
        get => xValue;
        set
        {
            xValue = value;
            distance = default(double?);
```

```
            }
        }
        private int yValue;
        public int Y
        {
            get => yValue;
            set
            {
                yValue = value;
                distance = default(double?);
            }
        }
        private double? distance;
        public double Distance
        {
            get
            {
                if (!distance.HasValue)
                    distance = Math.Sqrt(X * X + Y * Y);
                return distance.Value;
            }
        }
    }
```

속성의 get 접근자가 값을 반환하는데 많은 시간이 소요된다면, public 인터페이스에 대해 다시 생각해봐야 한다.

```
// 잘못된 속성 설계: get 접근자의 처리 시간이 길다.
public class MyType
{
    // 생략
    public string ObjectName => RetrieveNameFromRemoteDatabase();
}
```

사용자는 속성을 사용할 때, 내부적으로 원격 저장소에 접근하느라 시간이 오래 걸린다거나, 혹은 이와 관련된 예외가 발생할 것이라 생각하지 않을 것이다. 따라서 이런 경우 public API를 수정해야 한다. 다입의 활용 방법에 따라 그 구현방식도 천차만별이다. 하지만 값을 캐싱하는 것도 괜찮은 방법 중 하나가 될 수 있다.

```
// 한 가지 방법: 값을 검증한 후에 캐싱한다.
public class MyType
{
    // 생략
    private string objectName;
    public string ObjectName
        => (objectName != null) ?
            objectName : RetrieveNameFromRemoteDatabase();
}
```

이 기법은 .NET Framework의 Lazy〈T〉 클래스에 구현돼 있다. 이를 이용하면 앞의 코드를
다음처럼 변경할 수 있다.

```
private Lazy<string> lazyObjectName;
public MyType()
{
    lazyObjectName = new Lazy<string>
        (() => RetrieveNameFromRemoteDatabase());
}
public string ObjectName => lazyObjectName.Value;
```

이 방식은 ObjectName 속성이 드물게 사용되는 경우에만 유효하다. 이렇게 코드를 작성하면
값이 필요할 때까지 값을 가져오는 복잡한 작업을 수행하지 않는다. 하지만 속성에 처음 접근
할 때에는 추가 비용을 치러야 한다. 만약 ObjectName 속성이 자주 사용될 것 같으면, 생성
자에서 원하는 값을 읽어서 캐싱해두고, 속성에서는 캐싱된 값을 반환하도록 할 수도 있다. 앞
의 코드는 ObjectName을 캐싱해도 안전하다는 전제하에 작성한 것이다. 만약 프로그램의 다
른 부분이나 다른 프로세스가 원격 저장소에 저장된 데이터를 변경할 가능성이 있다면 이렇게
작성하면 안 된다.

원격 데이터베이스로부터 데이터를 가져오거나 변경 내용을 다시 원격 데이터베이스에 저장하
는 일은 매우 흔하다. 따라서 이런 작업은 속성보다는 작업 내용을 잘 표현하는 이름으로 메서
드를 작성하는 편이 사용자의 기대에 좀 더 부합한다고 할 수 있다. 다음은 MyType의 또 다른
버전이다.

```
// 더 나은 방식: 캐시 값 관리에 메서드를 사용
public class MyType
{
    public void LoadFromDatabase()
    {
        ObjectName = RetrieveNameFromRemoteDatabase();
        // 나머지 필드는 생략
    }

    public void SaveToDatabase()
    {
        SaveNameToRemoteDatabase(ObjectName);
        // 나머지 필드는 생략
    }

    // 생략

    public string ObjectName { get; set; }
}
```

사용자의 기대에 부합하려면, get 접근자뿐 아니라 set 접근자도 유의해서 작성해야 한다. 예를 들어 ObjectName이 읽기/쓰기가 가능한 속성이라고 가정해보자. 이때 set 접근자 내에서 값을 원격 데이터베이스에 저장하면 곤란하다.

```
public class MyType
{
    // 생략
    private string objectName;
    public string ObjectName
    {
        get
        {
            if (objectName == null)
                objectName = RetrieveNameFromRemoteDatabase();
            return objectName;
        }
        set
        {
            objectName = value;
            SaveNameToRemoteDatabase(objectName);
```

```
            }
        }
    }
```

set 접근자에 추가한 코드들은 사용자의 기대와 상충한다. 사용자들을 set 접근자 내에서 원격 데이터베이스에 접근할 것으로 생각지는 않을 것이며, 이로 인해 예상보다 작업 시간도 길어진다. 게다가 사용자들이 미처 예상하지 못한 이유로 작업에 실패할 수도 있다.

추가로, 디버거가 속성의 값을 출력하기 위해서 get 접근자를 호출하는 경우도 있다. get 접근자 내에서 예외가 발생하거나, 시간이 오래 걸리거나 혹은 내부 상태를 변경한다면, 디버깅이 더 어려워질 것이다.

사용자들은 속성이 메서드와는 다르게 동작할 것이라 기대한다. 속성은 메서드보다 빠르게 동작하고 객체의 상태 정보를 제공할 것으로 기대하며, 동작 방식과 속도 측면에서도 데이터 필드와 동일하게 동작할 것으로 기대한다. 만약 이러한 기대에 부합하도록 속성을 만들 수 없다면, 차라리 해당 작업을 별도의 메서드로 제공하도록 public 인터페이스를 수정하는 편이 낫다. 속성은 객체의 상태를 보여주는 원래의 용도로만 사용하자.

아이템 7: 튜플을 사용해서 타입의 사용 범위를 제한하라

C#은 객체나 자료구조를 표현하는 사용자 정의 타입을 만드는 다양한 방법을 제공한다. 클래스, 구조체, 튜플 타입tuple type, 익명 타입anonymous type 등이 있는데, 이 중 목적에 맞는 것을 선택하면 된다. 클래스와 구조체는 설계를 구현하기 위한 다양한 표현 방식을 제공한다. 그래서인지 많은 개발자가 다른 가능성을 고려하기보다는 반사적으로 클래스나 구조체를 선택하곤 하지만 이는 바람직하지 않다. 클래스와 구조체가 강력한 도구임에는 분명하지만 간단한 기능을 구현하려는 경우에도 복잡한 규약이 필요하다. 대신, 익명 타입이나 튜플처럼 간단한 기능을 사용하는 편이 코드의 가독성에 유리하다. 이번 아이템에서는 익명 타입이나 튜플과 같이 상대적으로 간단한 타입들을 어떻게 사용하는지 알아보고, 각각의 차이점과 더불어, 클래스 혹은 구조체와의 차이점도 함께 알아볼 것이다.

익명 타입은 컴파일러가 생성하는 변경 불가능한 참조 타입이다. 어떻게 동작하는지를 이해하기 위해서 단계별로 쪼개어 알아보기로 하자. 우선, 익명 타입을 작성하려면 새로운 변수를 선언하고 필요한 필드를 { } 안에 정의한다.

```
var aPoint = new { X = 5, Y = 67 };
```

이 문장은 컴파일러에 여러 가지 사항을 알려주는데, 우선 내부적으로 활용할 새로운 sealed 클래스가 필요함을 말해준다. 이 타입은 변경이 불가능하고, 2개의 읽기 전용 public 속성인 X, Y를 갖는다. 다시 말해, 컴파일러에 대략 다음과 같은 코드를 작성해달라고 말한 것과 같다.

```
internal sealed class AnonymousMumbleMumble
{
    private readonly int x;
    public int X
    {
        get => x;
    }

    private readonly int y;
    public int Y
    {
        get => y;
    }

    public AnonymousMumbleMumble(int xParm, int yParm)
    {
        x = xParm;
        y = yParm;
    }
    // ==와 GetHashCode()는 생략
}
```

즉, 이와 같은 코드를 손수 입력하지 않고 컴파일러에 대신 작성해달라고 명령한 것과 같다. 이 방식은 여러 가지 장점이 있는데, 기본적으로, 컴파일러를 이용하는 편이 훨씬 수월하다. 직접 코드를 입력하는 것에 비해 new를 이용하면 익명 타입을 훨씬 더 빨리 작성할 수 있기 때문이다. 두 번째로, 개발자는 간혹 무언가를 놓치곤 하는 데 반해 컴파일러는 동일한 작업을 반복하더라도 정확히 동일한 코드를 예외 없이 재생성해준다. 이 예제는 매우 간단하기 때문에 실수할 가능성이 거의 없겠지만, 그렇다고 가능성이 전혀 없는 것은 아니다. 컴파일러는 사람처럼 실수하지 않는다. 세 번째로, 컴파일러에 코드 생성을 위임하면 우리가 직접 관리해야 할 코드를 최소화할 수 있다. 읽어야 할 코드의 양도 줄어들고 왜 작성했는지, 어떤 작업을 하는 코드인지, 어디에서 사용하는지도 알 필요가 없다. 개발자들이 이해하거나 검토해야 할 코드가 줄어드는 것이다.

명백한 단점도 있는데, 익명 타입을 사용하면 타입의 이름을 알 수가 없으므로 이 타입으로 매개변수를 전달할 수도 없고, 반환값의 타입으로도 사용할 수 없다. 하지만 자동으로 생성된 익명 타입과는 달리, 이 타입으로 생성한 객체나 시퀀스는 여전히 사용할 수 있는데, 해당 객체를 사용하는 메서드나 표현식을 익명 타입을 정의하고 있는 메서드 내에 정의하면 된다. 구체적으로 람다 표현식lamda expression이나 익명 델리게이트anonymous delegate를 메서드 내에 정의하고, 각각의 본문에서 앞서 생성한 익명 타입의 객체를 처리하도록 코드를 작성하는 것이다. 혹은, 함수를 매개변수로 취하는 제네릭 메서드를 작성한 후, 익명 메서드와 익명 타입의 객체를 함께 이용하는 방법도 있다. 예를 들어 다음과 같이 Transform 메서드를 작성하면, 익명 타입의 객체인 aPoint의 X, Y 값을 두 배로 늘릴 수 있다.

```
static T Transform<T>(T element, Func<T, T> transformFunc)
{
    return transformFunc(element);
}
```

그리고 익명 타입을 변환 메서드에 대입할 수 있다.

```
var aPoint = new { X = 5, Y = 67 };
var anotherPoint = Transform(aPoint,
    (p) => new { X = p.X * 2, Y = p.Y * 2 });
```

복잡한 알고리즘을 구현하다 보면, 어쩔 수 없이 람다 표현식도 복잡해지고, 여러 번에 걸쳐 제네릭 메서드를 호출해야 할 수밖에 없다. 다행히 이 경우에도 (다른 설계 방식을 찾기보다는) 앞서 소개한 예제를 적절히 확장해서 사용할 수 있을 것이다. 이런 확장성 덕분에 익명 타입은 중간 결과를 저장하기에 안성맞춤이다. 익명 타입의 범위는 그것을 정의한 메서드 내로 제한된다. 익명 타입은 여러 단계를 거쳐야 하는 알고리즘을 수행할 때 각 단계의 결과를 임시 저장하기 위해서 사용할 수도 있고, 이를 다음 단계의 입력으로 전달할 수도 있다. 제네릭 메서드와 람다 표현식을 사용하면 익명 타입의 객체를 다양한 형태로 얼마든지 변경할 수 있다.

게다가, 알고리즘의 중간 결과를 익명 타입으로 저장하면, 애플리케이션의 네임스페이스를 불필요하게 더럽히지 않을 수 있다. 컴파일러가 자동으로 익명 타입을 생성해줄 뿐 아니라, 익명 타입은 이를 정의한 메서드 내에서만 유효하므로, 개발자가 애플리케이션을 이해하기 위해서 살펴보아야 할 타입의 개수도 줄고, 해당 익명 타입이 이를 정의한 메서드 내에서만 쓰인다는 것을 명확히 해주는 효과도 있다.

눈치챈 독자도 있겠지만 앞서 컴파일러가 익명 타입을 정의하는 방법을 설명할 때 조금 명확하지 않은 용어를 사용했다. 컴파일러에 익명 타입이 필요하다고 전하면, 컴파일러는 앞의 예시와 '비슷한' 코드를 생성한다. 더하여 컴파일러는 개발자가 직접 작성할 수 없는 고유의 기능을 추가하기도 한다. 익명 타입은 객체 초기화 구문을 지원하는 변경 불가능한 타입이다. 그런데, 만약 변경 불가능한 타입을 개발자가 직접 작성한다면, 모든 필드와 속성을 초기화할 수 있도록 생성자 또한 직접 작성해야 한다. 게다가 이 경우에는 객체 초기화 구문을 지원할 수가 없다. 왜냐하면 속성에 대한 set 접근자가 없을 것이기 때문이다. 반면, 익명 타입의 인스턴스를 만들 때는 반드시 객체 초기화 구문을 사용해야 한다. 컴파일러는 각 속성을 초기화할 수 있도록 public 생성자를 만들고, 생성자 호출 시에 이를 각 속성에 대한 set 접근자 호출로 대체한다.

예를 들어 다음과 같이 호출한다고 해보자.

```
var aPoint = new { X = 5, Y = 67 };
```

컴파일러는 이 문장을 다음처럼 해석한다.

```
AnonymousMumbleMumble aPoint = new AnonymousMumbleMumble(5, 67);
```

익명 타입은 객체 초기화 구문을 지원하는 변경 불가능한 타입을 만드는 유일한 방법이기도 하다. 코드를 직접 작성한다면 컴파일러처럼 마법을 부릴 수 없다.

마지막으로 익명 타입은 런타임 비용이 생각보다 크지 않다. 익명 타입을 만들 때마다 컴파일러가 새로운 익명 타입을 정의할 것으로 생각하겠지만, 컴파일러는 이미 충분히 최적화되어 있어서 똑같은 익명 타입을 요청하면 이전에 만든 익명 타입을 재사용한다.

서로 다른 위치에서 사용되는 익명 타입들을 컴파일러가 '동일한 타입'으로 간주하는 조건에 대해서 조금 더 정밀하게 살펴보자. 첫째, 익명 타입들이 동일한 어셈블리 내에 선언되어야 한다.

둘째, 속성 이름과 타입이 일치해야 하며 같은 순서로 선언되어야 한다. 예를 들어 다음 코드는 서로 다른 익명 타입을 생성한다.

```
var aPoint = new { X = 5, Y = 67 };
var anotherPoint = new { Y = 12, X = 16 };
```

속성을 나열한 순서가 다르면 독립된 익명 타입을 생성한다. 같은 개념을 표현하려 했다 해도, 컴파일러는 속성의 나열 순서가 완전히 일치할 때만 동일한 타입으로 간주한다.

익명 타입에 대한 마지막 내용으로 익명 타입의 특수한 용도에 대해 알아보자. 익명 타입은 동일성equality를 검사할 때 값의 내용을 기반으로 하기 때문에 복합키로 사용할 수 있다. 예를 들어 고객을 영업 담당자와 우편번호를 기준으로 묶는다면 다음과 같이 쿼리를 수행할 수 있다.

```
var query = from c in customers
            group c by new { c.SalesRep, c.ZipCode };
```

이 쿼리는 영업 담당자(SalesRep)와 우편번호(ZipCode) 쌍을 키로 지니는 딕셔너리를 반환한다. 결괏값은 고객의 목록이다.

튜플tuple은 인스턴스 생성할 때 경량의 타입을 정의한다는 면에서 익명 타입과 비슷하다. 하지만 public 필드를 포함하는 변경 가능한 값 타입이라는 점에서 큰 차이가 있다. 실제로 컴파일러는 제네릭 타입인 ValueTuple을 활용하며, 각 속성의 이름은 사용자가 지정한 속성 이름을 그대로 사용한다. 익명 타입과는 달리 튜플을 인스턴스화하면, 완전히 새로운 타입을 생성하는 것이 아니라 ValueTuple 제네릭 구조체를 이용하여 닫힌closed 제네릭 타입을 생성한다(이미 필드의 개수별로 여러 개의 ValueTuple 제네릭 타입이 정의되어 있다).

튜플을 인스턴스화하려면 다음과 같은 구문을 사용한다.

```
var aPoint = (X: 5, Y: 67);
```

이 코드는 두 개의 정수 필드를 가진 튜플을 만든다. C# 컴파일러는 각 필드들에 부여한 X, Y라는 이름을 유지하므로, 이를 통해 해당 필드에 접근할 수 있다.

```
Console.WriteLine(aPoint.X);
```

System.ValueTuple은 동일성 확인 메서드와 비교 메서드들을 제공한다. 또한 튜플의 각 필드 값을 출력하는 ToString() 메서드도 제공한다. ValueTuple의 인스턴스에는 속성으로 Item1, Item2과 같은 이름을 가지고 있다. 하지만 튜플을 지원하는 다양한 컴파일러와 개발 도구들이 튜플의 속성 이름으로 값의 의미를 나타낼 수 있는 네이밍 방법을 제공한다.

C#에서는 일반적으로 객체간의 타입 호환성을 확인하기 위해서 타입의 이름을 사용한다. 이러한 방식을 이름 기반 타이핑^{nominative typing}이라고 한다. 그런데, 튜플에서는 객체들이 같은 타입인지를 결정할 때 이름 기반 타이핑이 아니라 구조적 타이핑^{structural typing}을 사용한다. 즉, 튜플은 이름(컴파일러가 생성한 이름이긴 하지만)대신 형태^{shape}를 확인하여 타입이 같은지 확인한다. 이런 이유로, 두 개의 정수를 가지는 모든 튜플은 앞의 예제에서 살펴본 Point 튜플과 같은 타입으로 간주되며, 두 객체 모두 System.ValueTuple〈int, int〉의 인스턴스이다.

필드의 이름은 초기화 때 지정된다. 사용자가 변수를 선언할 때 명시적으로 지정할 수도 있고, 할당문의 오른쪽 튜플에서 사용한 이름이 암시적으로 좌측 튜플에 그대로 적용되기도 한다. 만약 할당문 좌우측의 튜플에 모두 명시적으로 필드의 이름을 지정하였다면 좌측 튜플의 이름이 사용된다.

```
var aPoint = (X: 5, Y: 67);
// anotherPoint 또한 X, Y라는 필드 이름을 가진다.
var anotherPoint = aPoint;

// pointThree에서는 필드 이름으로 Rise와 Run을 사용한다.
(int Rise, int Run) pointThree = aPoint;
```

튜플과 익명 타입은 인스턴스화 구문에서 새롭게 정의되는 경량 타입이다. 데이터를 저장하지만, 동작을 포함하지 않는 타입을 간단히 정의하고 싶다면 둘 중 하나를 사용할 수 있다.

익명 타입과 튜플 중 하나를 선택할 때는 두 타입의 차이를 고려해야 한다. 튜플은 구조적 타이핑을 따르므로 메서드의 반환 타입이나 매개변수의 타입으로 사용하기에 적합하다. 익명 타입은 변경 불가능한 타입을 정의할 때나, 컬렉션의 복합키로 사용하기 좋다. 튜플은 값 타입의 장점을 모두 가지는 반면, 익명 타입은 참조 타입이 가지는 장점을 모두 가진다. 두 타입을 모두 테스트해본 후, 어떤 것이 좀 더 목적에 부합하는지 판단하는 것도 좋다. 다시 살펴보면 알겠지만, 익명 타입과 튜플은 인스턴스를 생성하는 코드가 상당히 유사하다.

익명 타입과 튜플은 보이는 것만큼 이질적이지 않고, 제대로 사용하기만 하면 가독성을 해치지도 않는다. 중간 결과를 저장해야 하고, 변경 불가능한 타입과 궁합이 잘 맞는다면 익명 타입을 사용하자. 만약 중간 결과가 독립적으로 변경 가능해야 한다면 튜플을 사용하자.

아이템 8: 익명 타입은 함수를 벗어나지 않게 사용하라

튜플은 이름 기반 타이핑을 사용하지 않는다. 익명 타입은 이름을 가지고는 있지만, 이를 직접 참조할 수는 없다(**아이템 7: 튜플을 사용해서 타입의 사용 범위를 제한하라** 참조). 결과적으로 이 두 경량 타입을 메서드의 매개변수, 반환값, 속성의 타입으로 사용하려면 특수한 기법을 익혀야 할 뿐 아니라 각 타입이 지니는 제약사항을 상세히 알고 있어야 한다.

우선 튜플부터 살펴보자. 다음 예에서는 반환값의 타입을 정의하는 용도로 튜플을 사용하고 있다.

```
static (T sought, int index) FindFirstOccurrence<T>(
    IEnumerable<T> enumerable, T value)
{
    int index = 0;
    foreach (T element in enumerable)
    {
        if (element.Equals(value))
        {
            return (value, index);
        }
        index++;
    }
    return (default(T), -1);  // 튜플을 생성해 반환한다.
}
```

반환되는 튜플의 각 필드에 반드시 이름을 지정해야 하는 것은 아니지만, 이 함수를 호출한 측으로 각 필드의 의미를 전달하기 위해서라면 이 방식도 괜찮은 방법이다. 함수를 호출한 측에서는 함수의 반환값을 다른 튜플에 할당할 수도 있고, 각 필드를 구분하여 다른 변수에 각각 할당할 수도 있다.

```
// 결과를 튜플 변수에 할당
var result = FindFirstOccurrence(list, 42);
Console.WriteLine($"First {result.sought} is at {result.index}");

// 결과를 각기 다른 변수에 할당
(int number, int index) = FindFirstOccurrence(list, 42);
Console.WriteLine($"First {number} is at {index}");
```

메서드의 반환 타입으로 튜플을 사용하기는 쉽다. 반면, 메서드의 반환 타입으로 익명 타입을 사용하기란 쉽지 않은데, 타입의 이름을 코드로 입력할 수가 없기 때문이다. 하지만 이 경우에도 제네릭 메서드를 정의하고, 매개변수로 익명 타입의 객체를 취하도록 정의하면, 메서드의 매개변수 혹은 반환값의 타입으로 익명 타입을 사용할 수 있다.

간단한 예로 다음 코드를 살펴보자. 이 메서드는 컬렉션 안의 객체 중 value와 일치하는 객체를 모두 반환한다.

```
static IEnumerable<T> FindValue<T>(IEnumerable<T> enumerable, T value)
{
    foreach (T element in enumerable)
    {
        if (element.Equals(value))
        {
            yield return element;
        }
    }
}
```

앞의 메서드는 다음과 같이 익명 타입과 함께 사용할 수 있다.

```
IDictionary<int, string> numberDescriptionDictionary =
    new Dictionary<int, string>()
{
    {1, "one"},
    {2, "two"},
    {3, "three"},
    {4, "four"},
    {5, "five"},
    {6, "six"},
    {7, "seven"},
```

```
    {8, "eight"},
    {9, "nine"},
    {10, "ten"},
};

List<int> numbers = new List<int>() { 1, 2, 3, 4, 5, 6, 7, 8, 9, 10 };
var r = from n in numbers
            where n % 2 == 0
            select new
            {
                Number = n,
                Description = numberDescriptionDictionary[n]
            };

r = from n in FindValue(r,
        new { Number = 2, Description = "two" })
    select n;
```

FindValue() 메서드는 어떤 타입의 매개변수가 전달될지 알지 못한다(단순한 제네릭 타입이다).

이처럼 단순하게 함수를 정의해두면 여러 용도로 활용할 수 있다. 익명 타입을 다루는 메서드를 작성할 때는 고차함수^{higher-order function}로 작성해야 한다. 고차함수란 함수를 매개변수로 취하거나 함수를 반환하는 함수를 말한다. 특히 매개변수로 함수를 취하는 고차함수는 익명 타입을 다룰 때 유용하다. 고차함수와 제네릭은 다양한 경우에 익명 메서드와 함께 사용되곤 한다. 다음 쿼리 표현식을 살펴보자.

```
            () => randomNumbers.NextDouble() * 100)
                    let y = randomNumbers.NextDouble() * 100
                    select new { x, y }).TakeWhile(point => point.x < 75);
```

이 쿼리는 TakeWhile() 메서드로 끝나는데, 그 원형은 다음과 같다.

```
public static IEnumerable<TSource> TakeWhile<TSource>
    (this IEnumerable<TSource> source, Func<TSource, bool> predicate);
```

TakeWhile()이 IEnumerable⟨TSource⟩를 반환하고, IEnumerable⟨TSource⟩를 매개변수로 취하는 것에 주목하자. 앞의 예에서 TSource는 x, y 를 속성으로 가지는 익명 타입으로 지정된다. 두번째 매개변수인 Func〈TSource, bool〉은 TSource 타입의 매개변수를 취하는 함수를 나타낸다.

이 기법을 활용하면 익명 타입을 사용하는 대규모의 라이브러리나 코드를 손쉽게 작성할 수 있다. 앞의 예제의 쿼리 표현식은 익명 타입을 사용하는 제네릭 메서드를 사용한다. 쿼리 표현식이 익명 타입과 같은 범위 내에 선언되어 있기 때문에, 람다 표현식은 익명 타입에 대하여 모든 것을 알고 있다. 내부적으로 살펴보면, 컴파일러는 익명 타입의 인스턴스를 다른 메서드에 전달할 수 있도록 하기 위해서, private 중첩 클래스로 익명 타입을 선언한다.

다음 코드는 익명 타입의 객체를 생성한 후, 다음으로 수행할 메서드에 해당 객체를 전달하고 처리하는 예를 보여준다.

```
var sequence = (from x in Funcs.Generator(100,
                      () => randomNumbers.NextDouble() * 100)
                let y = randomNumbers.NextDouble() * 100
                select new { x, y }).TakeWhile(
                    point => point.x < 75);
var scaled = from p in sequence
             select new { x = p.x * 5, y = p.y * 5 };
var translated = from p in scaled
                 select new { x = p.x - 20, y = p.y - 20 };
var distances = from p in translated
                let distance = Math.Sqrt(p.x * p.x + p.y * p.y)
                where distance < 500.0
                select new { p.x, p.y, distance };
```

사실 놀랄만한 부분은 없다. 컴파일러가 내부적으로 델리게이트를 생성하고, 이를 호출하는 것이 전부다. 각 쿼리 메서드는 컴파일러가 내부적으로 작성한 메서드를 반환하는데, 이 메서드는 익명 타입의 매개변수를 취하도록 선언된다. 컴파일러는 또한 델리게이트도 생성하는데, 이 델리게이트는 앞서 컴파일러가 생성한 각각의 메서드와 바인딩되고, 쿼리 메서드를 매개변수로 취한다.

프로그램의 규모가 점점 커지면 도처에 알고리즘을 구현한 코드를 복사해서 쓰게 되고, 이로 인해 더 이상 알고리즘을 관리할 수 없는 상황이 되기 십상이다. 결국 반복 코드가 도처에 나타나게 된다. 앞의 예제와 같이 코드를 작성해서, 프로그램의 규모가 커지더라도 단순하고, 모듈화되고, 확장성 있게 코드를 유지하는 것이 이상적이다.

이를 위해 적용해볼 수 있는 방법의 하나로, 지금의 메서드를 더 간단한 여러 개의 메서드로 쪼개는 방법이 있다. 이렇게 코드를 분리하면 코드의 재사용성을 계속 유지할 수 있다. 또한 일부 알고리즘은 람다 표현식을 매개변수로 취하는 제네릭 메서드로 리팩터링^{refactoring}할 수 있다. 알고리즘의 세부적인 구현사항을 람다 표현식으로 표현하는 것이 핵심이다.

아래에 구현한 Map() 메서드를 사용하면 특정 타입에서 다른 타입으로의 매핑^{mapping} 작업을 대부분 수행할 수 있다. 물론 동일한 타입으로도 매핑을 수행할 수 있다.

```csharp
public static IEnumerable<TResult> Map<TSource, TResult>
    (this IEnumerable<TSource> source, Func<TSource, TResult> mapFunc)
{
    foreach (TSource s in source)
        yield return mapFunc(s);
}

// 사용 예
var sequence = (from x in Utilities.Generator(100,
                          () => randomNumbers.NextDouble() * 100)
                    let y = randomNumbers.NextDouble() * 100
                    select new { x, y }).TakeWhile(
                      point => point.x < 75);
var scaled = sequence.Map(p =>
    new {
        x = p.x * 5,
        y = p.y * 5
    });
var translated = scaled.Map(p =>
    new {
        x = p.x - 20,
        y = p.y - 20
    });
var distances = translated.Map(p => new
{
    p.x,
    p.y,
    distance = Math.Sqrt(p.x * p.x + p.y * p.y)
});
var filtered = from location in distances
                    where location.distance < 500.0
                select location;
```

이처럼 코드를 구현할 때 가장 중요한 점은, 익명 타입에 대한 최소한의 정보만을 가지고도 수행될 수 있도록 알고리즘을 분리해내는 것이다. 모든 익명 타입은 값의 동일성을 비교하기 위해서 Equals()를 재정의한다. 따라서 최소한 System.Object의 public 멤버는 존재한다고 가정할 수 있다. 코드를 이렇게 수정한다고 해도 특별히 달리지는 것이 없다고 생각할 수도 있지만, 이제 알고리즘을 구현한 다른 메서드와 함께 익명 타입을 전달할 수 있게 되었다.

같은 맥락에서 코드를 작성하다 보면, 이전에 작성한 메서드의 일부분이 다른 곳에서 재사용될 수 있다는 것을 발견하곤 한다. 이럴 때는 재사용 가능한 코드를 따로 분리하여 제네릭 메서드로 작성한 후, 여러 곳에서 사용할 수 있도록 해야 한다.

이러한 기법을 너무 남용하지 않도록 주의해야 한다. 여러 알고리즘에서 자주 사용되는 핵심 타입을 익명 타입으로 바꾸어서는 안 된다. 동일한 타입을 반복적으로 사용하고 있다면, 그 타입은 익명 타입이 아니라 구체적인 타입으로 변경해야 할 가능성이 크다.

확고부동한 규칙은 없지만, 다음 지침이 도움이 될 것이다. 만약 주요 알고리즘에 동일한 익명 타입을 4번 이상 반복적으로 사용하고 있다면, 구체적인 타입으로 변경하기를 권한다. 더불어 코드가 길고 복잡한 람다 표현식을 사용하고 있고, 그 이유가 익명 타입을 사용하기 위해서라면 구체적인 타입으로 바꿔야 한다는 경고로 생각할 수 있다.

익명 타입은 대부분 단순한 값을 지닌 읽기/쓰기 속성을 포함하는 경량 타입이다. 그래서 알고리즘을 작성할 때에 익명 타입을 자주 사용하곤 한다. 람다 표현식과 제네릭 메서드에서 사용하기 위해서 익명 타입을 사용하는 경우도 있다. 이는 마치 타입의 사용 범위를 제한하기 위해서 private으로 중첩 클래스를 만드는 것과 유사해서, 익명 타입의 사용 범위를 특정 메서드 안으로 제한할 수 있다(즉, 익명 타입을 사용하면 타입의 유효 범위를 줄일 수 있다). 또한 제네릭과 고차함수를 사용할 때 익명 타입을 활용하면 대체가 손쉬운 모듈식 코드를 만들 수 있다.

아이템 9: 다양한 동일성 개념들 사이의 상관관계를 이해하라

사용자 정의 타입(클래스든 구조체든)을 작성할 때에는 타입의 동일성^{equality}을 함께 고려한다. C#은 서로 다른 객체가 '같다'는 것을 결정하는 함수를 네 가지나 가지고 있다.

```
public static bool ReferenceEquals(object left, object right);
public static bool Equals(object left, object right);
public virtual bool Equals(object right);
public static bool operator ==(MyClass left, MyClass right);
```

C#에서는 이 4개의 메서드를 원하는 대로 변경할 수 있다. 하지만 할 수 있다고 해서 반드시 해야 하는 것은 아니다. 사실 앞쪽 두 개의 정적 메서드는 절대로 건드려서는 안 된다. 반면 세 번째 Equals() 인스턴스 메서드는 타입이 가지는 값의 의미에 부합하도록 코드를 작성해야 하고, 네 번째인 ==() 연산자는 주로 성능을 개선하기 위해서 재정의한다. 이 4개의 메서드들은 서로 연관돼 있어서 하나를 수정하면 다른 함수에 영향을 줄 수 있다. 객체가 동일한지를 확인하기 위해서 함수가 4개나 필요하다니 너무 복잡한 것이 아닌가 싶다. 하지만 너무 걱정할 필요는 없다. 쉬운 방법이 있다.

사실을 말해주자면, 동일성을 확인하는 방법으로 이 4개의 메서드만 있는 것은 아니다. 타입 내에 Equals()를 재정의하는 경우 IEquatable⟨T⟩를 구현해야 한다. 그리고 값에 고유의 의미 체계를 부여하기 위해서 IStructuralEquality를 구현한 타입도 있다. 결과적으로 C#에서 동일성을 확인하는 방법은 총 6가지나 존재한다.

C#의 언어 요소 중 복잡한 내용이 대부분 그렇지만, 동일성을 확인하는 방법이 이처럼 복잡한 이유는 값 타입과 참조 타입이 구분되어 있기 때문이다. 참조 타입의 경우, 서로 다른 두 개의 참조 타입 객체가 동일한 객체를 참조하고 있다면 이 객체들은 동일하다고 간주한다. 이를 객체 ID^object identity가 동일하다고 한다. 반면 값 타입의 경우, 두 객체의 타입이 일치해야 하는 것은 물론이고, 값의 내용 또한 일치해야만 동일한 객체로 판단한다. 이처럼 동일성을 판단하는 기준이 다르기 때문에 여러 가지 메서드가 필요한 것이다.

각각의 메서드가 어떻게 동작하는지 살펴보자. 우선 재정의하면 안되는 두 개의 정적 메서드부터 시작해보자. Object.ReferenceEquals()는 두 개의 참조 타입 객체가 동일한 객체를 참조하는 경우 true를 반환한다. 이는 두 참조 타입 객체가 동일한 객체 ID를 가지고 있다는 것을 뜻하기도 한다. 비교 대상이 참조 타입이든 값 타입이든 이 메서드는 객체의 내용에는 신경 쓰지 않고, 그저 객체 ID 만을 비교한다. 따라서, Object.ReferenceEquals()를 이용하여 값 타입을 비교하면 항상 false를 반환한다. 심지어 자기 자신과 비교를 하더라도 false를 반환한다. 이는 박싱이라는 메커니즘 때문인데, 이에 대한 자세한 내용은 『Effective C#(3판)』 **아이템 9: 박싱과 언박싱을 최소화하라**에서 살펴보기 바란다.

```
int i = 5;
int j = 5;
if (Object.ReferenceEquals(i, j))
    WriteLine("Never happens.");
else
    WriteLine("Always happens.");

if (Object.ReferenceEquals(i, i))
    WriteLine("Never happens.");
else
    WriteLine("Always happens.");
```

Object.ReferenceEquals()는 늘 이 메서드를 정의한 의도에 부합하게 동작하므로 절대로 재정의해서는 안 된다. 다시 말하지만, 이 함수의 목적은 객체 ID을 비교하는 것이다.

재정의하면 안 되는 두 번째 함수는 static으로 선언된 Object.Equals()다. 이 메서드는 비교하려는 두 객체의 런타임 타입을 알 수 없을 때 사용된다. C#에서는 System.Object가 모든 타입의 베이스 타입임을 고려한다면, 어떤 타입의 개체를 비교하더라도 모두 System.Object 타입의 인스턴스를 비교하는 것으로 볼 수 있다. 이 경우 값 타입과 참조 타입 모두를 System.Object 타입의 인스턴스로 간주할 수도 있다. 그렇다면 이 메서드는 객체 타입에 대한 정보도 없이 어떻게 두 객체가 동일한지를 비교할 수 있을까? 동일성은 타입에 따라 그 의미가 달라질 수도 있는데 말이다. 답은 의외로 간단하다. 이 메서드는 매개변수로 주어진 두 객체를 비교하기 위해서, 다른 메서드에 작업을 위임한다. static Object.Equals() 메서드는 다음과 같이 구현돼 있다고 보면 된다.

```
public static bool Equals(object left, object right)
{
    // 객체 ID 확인
    if (Object.ReferenceEquals(left, right) )
        return true;
    // 둘 다 null인 경우는 앞의 코드에서 처리됨
    if (Object.ReferenceEquals(left, null) ||
        Object.ReferenceEquals(right, null))
        return false;
    return left.Equals(right);
}
```

앞의 예제에서는 아직 설명하지 않은 Equals() 인스턴스 메서드를 사용하고 있는데, 이는 뒤에서 살펴볼 예정이다. 아직은 static Object.Equals()에 좀 더 주목해보자. 이 메서드의 마지막 부분을 보면 left의 Equals() 인스턴스 메서드를 사용해서 두 객체가 동일한지를 비교함을 알 수 있다.

static Object.Equals() 메서드는 런타임 타입을 알 수 없는 두 객체를 비교하기 위해 만들어졌으며, 이 또한 그 목적대로 잘 동작한다. 따라서 Object.ReferenceEquals()와 마찬가지로 이 메서드를 오버로드 하거나 재정의해서는 안 된다.

앞서 살펴본 바와 같이 static Object.Equals() 메서드는 내부적으로 첫 번째 인수의 Equals() 인스턴스 메서드에 비교 작업을 위임하기 때문에, 첫 번째 인수가 어떤 타입이냐에 따라 비교 방법도 달라진다.

이상으로 static Object.ReferenceEquals()와 static Object.Equals()를 절대로 수정해서는 안 되는 이유를 살펴보았다. 이제 재정의해도 되는 메서드들을 살펴볼 차례지만, 우선 동일성 관계의 수학적 특성을 간단히 살펴보기로 하자.

사용자 정의 타입을 작성하고, 기능을 구현할 때에는 다른 개발자들의 기대에 가능한 부응하도록 개발해야 한다. 이런 이유로 Equals() 인스턴스 메서드는 동일성의 수학적 특징을 제대로 구현해야 한다. 그것이 개발자의 기대치일 것이기 때문이다. 동일성의 수학적 속성은 반사적, 대칭적, 추이적 속성으로 구분할 수 있다. 반사적 속성$^{reflexive\ property}$이란 어떤 객체든 자기 자신과는 항상 같아야 한다는 것으로, 타입과 상관없이 a == a는 항상 true이어야 함을 의미한다. 대칭적 속성$^{symmetric\ property}$이란 동일성의 결과가 비교 순서와는 무관해야 한다는 속성으로, a == b가 true면 b == a도 true고, a == b가 false면 b == a도 false이어야 함을 의미한다. 마지막으로 추이적 속성$^{transitive\ property}$이란 a == b와 b == c가 모두 true면 a == c도 반드시 true가 되어야 함을 의미한다.

이제 Equals() 인스턴스 메서드를 언제, 어떻게 재정의해야 할지 구체적으로 알아보자.

우선 Equals()의 기본 동작 방식이 새롭게 작성하는 타입과 어울리지 않는 경우, 이 메서드를 재정의해야 한다. Equals() 인스턴스 메서드의 기본 동작 방식은 객체 ID를 비교한다. 이는 static Object.ReferenceEquals()의 동작 방식과 완전히 동일하다.

값 타입의 경우에는 이러한 방식으로 객체를 비교하면 안 되기 때문에, System.ValueType

에서 Equals() 인스턴스 메서드를 재정의하고 있다. System.ValueType 타입이 struct 키워드를 사용해서 작성하는 모든 값 타입의 베이스 클래스임을 기억하자. 값 타입의 경우 두 객체가 동일한 타입이어야 함은 물론이고, 그 내용 또한 일치해야만 동일한 객체로 볼 수 있으므로 ValueType의 Equals()를 이러한 방식으로 구현했다. 하지만 ValueType의 Equals()는 구현 방식이 그리 효율적이지 못하다. 값 타입의 객체를 제대로 비교하려면 파생 타입의 멤버 필드들을 모두 살펴보아야 하는데, 런타임 시 객체의 타입을 사전에 알 방법이 없기 때문에 리플렉션reflection을 활용하였고, 이로 인해 성능이 좋지 않다. 동일성 비교는 프로그램에서 자주 사용되는 기능이므로 성능이 상당히 중요하다. 어떤 값 타입을 정의하건 간에 대부분의 경우에 리플렉션을 사용하는 ValueType의 Equals() 구현체보다 훨씬 빠르게 동작하는 메서드를 작성할 수 있을 것이다. 따라서 값타입을 정의할 때의 원칙을 다음과 같이 간단하게 정리할 수 있다. 값 타입을 만들 때는 항상 ValueType의 Equals() 인스턴스 메서드를 재정의하라.

더불어, 사용자 정의 클래스를 개발하고 있고, 이 타입에 대하여 객체 ID를 비교하는 참조 비교 방식이 적절하지 않다면 Equals() 인스턴스 메서드를 반드시 재정의해야 한다. .NET Framework 클래스 라이브러리에 포함된 꽤 많은 클래스가 객체의 동일성을 비교할 때, 객체 ID를 비교하는 방식이 아니라 값의 내용을 비교하는 방식을 사용한다. 대표적으로 문자열 객체도 이에 해당하는데, 문자열의 내용이 같아야지만 동일한 객체로 판단한다. DataRowView 객체들도 내용이 같은 DataRow를 참조하기만하면 서로 동일하다고 본다. 핵심을 정리해보자. 사용자 정의 클래스를 작성할 때 객체 ID를 비교하는 참조 비교 방식보다는 객체가 가진 내용이 동일한지를 비교해야 한다면 Equals() 인스턴스 메서드를 재정의하라.

Equals()를 언제 재정의해야 하는지 알았으니, 이제는 어떻게 구현할지에 대해서도 알아보자. 값 타입의 경우에는 동일성 비교 작업이 박싱에 영향을 상당히 많이 받는다(『Effective C#(3판)』 **아이템 9: 박싱과 언박싱을 최소화하라** 참조). 참조 타입의 경우에는 사용자를 놀래킬 목적이 아니라면 가능한 Equals() 인스턴스 메서드의 기본 동작 방식과 동일하게 메서드를 구현하는 것이 중요하다. 그리고 Equals() 인스턴스 메서드를 재정의하였다면, IEquatable〈T〉도 함께 구현하는 것이 좋다(그 이유에 관해서는 뒤에서 조금 더 이야기할 것이다).

다음 예는 Equals() 인스턴스 메서드를 재정의하는 기본적인 패턴인데, IEquatable〈T〉를 구현하는 방법을 살펴볼 수 있다.

```
public class Foo : IEquatable<Foo>
{
    public override bool Equals(object right)
    {
        // null 확인
        // C# 메서드 내에서 this는 절대 null이 될 수 없다.
        if (object.ReferenceEquals(right, null))
            return false;

        if (object.ReferenceEquals(this, right))
            return true;

        // 뒤에서 자세히 논의한다.
        if (this.GetType() != right.GetType())
            return false;

        // 이 타입의 내용을 비교한다.
        return this.Equals(right as Foo);
    }

    // IEquatable<Foo>에 정의된 멤버
    public bool Equals(Foo other)
    {
        // 생략
        return true;
    }
}
```

기본적으로 Equals()는 절대로 예외를 던져서는 안 된다(상식에도 어긋나는 동작이다). 두 참조는 같거나 다를 것이므로 사실 다른 여지가 거의 없다. null을 전달하였거나, 인수 타입에 오류가 있는 등, 어떤 이유에서건 실패가 발생할 가능성이 있다면 단순히 false를 반환하도록 하면 된다.

위 메서드 내에서 무엇을 확인하고 무엇을 생략했는지에 대해서 좀 더 자세히 살펴보자. 첫 번째 if 문에서는 right 객체가 null인지 확인한다. C#에서 this는 null일 수 없으므로 this가 null인지는 확인할 필요가 없다. 공통 언어 런타임(CLR)은 null 참조를 이용하여 인스턴스 메서드를 호출하려 하면 예외를 던지는데, 이는 사실 추이성이라는 수학적 속성을 만족하지 않는다. 즉, a가 null이 아니고 b가 null일 때, a.Equals(b)는 false를 반환하지만 b.Equals(a)는 NullReferenceException을 던지기 때문이다.

다음으로는 두 객체의 참조가 같은지 확인한다. 즉, 객체 ID를 비교한다. 이는 매우 효율적인 방법으로 객체 ID가 같다면 그 내용도 같을 것이기 때문이다. 객체의 타입이 동일한지를 비교하는 것도 중요하다. 이를 위해 this의 타입이 Foo라고 가정하지 않고, this.GetType()을 하였는데, this의 실제 타입이 Foo에서 파생된 다른 클래스일 수 있기 때문이다. 다음으로 비교 대상 객체의 타입도 확인한다. right 인자를 현재 객체의 타입으로 형변환하는 것만으로는 충분하지 않으며, 이로 인해 미묘한 버그가 발생할 수 있다. 이에 대해서는 다음 예제를 살펴보자.

```
public class B : IEquatable<B>
{
    public override bool Equals(object right)
    {
        // null 확인
        if (object.ReferenceEquals(right, null))
            return false;

        // 참조 동일성 확인
        if (object.ReferenceEquals(this, right))
            return true;

        // 이 부분이 문제다(뒤에서 다룬다).
        B rightAsB = right as B;
        if (rightAsB == null)
            return false;

        return this.Equals(rightAsB);
    }

    // IEquatable<B>에 정의된 멤버
    public bool Equals(B other)
    {
        // 생략
        return true; // 생략된 코드에 의해 false를 반환할 수도 있음
    }
}

public class D : B, IEquatable<D>
{
    // 기타 처리
    public override bool Equals(object right)
```

```
{
    // null 확인
    if (object.ReferenceEquals(right, null))
        return false;

    if (object.ReferenceEquals(this, right))
        return true;

    // 이 부분이 문제
    D rightAsD = right as D;
    if (rightAsD == null)
        return false;

    if (base.Equals(rightAsD) == false)
        return false;

    return this.Equals(rightAsD);
    }

    // IEquatable<D>에 정의된 멤버
    public bool Equals(D other)
    {
        // 생략
        return true; // 생략된 코드에 의해 false를 반환할 수도 있음
    }
}

// 테스트 시작
B baseObject = new B();
D derivedObject = new D();

// 비교 1
if (baseObject.Equals(derivedObject))
    WriteLine("Equals");
else
    WriteLine("Not Equal");

// 비교 2
if (derivedObject.Equals(baseObject))
    WriteLine("Equals");
else
    WriteLine("Not Equal");
```

어떤 상황에서건 'Equals'나 'Not Equal'이 두 번 출력될 것으로 기대할 것이다. 그런데 앞의 코드에는 오류가 있기 때문에 기대하지 않은 결과가 출력된다. 비교 2에 나오는 if 문의 조건은 절대 true가 될 수 없다. B 타입의 객체를 D 타입으로 형변환할 수 없기 때문이다. 하지만 비교1에 나오는 if 문의 조건은 true가 될 수도 있다. D 타입의 객체를 상위 타입인 B 타입으로는 형변환할 수 있으므로, B 타입으로 형변환한 후 B 타입에 속한 멤버 값이 동일하기만 하면 B.Equals()는 두 객체가 같다고 판단한다. 설령 두 객체의 타입이 다르더라도 이 메서드는 둘을 같다고 판단할 것이다. 상속 계통에서 상위 타입으로의 형변환으로 인해 Equals()의 대칭성이 깨진 것이다.

다음과 같이 코드를 작성하면 내부적으로 D 타입의 derivedObject를 B 타입으로 변환한다.

```
baseObject.Equals(derivedObject)
```

baseObject.Equals()는 B 타입에서 자체적으로 정의한 필드들만을 비교하며, 그 값이 일치한다고 판단하면 두 객체는 같다고 평가한다. 반대로 다음과 같이 코드를 작성하면 B타입의 baseObject를 D 타입으로 형변환하려고 시도하며, 이는 허용되지 않는다.

```
derivedObject.Equals(baseObject)
```

따라서 이와 같이 derivedObject.Equals() 메서드를 호출하면 항상 false를 반환할 수밖에 없다. 객체의 타입을 정확하게 확인하지 않으면 이런 문제에 쉽게 빠질 수 있다. 즉, 비교 순서에 따라 그 결과가 달라지는 문제에 봉착하게 된다.

앞서 살펴본 예제들은 모두 Equals()를 재정의할 때 어떤 문제들이 발생할 수 있는지를 보여주고 있다.

사용자 정의 타입 내에서 Equals()를 재정의하는 경우에는 IEquatable〈T〉 또한 구현해야 한다. IEquatable〈T〉는 Equals(T other)라는 하나의 메서드를 선언하고 있다. IEquatable〈T〉를 구현한다는 것은, 해당 타입이 타입 안정적인 방식으로 동일성을 비교할 수 있다는 것을 사용자에게 알려주는 것이기도 하다. 이 인터페이스를 구현하면 매개변수의 타입이 원본 객체의 타입과 다르게 주어질 다양한 가능성을 컴파일러의 힘을 빌려 차단하는 효과가 있다.

Equals()를 재정의할 때 지켜야 할 규칙이 하나 더 있다. 파생 클래스에서 Equals()를 재정의할 때, 베이스 클래스가 System.Object나 System.ValueType이 기본 제공하는 Equals()가 아니라 Equals()를 재정의하고 있는 경우에만 이를 호출하라는 것이다. 앞의 코드가 이 예를 보여주고 있다. 클래스 D는 Equals() 내에서 자신의 베이스 클래스인 B에 정의된 Equals() 메서드를 호출하는 듯 보이지만, 실제로는 클래스 B에서 정의하고 있는 baseObject.Equals()를 호출하지 않고 System.Object에서 정의하고 있는 Equals()를 호출한다. System.Object내의 Equals()는 두 인수가 같은 객체를 참조할 때만 true를 반환한다. 이는 기대하는 결과가 아니다. 만약 이런 결과를 원했다면 애초에 메서드를 재정의할 필요도 없기 때문이다.

최선의 방법은 값 타입을 만들 때는 Equals()를 재정의하고, 참조 타입을 만들 때는 System.Object가 정의한 의미 체계를 따르지 않을 때만 Equals()를 재정의하는 것이다. 재정의가 필요하다면 앞서 살펴본 지침에 따라 Equals()를 작성하면 된다. 더불어 Equals()를 재정의하는 경우에는 GetHashCode()도 반드시 재정의해야 한다(**아이템 10: GetHashCode()의 위험성을 이해하라** 참조).

이제 거의 다 왔다. operator==()는 이해하기 쉽다. 값 타입을 만들면 operator==()도 재정의하는 것이 좋다. 이는 Equals() 인스턴스 메서드를 재작성하는 것과 같은 이유다. 앞서 말한 바와 같이 기본 버전은 리플렉션을 사용해서 두 값 타입의 콘텐츠를 비교하므로 매우 비효율적이다. 『Effective C#(3판)』 **아이템 9: 박싱과 언박싱을 최소화하라**에서 다룬 방법을 따르면 값 타입을 비교할 때 박싱을 피할 수 있다.

Equals()를 재정의하는 모든 경우에 반드시 operator==()를 재정의해야 하는 것은 아니다. 엄밀히 정리하자면 값 타입을 만들 때, Equals()와 더불어 operator==()를 재정의해야 한다. 참조 타입을 만들 때는 이 연산자를 재정의할 일이 거의 없다. 실제로 .NET Framework 클래스들은 참조타입의 operator==()가 객체의 ID를 비교하는 기본 방식을 준수할 것으로 기대한다.

마지막으로 System.Array와 Tuple<> 제네릭 클래스들이 구현하는 IStructuralEquality를 살펴보자. 이 인터페이스는 컬렉션에 포함된 개별 요소 각각에 대하여 반복적으로 값을 비교하는 연산을 수행하는 대신, 전체 컬렉션에 대하여 값을 비교할 수 있도록 해주기 위해 마련된 인터페이스이다. IStructuralEquality는 매우 가벼운 타입에 대해서만 필요한데, 사용자가 정의하는 타입에서는 구현할 일이 거의 없다. IStructuralEquality를 구현한다는 것은 값을 기반으로 비교를 해야 하는 더 큰 타입의 일부로 이 인터페이스를 구현한 타입이 포함될 수 있음을 의미한다.

C#은 동일성 판단을 위한 다양한 방법을 제공하지만, 개발자는 그중 두 가지(와 관련 인터페이스들)에 대해서만 재정의 여부를 고민하면 된다. static Object.ReferenceEquals()와 static Object.Equals() 메서드는 런타임 타입과 상관없이 항상 올바르게 동작하므로 절대로 재정의해서는 안 된다. 값 타입의 경우 성능을 개선하기 위해 Equals() 인스턴스 메서드와 operator==()를 항상 재정의하는 것이 좋다. 참조 타입의 경우 객체 ID를 비교하는 것과는 다른 방식으로 동일성을 판단해야 하는 경우에 한해 Equals() 인스턴스 메서드를 재정의하면 된다. 더하여 Equals() 인스턴스 메서드를 재정의할 때는 항상 IEquatable⟨T⟩를 함께 구현해야 한다. 간단하지 않은가?

아이템 10: GetHashCode()의 위험성을 이해하라

이번 아이템은 이 책에서 유일하게 가능한 작성하지 말아야 하는 함수에 대해서 다루고 있다. GetHashCode()는 단 한 곳에서만 사용된다. 바로 해시 기반 컬렉션에서 키의 해시값을 정의할 때다. 구체적으로는 HashSet⟨T⟩과 Dictionary⟨K,V⟩과 같은 컨테이너들이다. 사용되는 곳이 적다는 것은 좋은 소식이다. 왜냐하면 베이스 클래스의 GetHashCode() 구현부는 사실 문제가 있기 때문이다. 실제로 기본 구현 방식의 경우, 참조 타입에서는 겨우 동작은 하지만 매우 비효율적이며, 값 타입에서는 베이스 클래스의 버전이 정확하지 않을 때가 있다. 더 나쁜 것은 GetHashCode()를 효율적이면서 동시에 정확하게 동작하도록 코드를 작성하는 게 불가능할 수도 있다는 것이다. GetHashCode()만큼 많은 논의와 혼란을 일으키는 함수는 없다. 그럼 그 혼란들을 함께 제거해보자.

컬렉션의 키로 사용될 일이 없는 타입을 정의한다면 문제될 것이 없다. UI의 윈도우 컨트롤, 웹페이지 컨트롤, 데이터베이스 연결 같은 타입은 컬렉션의 키로 사용되지 않을 것이다. 이런 경우라면 아무것도 하지 말라. 그리고, 참조 타입에 대해서는 비록 비효율적이긴 하지만 올바른 해시 코드를 얻을 수 있기는 하다. 값 타입의 경우에는 변경 불가능하도록 작성해야 한다 **(아이템 3: 값 타입은 변경 불가능한 게 좋다** 참조. 이 지침을 따르기만 한다면, 비효율적이기는 하지만 어쨌든 동작은 한다). 여러분이 작성하는 대부분의 타입에서 최고의 접근법은 우습게도 GetHashCode()를 절대로 사용하지 않는 것이다.

불행히도 해시 키로 사용해야 할 타입을 작성할 때가 올 수도 있고, 따라서 GetHashCode() 를 구현할 수밖에 없는 상황이 될 수도 있다. 그 경우를 위해 다음 내용을 읽어보기 바란다. 모든 객체는 해시 코드라는 정숫값을 생성한다. 해시 기반 컬렉션에서는 내부적으로 검색을 최적화하기 위해서 이 값을 이용한다. 해시 기반 컬렉션은 객체들을 여러 '버킷bucket'에 나눠 담는데, 동일 해시값을 가진 객체들을 동일 버킷에 담는다. 특정 객체를 해시 컬렉션에 저장하려 하며, 해당 객체의 해시 코드를 얻어서 저장할 버킷을 확인한다. 컬렉션에서 객체를 가져오는 경우에는 키를 이용해서 객체가 저장되어 있는 버킷을 확인한다. 해싱의 핵심은 결국 검색의 성능을 개선하기 위함이며, 이상적으로 동작하려면 각 버킷에 포함된 객체의 수가 매우 적어야 한다.

.NET에서는 모든 객체가 해시 코드를 가지며, 그 값은 System.Object.GetHashCode()에 의해서 결정되는데, 이 메서드를 오버로드overload할 때는 다음 세 가지 규칙을 따라야 한다.

1. 두 객체가 같다면(Equals() 인스턴스 메서드로 비교 시) 동일한 해시값을 생성해야 한다. 그렇지 않으면 컬렉션에서 객체를 찾는 데 해시 코드를 사용할 수 없다.

2. 모든 객체 a에 대해 a.GetHashCode()는 인스턴스 불변이어야 한다. a의 어떤 메서드를 호출하였든 a.GetHashCode()는 항상 같은 값을 반환해야 한다. 그래야 객체가 올바른 버킷에 담겨 있다는 것을 보장할 수 있다.

3. 해시 함수는 자주 사용되는 입력값들에 대해서 균일하게 분포된 정숫값을 생성해야 한다. 이상적으로라면 값이 널리 분포되어야 하며, 특정 값 주위로 비슷한 값이 여러 번 반환되어서는 안 된다. 그래야 컬렉션의 효율이 높아진다. 쉽게 말하자면 각 버킷에 적은 수의 객체만 담을 수 있다.

이 세 가지 규칙을 만족시키는 정확하고 효율적인 해시 함수를 작성하려면 해당 타입에 대한 세부적인 이해가 필요하다. 하지만 System.Object와 System.ValueType에서 이 메서드를 구현할 때, 향후 구현할 타입에 대해서 미리 알 수는 없으므로 타입에 대한 이해 없이 기본 작업을 온전히 수행해야만 했다. 이런 이유로 Object.GetHashCode()는 System.Object 클래스의 내부 필드만을 이용해서 해시값을 생성한다.

이제 앞에서 말한 세 가지 규칙을 염두에 두고 Object.GetHashCode()를 살펴보자. 두 객체가 같다면 Object.GetHashCode()는 동일한 해시값을 반환한다. System.Object 의 operator==()는 객체 ID를 비교하고 GetHashCode()는 객체 ID를 반환한다. 제대로 작동한다. 하지만 Equals()를 재정의했다면 첫 번째 규칙을 어기지 않기 위해서

GetHashCode()도 재정의해야 한다(동일성에 대해서는 **아이템 9: 다양한 동일성 개념 사이의 관계를 이해하라** 참조).

객체가 생성된 후에는 해시 코드가 변경되지 않으므로 두 번째 규칙도 성립한다.

세 번째 규칙, 즉 모든 입력값에 대해 균일하게 분포된 정숫값을 생성해야 한다는 규칙도 System.Object가 비교적 잘 지키고 있다. 파생 타입에 대한 특별한 지식 없이도 최선을 다하고 있는 것이다.

GetHashCode()를 어떻게 재정의해야 할지 설명하기 전에 ValueType.GetHashCode()도 세 가지 규칙을 따르고 있는지 살펴보자. System.ValueType은 모든 값타입에 대하여 GetHashCode()의 기본 구현체를 제공한다. ValueType.GetHashCode()는 타입에 정의된 첫 번째 필드의 해시 코드를 반환하도록 구현되었다. 다음 예를 보자.

```
public struct MyStruct
{
    private string msg;
    private int id;
    private DateTime epoch;
}
```

MyStruct 객체가 반환하는 해시 코드는 msg 필드가 생성한 해시 코드다. msg가 null이 아닌 이상 다음 코드는 항상 true를 반환한다.

```
MyStruct s = new MyStruct();
s.SetMessage("Hello");
return s.GetHashCode() == s.GetMessage().GetHashCode();
```

첫 번째 규칙에 따르면 (Equals()에 의해) 두 객체가 같다면 동일한 해시 코드를 생성해야 한다. 값 타입의 경우 대부분의 상황에서 이 규칙을 준수하지만, 참조 타입처럼 규칙을 깰 수도 있다. Equals()는 구조체의 첫 번째 필드를 다른 나머지 필드와 비교한다. 이것은 첫 번째 규칙을 만족한다. operator==()를 위한 재정의는 첫 번째 필드를 사용하는 한 이 규칙이 성립한다. 반면 어떤 구조체든 첫 번째 필드를 타입의 동일성 테스트에 사용하지 않으면 이 규칙을 위반하게 되고, GetHashCode()를 망가트린다.

두 번째 규칙은 해시 코드가 인스턴스 불변이어야 한다는 것이었다. 이 규칙은 구조체의 첫 번째 필드가 변경 불가능한 타입일 때만 성립한다. 첫 번째 필드의 값을 변경할 수 있다면 해시 코드도 변경될 수 있다. 두 번째 규칙을 깨는 것이다. 그렇다. GetHashCode()는 어떤 구조체든 객체의 첫 번째 필드가 수정되면 반환값이 변경될 수 있다. 이것은 변경 불가능한 값 타입을 사용해야 하는 또 다른 이유이기도 하다(**아이템 3: 값 타입은 변경 불가능한 게 좋다** 참조).

세 번째 규칙은 첫 번째 필드가 어떤 타입인지, 그리고 어떻게 사용되는지에 달려 있다. 만약 첫 번째 필드의 값에 따라 GetHashCode()가 균일하게 분포된 정수를 반환하고, 해당 구조체의 다른 값에 대해서도 균일하게 분포된 정숫값을 반환할 수 있다면, 그 구조체는 균일하게 분포된 해시 코드를 생성한다고 볼 수 있을 것이다. 하지만 첫 번째 필드가 동일한 값을 갖는 빈도가 높다면 이 규칙이 깨진다. 다음 예는 앞서 본 구조체를 약간만 수정한 것이다.

```
public struct MyStruct
{
    private DateTime epoch;
    private string msg;
    private int id;
}
```

epoch(시기) 필드에 현재 날짜를 설정하는 경우(시간은 제외), 동일한 날짜에 생성된 모든 MyStruct 객체는 동일한 해시 코드를 가질 것이다. 따라서 해시 코드가 균일하게 분포된 정숫값이라 볼 수 없다.

기본 동작을 정리해보면 Object.GetHashCode()는 참조값에 대해 제대로 동작하지만 효율적이지는 않다(Object.operator==()를 재정의하였으나, GetHashCode()를 재정의하지 않으면 올바르게 동작하지 않을 수 있다). ValueType.GetHashCode()는 구조체의 첫 번째 필드가 읽기 전용일 때만 유효하다. ValueType.GetHashCode()는 구조체의 첫 번째 필드값이 구조체 전체를 대표할 수 있는 고유의 값일 경우에만 효율적인 해시 코드를 생성할 수 있다.

더 나은 해시 코드를 생성하려면 타입에 몇 가지 제약을 둬야 한다. 이상적인 방법은 변경 불가능한 타입으로 만드는 것이다. GetHashCode()가 따라야 하는 규칙은 변경 불가능한 값 타입에 대해서는 어려울 것이 없다. 세 가지 규칙을 다시 살펴보자. 이번에는 GetHashCode()를 구현하는 관점에서 살펴보겠다.

첫 번째 규칙은 (Equals()에 의해) 2개의 객체가 같으면 두 객체는 동일한 해시값을 반환해야 한다는 것이다. 해시 코드를 생성하기 위해 사용한 속성과 데이터값 모두가 타입의 동일성 검사에서도 사용되어야 한다. 즉, 동일성 확인을 위해 사용한 속성을 해시 코드 생성에서도 사용해야 한다. 반면 동일성 확인 시에는 해시 코드 계산에 쓰이지 않은 필드를 사용할 수도 있다. 사실 System.ValueType가 기본적으로 이렇게 동작한다. 그런데도 이 접근법은 종종 세 번째 규칙을 위반하곤 한다. 따라서 두 계산에 같은 데이터 요소들을 쓰는 것이 좋다.

두 번째 규칙은 GetHashCode()의 반환값이 인스턴스 불변이어야 한다는 것이다. 다음과 같이 Customer(고객) 참조 타입을 정의했다고 가정해보자.

```
public class Customer
{
    private decimal revenue;

    public Customer(string name) => this.Name = name;

    public string Name { get; set; }

    public override int GetHashCode() => Name.GetHashCode();
}
```

이 클래스를 활용해 다음과 같이 코드를 실행할 수 있을 것이다.

```
Customer c1 = new Customer("Acme Products");
myHashMap.Add(c1, orders);
// 이름이 틀렸다.
c1.Name = "Acme Software";
```

이와 같이 코드를 작성하면 myHasMap에서 더 이상 c1을 찾을 수 없게 된다. c1을 맵에 삽입할 때에는 문자열 "Acme Products"를 이용하여 해시 코드를 생성한다. 그런데 고객 이름을 "Acme Software"로 변경해 버리면, 향후 얻어오는 해시 코드의 값도 바뀌게 될 것이다. 즉, "Acme Software"라는 변경된 이름을 이용하여 해시 코드를 생성하는 것이다. c1은 "Acme Products"라는 값을 기초로 한 버킷에 저장되어 있지만, 이제는 "Acme Software" 값을 기초로 한 버킷에 저장돼야 한다. 해시 코드가 변경되는 것을 허용하였기 때문에 컬렉션에서 이 객체를 더 이상 찾을 수 없게 되어버린 것이다. 다시 말해, 객체를 저장한 후에 이 객체가 담겨 있어야 할 버킷이 바뀌었기 때문에, 객체가 아직 컬렉션 안에 있는데도 다른 버킷만을 뒤지는 것이다.

이 문제는 Customer가 참조 타입인 경우에만 발생한다. 값 타입일 때는 또 다른 종류의 문제가 발생한다. Customer가 값 타입이면 c1의 복사본이 해시맵에 저장된다. 앞 코드의 마지막 줄(Name을 변경한 부분)은 해시맵에 저장된 복사본에는 영향을 주지 않는다. 박싱과 언박싱 모두 객체의 복사본을 생성하기 때문에, 객체가 컬렉션에 저장된 후에는 그 내용을 수정할 수가 없다.

규칙 2를 해결하는 유일한 방법은 객체의 변경할 수 없는 속성이나 값에 기초하여 해시 코드를 생성하도록 메서드를 정의하는 것이다. System.Object는 변경되지 않는 객체 ID를 이용하여 이 규칙을 준수하고 있다. System.ValueType은 타입의 첫 번째 필드가 변경되지 않을 것을 기대한다. 이 문제는 타입 자체를 변경 불가능하게 만들면 쉽게 해결할 수 있다. 해시 컬렉션에서 키로 사용할 가능성이 있는 값 타입은 반드시 변경 불가능한 타입이어야 한다. 만약 이 규칙을 어기면 이 타입(키로 정의된)으로 인해 해시테이블이 손상될 수 있다.

Customer 클래스를 다시 살펴보자. 이번에는 고객 이름을 변경 불가능하도록 수정해보았다.

```csharp
public class Customer
{
    private decimal revenue;

    public Customer(string name) => this.Name = name;

    public string Name { get; }

    public decimal Revenue { get; set; }

    public override int GetHashCode() => Name.GetHashCode();

    public Customer ChangeName(string newName) =>
        new Customer(newName) { Revenue = revenue };
}
```

ChangeName()은 생성자와 객체 초기화 구문을 사용해서 현재 수익이 그대로 설정된 새로운 Customer 객체를 생성한다. 이름은 변경 불가능하므로 이름을 수정하고 싶다면 고객 객체를 이전과는 다른 식으로 다뤄야 한다.

```
Customer c1 = new Customer("Acme Products");
myDictionary.Add(c1, orders);
// 이런! 이름이 틀렸다.
Customer c2 = c1.ChangeName("Acme Software");
Order o = myDictionary[c1];
myDictionary.Remove(c1);
myDictionary.Add(c2, o);
```

이 방식에서는 먼저 원래 고객을 지운 후 이름을 변경하고 새로운 Customer 객체를 myDictionary에 추가해야 한다. 이전 코드보다는 조금 복잡하지만 잘 작동한다. 이전 버전에서는 프로그래머가 잘못된 코드를 작성할 여지가 있었지만, 이번에는 해시 코드를 계산할 때 사용하는 속성을 변경 불가능하도록 변경하였으므로 문제를 일으킬 여지를 제거했다. 즉, 다른 사용자가 이 타입을 잘못 사용할 수 없도록 코드를 변경하였다. 조금 더 코드를 작성해야 하는 수고로움은 있지만, 이것이 제대로 된 코드를 작성하는 유일한 방법이니 어쩔 수 없다. 해시값을 계산할 때 사용되는 모든 데이터 멤버는 반드시 변경 불가능이어야 한다.

세 번째 규칙은 GetHashCode()가 모든 입력 정숫값에 대해 균일하게 분포된 값을 생성해야 한다는 것이었다. 이 규칙의 준수 여부는 온전히 사용자 정의 타입에 달려 있다. 만약 마법의 공식이 존재했다면 이미 System.Object에 구현돼 있었을 것이고, 이번 아이템이 존재하지도 않았을 것이다. 가장 널리 사용되는 알고리즘은 해당 타입 내의 모든 필드로부터 해시 코드를 가져와서 XOR 연산을 수행하는 것이다. 단, 변경 가능한 필드는 이 계산에서 제외해야 한다. 이 알고리즘은 계산에 사용하는 필드들이 서로 연관성이 낮은 경우에 효율적으로 동작한다. 만약 각각의 필드 사이에 상호 연관성이 높은 경우, 유사하거나 같은 해시 코드가 반복적으로 생성될 가능성이 있다. 결국 이로 인해 컬렉션 내의 버킷 수가 적어지고, 단일 버킷에 너무 많은 객체가 저장된다.

.NET Framework의 두 가지 예가 이 규칙의 중요성을 잘 보여준다. int의 GetHashCode() 구현은 int 자신을 반환한다. 따라서 해시 코드들이 필연적으로 특정 범위에 집중된다. DateTime의 구현은 64비트 내부 틱tick 필드의 상위, 하위 32비트를 XOR 연산한다. 그 결과 해시 코드가 넓게 잘 분포된다. 이 두 가지 사실을 바탕으로 이름과 생일 필드를 갖는 학생 클래스를 작성하는 경우를 생각해보자. 학생 클래스의 해시 코드를 계산할 때 DateTime에서 구현해둔 GetHashCode()를 사용한다면 연도, 월, 날짜 필드 등을 이용해 해시 코드를 계산하는 것보다 좀 더 나은 결과를 얻을 수 있다. 연도는 학생들의 나이대에 맞춰 좁은 구간 내에 집

중될 것이기 때문이다. 이처럼 사용할 데이터의 특성을 잘 알고 있으면 GetHashCode() 메서드를 제대로 만드는 데 큰 도움이 된다.

GetHashCode()는 아주 구체적인 요건을 지니고 있다. 동일한 객체는 동일한 해시 코드를 생성해야 하고, 인스턴스 생성 후 불변이어야 하며, 균등하게 분포되어야 한다. 이 세 규칙을 모두 만족하는 것은 변경 불가능한 타입밖에 없다. 그 외의 다른 타입이라면 기본 동작에 의존하지 않을 도리가 없다. 하지만 그 위험성은 잘 알고 있어야 한다.

API 설계

타입의 API를 설계할 때는 해당 타입을 사용할 개발자와 논의하여 생성자, 속성, 메서드를 쉽게 이용할 수 있도록 개발해야 한다. 견고한 API를 설계하기 위해서는 타입의 여러 측면을 고려해야 하는데, 해당 타입의 인스턴스를 어떻게 생성하도록 할 것인지, 타입이 제공하는 기능을 활용하기 위해서 어떤 메서드나 속성을 제공할 것인지, 타입의 상태 변화를 알리기 위해서 이벤트를 활용할지 아니면 여타의 외부 메서드를 호출하도록 할 것인지 등을 고려해야 한다. 또한 서로 다른 타입 사이의 유사성을 어떻게 표현할지에 대해서도 고민해야 한다.

아이템 11: API에는 변환 연산자를 작성하지 말라

변환 연산자conversion operator는 클래스 간 대체 가능성을 지원하기 위한 기능이다. 대체 가능성substitutability이란 하나의 클래스를 다른 클래스로 대체할 수 있음을 말한다. 이런 유연성은 여러 장점이 있다. 예를 들어 자주 이야기되곤 하는 도형(Shape)의 계층 구조처럼 파생 클래스의 객체는 베이스 클래스의 객체로 대체할 수 있다. 베이스 클래스인 도형(Shape)을 만들고 사각형(Rectangle), 타원(Ellipse), 원(Circle) 등의 다양한 파생 클래스를 만들었다고 가정해보자. 원(Circle)을 사용하는 모든 자리는 도형(Shape)으로 대체할 수 있다. 원은 도형의 하나이기 때문이다.

클래스를 만들다 보면 어떤 변환은 자동으로 허용된다. 어떤 객체든 .NET 클래스 계층의 최상위 타입인 System.Object 타입으로 대체할 수 있는 것처럼, 클래스의 어떤 객체든 해당 클래스가 구현한 인터페이스, 그 인터페이스의 베이스 인터페이스 혹은 베이스 클래스로 대체가 가능하다. 이와는 별개로 C#은 다양한 산술 변환도 지원한다.

타입의 변환 연산자를 정의한다는 것은 다른 타입으로 대체할 수 있음을 컴파일러에게 알려주는 것이다. 하지만, 종종 대상 타입으로 완벽하게 변환을 수행하지 못하는 경우가 발생하면 미묘한 오류를 일으킨다. 예를 들어 대상 타입으로 변환된 객체의 상태를 변경하는 것과 이전 객체의 상태를 변환하는 것의 결과가 서로 다를 수 있다. 더 나쁜 상황은, 변환 연산자가 임시 객체를 반환하여, 이 객체의 상태를 변환하는 동작 하더라도 아무런 영향을 미치지 못하고 결국에는 가비지 수집기에 의해서 제거되어 버리는 경우다. 마지막으로 변환 연산자를 호출하는 규칙은 객체의 런타임 타입이 아니라 컴파일타임 타입을 기준으로 한다. 이런 이유로, 필요한 변환 연산자를 호출하기 위해 캐스트를 여러 번 수행해야 하는 경우가 생기곤 하는데, 이는 코드의 유지 관리를 어렵게 만든다.

다른 타입을 여러분이 만든 타입으로 변환하고 싶을 때는 생성자를 사용하라. 생성자는 새로운 객체를 만든다는 사실을 명확히 알려준다. 변환 연산자는 코드의 오류 지점을 찾기 어렵게 만든다. [그림 2.1]을 살펴보라. 이 그림은 도형(Shape)을 구현한 라이브러리를 나타낸 것인데, 이를 이용하여 원(Circle) 클래스와 타원(Ellipse) 클래스는 각각 구현했다고 가정해보자. 사실 원(Circle)은 장축과 단축이 동일한 타원(Ellipse)으로 볼 수 있지만, 계층구조에 비추상nonabstract 클래스가 생기는 것을 원치 않아서, Shape 클래스를 직접 상속하여 원(Circle)과 타원(Ellipse)을 구현했다고 하자. 게다가 원(Circle) 클래스를 타원 클래스(Ellipse)를 상속하여 구현하다 보면 이런저런 문제가 생길 수도 있다. 하지만 기하학의 세계에서는 모든 원은 타원이 될 수 있고, 어떤 타원은 원으로 대체될 수 있다.

이런 사실을 기반으로 두 개의 변환 연산자를 추가했다고 하자. 그중 하나는 모든 원은 타원이 될 수 있다는 전제하에 원(Circle)으로부터 새로운 타원(Ellipse)을 생성하는 암묵적 변환 연산자이다. 암묵적 변환 연산자는 특정 타입을 다른 타입으로 변환할 때 호출된다. 반면에 명시적 변환은 프로그래머가 형변환cast 연산자를 명시적으로 작성한 경우에만 호출된다.

그림 2.1 Shape의 기본 계층구조

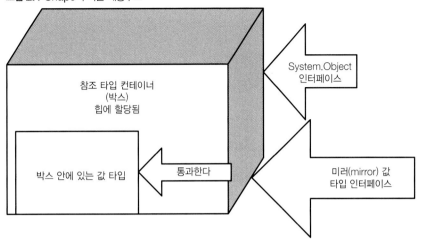

그림 2.1 Shape의 기본 계층구조

```
public class Circle : Shape
{
    private Point center;
    private double radius;

    public Circle() :
        this(new Point(), 0)
    {
    }

    public Circle(Point c, double r)
    {
        center = c;
        radius = r;
    }

    public override void Draw()
    {
        // ...
    }

    static public implicit operator Ellipse(Circle c)
    {
        return new Ellipse(c.center, c.center, c.radius, c.radius);
    }
}
```

이것으로 암묵적 변환 연산자가 준비됐다. 이제 타원(Ellipse)이 쓰이는 곳 어디서든 원(Circle)을 사용할 수 있다. 뿐만 아니라 이 변환은 자동으로 이뤄진다.

```csharp
public static double ComputeArea(Ellipse e) => e.R1 * e.R2 * Math.PI;

// 호출하기
Circle c1 = new Circle(new Point(3.0, 0), 5.0f);
ComputeArea(c1);
```

이 예는 대체 가능성이 의미하는 바를 보여주는 좋은 예다. 원으로 타원을 대체하였고, ComputeArea 함수는 대체된 객체에서도 동작한다. 하지만 운이 좋은 경우였다. 다음 함수를 보자.

```csharp
public static void Flatten(Ellipse e)
{
    e.R1 /= 2;
    e.R2 *= 2;
}

// 원을 사용해서 호출
Circle c = new Circle(new Point(3.0, 0), 5.0);
Flatten(c);
```

이 예는 동작하지 않는다. Flatten() 메서드는 타원(Ellipse)을 매개변수로 받으므로 컴파일러는 원(Circle)을 타원(Ellipse)으로 변환해야 한다. 암묵적 변환 코드는 바로 이러한 때를 위해 작성한 것이다. 이제 변환 코드가 호출되고 Flatten() 함수는 암묵적 변환 과정에서 새롭게 생성된 타원(Ellipse) 객체를 매개변수로 받는다. 이 임시 객체는 Flatten() 함수에 의해 변경되지만, 그 즉시 가비지가 된다. Flatten() 함수에 의한 변환 결과는 오직 임시 객체에만 영향을 미친다. 결과적으로 원 객체인 c에는 아무런 변화도 일어나지 않는다.

암묵적 변환 연산자를 명시적 변환 연산자로 바꾸면 호출 시에 형변환 연산자를 추가해야 한다.

```csharp
Circle c = new Circle(new Point(3.0, 0), 5.0);
Flatten((Ellipse) c);
```

하지만, 문제는 해결되지 않는다. 그저 명시적으로 형변환 과정을 추가하게 했다는 점만 다를 뿐, 여전히 임시 객체를 생성해서 납작하게(Flatten) 만든 후 버려 버린다. 원 객체 c는 전혀 변하지 않는다. 이러한 문제점은 원(Circle)을 이용하여 타원(Ellipse)을 생성하는 생성자를 작성하면 훨씬 명확히 드러난다.

```
Circle c = new Circle(new Point(3.0, 0), 5.0);
Flatten(new Ellipse(c));
```

대부분의 프로그래머는 이 두 줄의 코드를 보고 문제를 바로 찾아낼 것이다. Flatten()에 새로운 타원(Ellipse) 객체를 전달해 봐야 수정된 내용을 잃게 된다는 사실이 명확하게 드러나기 때문이다. 이제 문제를 손쉽게 해결할 수 있다.

```
Circle c = new Circle(new Point(3.0, 0), 5.0);
Flatten(c);
// 원 관련 처리
// ...

// 타원으로 변환
Ellipse e = new Ellipse(c);
Flatten(e);
```

이제 변수 e는 평평(Flatten)하게 된 타원을 가리키게 된다. 변환 연산자를 생성자로 대체하면 기능은 그대로 유지하면서 새로운 객체가 생성됨을 명시적으로 드러낼 수 있다(C++에 익숙한 프로그래머라면 C#에서는 명시적/암묵적 변환 시에 생성자를 호출하지 않는다는 사실에 주목해야 한다. 새로운 객체는 new 연산자를 명시적으로 사용한 경우에만 생성된다. C#에서는 생성자에 explicit 키워드를 사용할 필요가 없다).

반면 객체의 필드를 반환하는 변환 연산자는 이와는 다르게 동작하지만, 또 다른 문제를 일으킨다. 클래스 은닉화에 심각한 구멍을 만드는 것이다. 특정 타입을 다른 객체로 형변환하여 클래스 내부 변수에 접근할 수 있다. **아이템 17: 내부 객체를 참조로 반환해서는 안 된다**에서 설명하겠지만, 이는 절대 허용되어서는 안 된다.

대체 가능성 기능을 제공하는 변환 연산자는 여러 가지 문제를 일으킨다. 변환 연산자를 제공하면 특정 클래스 대신 다른 클래스도 사용할 수 있을 것 같지만, 형변환 과정에서 새롭게 생성된 객체나 이 객체의 내부 값에 접근하여 작업하는 꼴이 된다. 임시 객체를 수정하는 것은 의미가 없다. 게다가 객체를 변환하는 코드는 컴파일러가 생성할 것이기 때문에 코드에 명시적으로 드러나지도 않는다. 이처럼 미묘한 버그는 발견하기가 어렵다. API에는 변환 연산자를 작성하지 말라.

아이템 12: 선택적 매개변수를 사용하여 메서드 오버로드를 최소화하라

C#에서는 메서드의 인수를 위치나 이름으로 지정할 수 있다. 이를 위해 형식 매개변수formal parameter의 이름도 public 인터페이스에 포함된다. public 매개변수의 이름을 변경하면 호출 측의 코드를 손상시킬 수 있다. 이러한 문제를 피하려면 명명된 매개변수named parameter 를 가능한 사용하지 않는 것이 좋고, public이나 protected 메서드라면 형식 매개변수의 이름도 가능한 변경하지 않는 것이 좋다.

개발자를 괴롭히기 위해서 새로운 기능을 추가하는 언어 설계자는 없다. 명명된 매개변수 또한 추가한 이유가 있으며 긍정적인 쓰임새가 있다. 명명된 매개변수와 선택적 매개변수optional parameter를 함께 사용하면, 마이크로소프트 오피스용 COM API와 같이 논란이 많은 API들의 문제를 해결할 수 있다. 다음 코드는 COM 메서드를 사용해서 워드 문서를 생성하고 거기에 약간의 문장을 삽입하는 예이다.

```
var wasted = Type.Missing;
var wordApp = new Microsoft.Office.Interop.Word.Application();
wordApp.Visible = true;
Documents docs = wordApp.Documents;

Document doc = docs.Add(ref wasted, ref wasted, ref wasted, ref wasted);

Range range = doc.Range(0, 0);

range.InsertAfter("Testing, testing, testing. . .");
```

이 짧은 (그리고 유용하지 않은) 코드에서조차 Type.Missing 객체를 네 번이나 사용했음에 주목하자. 사실 오피스를 연계하는 제대로 된 애플리케이션이라면 이보다 훨씬 많은 수의 Type.Missing 객체를 사용할 수밖에 없다. 이런 이유로 프로그램의 구조가 복잡해지고 핵심 로직은 잘 보이지 않는다.

C#에서 선택적 매개변수와 명명된 매개변수를 추가한 이유가 바로 이런 문제를 해결하기 위해서이다. 선택적 매개변수를 활용하면 오피스 API에서와 같이 Type.Missing이 주로 사용되는 모든 매개변수에 대하여 Type.Missing을 기본값으로 지정할 수 있으며, 실제 오피스 API도 그렇게 했다. 이제 앞의 코드를 더 간결하게 작성할 수 있고, 그 결과 가독성도 크게 향상되었다.

```
var wordApp = new Microsoft.Office.Interop.Word.Application();
wordApp.Visible = true;
Documents docs = wordApp.Documents;

Document doc = docs.Add();

Range range = doc.Range(0, 0);

range.InsertAfter("Testing, testing, testing. . .");
```

어떤 경우에는 모든 매개변수에 기본값을 지정할 수도 없고, 그렇다고 Type.Missing 매개변수를 사용하는 것도 꺼려질 때가 있다. 워드 문서 대신에 새로운 웹페이지를 만들어야 하는 경우를 생각해보자. 이 경우 Add() 메서드의 여러 매개변수 중 마지막 변수만을 지정하면 되는데, 이때에는 명명된 매개변수를 활용하여 마지막 매개변수의 값만을 지정할 수 있다.

```
var wordApp = new Microsoft.Office.Interop.Word.Application();
wordApp.Visible = true;
Documents docs = wordApp.Documents;

object docType = WdNewDocumentType.wdNewWebPage;
Document doc = docs.Add(DocumentType: ref docType);

Range range = doc.Range(0, 0);

range.InsertAfter("Testing, testing, testing. . .");
```

매개변수의 기본값을 정의한 API라면 명명된 매개변수 기능을 활용하여 일부 매개변수의 값만을 지정할 수 있다. 이는 오버로드를 여러 개 만드는 것보다 훨씬 간단하다. 사실 명명된 매개변수와 선택적 매개변수가 제공하는 수준의 유연성을 오버로드로 구현하려면 Add() 메서드를 (매개변수가 4개이므로) 16개나 작성해야 한다. 심지어 일부 오피스 API는 매개변수가 16 개나 되므로 선택적 매개변수와 명명된 매개변수는 코드를 단순화하는 데 큰 도움이 된다.

앞 예제에서는 매개변수에 ref를 붙였지만, C# 4.0 이상에서라면 COM API를 사용할 때 더 이상 ref를 사용할 필요가 없다. 실제로 Range() 호출 시에도 (0, 0) 값은 참조^{reference}로 전달 된다. 자칫 불필요한 오해가 생길 수 있을 것 같아 여기서는 ref를 생략하였다. 사실 대부분의 경우 Add() 호출 시에도 ref 를 사용하지 않으며, 다만 이 예제에서는 실제 API의 원형을 보 여주기 위해서 명시적으로 ref을 사용했을 뿐이다.

이상으로 COM과 오피스 API에서 선택적 매개변수와 명명된 매개변수가 얼마나 유용하게 사 용될 수 있는지 살펴보았다. 하지만 오피스 관련 애플리케이션이 아니더라도 이러한 장점은 다 양하게 활용될 수 있는데, 실제로 API를 호출하는 측에서는 API 작성자의 의도와는 상관없이 명명된 매개변수를 사용해서 매개변수의 위치를 임의로 변경할 수 있다.

다음 메서드를 살펴보자.

```
private void SetName(string lastName, string firstName)
{
    // 생략
}
```

이 메서드를 호출할 때, 명명된 매개변수를 활용하여 lastName과 firstName의 위치를 바꿔 버릴 수 있다.

```
SetName(lastName: "Wagner", firstName: "Bill");
```

매개변수의 이름을 명시적으로 지정하였으므로, 이 코드를 읽을 때 매개변수의 순서가 올바른 지 확인할 필요가 없다. 매개변수에 이름을 명시적으로 지정하는 것이 코드 가독성에 도움이 된다면 명명된 매개변수를 활용하는 것도 나쁘지 않다. 특히 같은 타입의 매개변수가 여러 개 인 경우, 이처럼 호출하는 쪽에서 매개변수에 이름을 지정하면 코드 가독성을 높일 수 있다.

매개변수의 이름을 변경하면 다양한 부작용이 발생한다. 매개변수의 이름은 MSIL에 저장되는 데, 메서드 호출부가 아닌 메서드 정의부에 포함된다. 그리고 매개변수의 이름을 변경하더라 도, 기존에 컴파일된 다른 어셈블리에는 영향을 주지 않으므로 해당 컴포넌트를 손쉽게 배포할 수 있다. 업데이트된 컴포넌트를 사용하는 개발자는 새로운 어셈블리를 컴파일할 때 매개변수의 이름이 변경된 것을 알아채겠지만, 최소한 기존의 애플리케이션은 아무 문제 없이 수행된다. 이는 매우 큰 장점이지만, 업데이트된 컴포넌트를 사용하는 개발자는 화를 낼 수도 있을 것 같다(다행히 현장에서는 문제가 없기 때문에 강력히 비난하지는 못하겠지만). 예를 들어 SetName()의 매개변수 이름을 다음처럼 변경했다고 하자.

```
public void SetName(string last, string first)
```

이 어셈블리를 컴파일해서 현장에 배포한다고 하자. 이 메서드를 호출하는 모든 어셈블리는 문제없이 실행되며 SetName() 호출 시에 이전 이름으로 매개변수의 이름을 지정하여 호출하는 경우에도 아무런 문제가 발생하지 않는다. 하지만 클라이언트 개발자가 코드를 다음과 같이 수정하여 빌드하려고 하면 컴파일 오류가 발생한다. 매개변수의 이름이 달라졌기 때문이다.

```
SetName(lastName: "Wagner", firstName: "Bill");
```

매개변수의 기본값을 변경하는 경우에도 이 메서드를 호출하는 코드를 다시 컴파일한 경우에만 변경내용이 반영된다. 수정한 코드를 담고 있는 어셈블리만을 배포하면, 다른 어셈블리는 여전히 기존에 지정된 기본값을 계속 사용하게 된다.

다른 개발자가 화내는 모습을 보는 것이 그리 유쾌하지는 않을 것이므로, 매개변수의 이름도 public 인터페이스로 취급해야 한다. 매개변수의 이름을 변경하면 클라이언트 코드가 제대로 컴파일되지 않을 수 있다.

추가로, 매개변수를 추가하는 작업은 설사 매개변수의 기본값을 지정한다고 하더라도, 런타임 시에 애플리케이션에 문제를 일으킨다. 선택적 매개변수는 명명된 매개변수와 비슷한 방식으로 구현된다. 호출하는 측의 MSIL에 기본값의 존재 여부와 기본값 자체가 주석[annotation]으로 추가된다. 이를 이용하여 호출 시 명시적으로 지정하지 않은 선택적 매개변수의 값을 기본값으로 대체한다.

이런 이유로, 선택적 매개변수라 하더라도 매개변수를 추가하는 작업은 런타임에 문제를 일으킨다. 하지만 추가한 매개변수가 기본값을 가진다면 컴파일 시는 문제가 발생하지 않을 것이다.

이제 이번 아이템의 제목이 좀 더 명확해 보일 것이다. 초기 배포 시에는 사용자가 원하는 매개변수의 조합을 다양하게 활용할 수 있도록 선택적 매개변수와 명명된 매개변수를 충분히 사용하더라도, 이후에 기존 메서드에 매개변수를 추가해야 한다면 이 부분은 반드시 오버로드 메서드 형태로 구현해야 한다. 그렇지 않으면 기존 클라이언트 애플리케이션이 런타임 시에 문제를 일으키게 된다. 그리고 가능한 매개변수의 이름은 변경하지 않는 것이 좋다. 매개변수의 이름도 public 인터페이스의 일부이기 때문이다.

아이템 13: 타입의 가시성을 제한하라

모든 사람이 항상 모든 것을 볼 필요는 없다. 마찬가지로 모든 타입이 public일 필요는 없으며, 타입의 용도에 맞춰 최소한의 가시성^{visibility}만을 제공하는 것이 좋다. 여기서 '최소한'이란 생각보다 더 좁은 경우가 많은데, internal 혹은 private 클래스로도 public 인터페이스를 구현할 수 있으며, 이 경우에도 해당 인터페이스가 제공하는 기능을 사용할 수 있다.

타입을 public으로 만드는 것이 너무 쉬운 나머지 무조건적으로 public으로 선언하는 경우가 있다. 사실 상당수의 독립 클래스는 public보다 internal로 선언하는 것이 낫다. 또한 가시성을 제한하기 위해서 기존 클래스 안에 protected나 private으로 중첩 클래스를 만드는 것도 좋은 방법이다. 이처럼 가시성을 제한하면 코드의 일부를 변경하였을 때, 시스템 전반에 걸쳐 수정해야 하는 부분이 적어진다. 외부에서 접근하는 코드가 적기 때문에 변경해야 할 코드의 내용이 적어지는 것은 어찌 보면 당연하다.

이런 이유로 반드시 필요하다고 생각되는 부분만 제한적으로 노출하는 것이 좋다. public 인터페이스로는 가능한 적은 수의 클래스만 노출하자. .NET Framework 라이브러리에 구현된 열거자^{Enumerator} 패턴이 좋은 예가 될 수 있을 것 같다. System.Collection.Generic.List⟨T⟩는 Enumerator⟨T⟩라는 하나의 private 타입만을 갖고, 이 타입은 IEnumerator⟨T⟩ 인터페이스를 구현하고 있다.

```
// 설명을 위해 일부 코드만 발췌함
public class List<T> : IEnumerable<T>
{
    public struct Enumerator : IEnumerator<T>
```

```
    {
        // MoveNext(), Reset(), Current의   구현부는 생략

        public Enumerator(List<T> storage)
        {
            // 생략
        }
    }

    public Enumerator GetEnumerator()
    {
        return new Enumerator(this);
    }

    // 다른 리스트 멤버
}
```

클라이언트 코드를 작성할 때는 Enumerator⟨T⟩의 구조를 알 필요가 없다. List⟨T⟩ 객체의 GetEnumerator 함수를 호출하면 IEnumerator⟨T⟩를 구현한 객체를 얻을 수 있다는 사실만 알면 된다. 구체적인 타입은 몰라도 된다. .NET Framework 내의 다른 컬렉션도 동일한 패턴을 사용한다. 예를 들어 Dictionary⟨T⟩는 DictionaryEnumerator⟨T⟩를 정의하고 있으며, Queue⟨T⟩는 QueueEnumerator⟨T⟩를 가지고 있다.

이처럼 열거자 클래스를 private으로 유지하면 장점이 많다. 우선 List⟨T⟩ 클래스가 IEnumerator⟨T⟩를 구현한 타입을 완벽하게 대체할 수 있으므로, 대체 시에도 기존 코드에 영향을 주지 않는다. 추가로, 타입에 대해 상세히 일지 못하더라도 열거자 패턴의 규칙을 준수하고 있으므로 해당 열거자를 믿고 사용할 수 있다. .NET Framework에서는 성능상의 이유로 public 구조체를 이용하여 열거자 인터페이스를 구현하였다. 하지만 이는 어디까지나 성능상의 이점을 취하기 위한 것이지 해당 타입을 직접 사용하라는 의미는 아니다.

타입을 internal로 선언하는 것은 타입의 가시성을 제한할 수 있는 좋은 방법임에도 종종 간과되곤 한다. 대부분의 프로그래머는 별다른 생각 없이 클래스를 public으로 작성하곤 한다. 무턱대고 이렇게 선언하기보다는 해당 타입이 어디서 사용될지를 신중히 생각해보는 것이 좋다. 해당 타입이 모든 클라이언트에서 사용될 가능성이 있는지, 아니면 오식 한 어셈블리의 내부에서만 사용될지 고민해보아야 한다.

특정 기능을 인터페이스로 정의하면, 해당 인터페이스를 internal 클래스로 구현하면서도 동

시에 어셈블리 외부로 기능을 노출할 수 있다(**아이템 17: 내부 객체를 참조로 반환해서는 안 된다** 참조). 어떤 기능을 작성하고 외부에 노출하려 때, 타입을 public으로 선언하는 게 나을까? 아니면 여러 인터페이스를 정의하고 이를 노출하는 것이 나을까? 인터페이스와 internal 타입을 활용하면 인터페이스의 구현체를 좀 더 손쉽게 변경할 수 있는 장점이 있다. 예를 들어 전화번호의 유효성을 검증하는 클래스가 있다고 하자.

```csharp
public class PhoneValidator
{
    public bool ValidateNumber(PhoneNumber ph)
    {
        // 유효성 검사 수행
        // 지역번호와 전화번호 확인
        return true;
    }
}
```

이 코드가 수 개월 동안 아무 문제 없이 동작한다고 하더라도, 국제 전화번호를 사용할 수 있게 하려면 문제가 생긴다. PhoneValidator는 모든 입력이 미국 전화번호라고 가정하기 때문에 국제 전화번호에 대한 검증은 수행할 수 없다. 따라서 국제 전화번호까지 검증할 수 있도록 하려면 코드를 수정해야 한다. 이때 기존 클래스에 기능을 추가하기보다는 미국 전화번호와 국제 전화번호를 구분하여 검증하는 편이 낫다. 이제 어떤 전화번호든 검증할 수 있는 인터페이스를 만들어보자.

```csharp
public interface IPhoneValidator
{
    bool ValidateNumber(PhoneNumber ph);
}
```

다음으로 기존의 검증방식을 이 인터페이스를 구현하도록 변경하고 internal 클래스로 작성하자.

```csharp
internal class USPhoneValidator : IPhoneValidator
{
    public bool ValidateNumber(PhoneNumber ph)
    {
        // 유효성 검사 수행
```

```
        // 지역번호와 전화번호 확인
        return true;
    }
}
```

마지막으로 국제 전화번호 검증용 클래스를 따로 만들자.

```
internal class InternationalPhoneValidator : IPhoneValidator
{
    public bool ValidateNumber(PhoneNumber ph)
    {
        // 유효성 검사 수행
        // 국가코드 확인
        // 해당 국가의 전화번호 확인
        return true;
    }
}
```

수정한 코드를 완성하려면 전화번호 유형에 맞는 클래스를 생성해야 하는데, 팩토리^{factory} 패턴을 사용하면 된다. 이제 어셈블리 밖에서는 인터페이스만 보이고 국가별로 구현한 클래스들은 어셈블리 안에서만 볼 수 있다. 이제 국가별 전화번호 검증 클래스는 다른 어셈블리에 영향을 주지 않고 추가할 수 있다. 이처럼 클래스의 가시 범위를 제한함으로써 시스템을 업데이트하거나 확장할 때 변경해야 할 코드를 최소화할 수 있다.

```
public static IPhoneValidator CreateValidator(PhoneTypes type)
{
    switch (type)
    {
        case PhoneTypes.UnitedStates:
            return new USPhoneValidator();
        case PhoneTypes.UnitedKingdom:
            return new UKPhoneValidator();
        case PhoneTypes.Unknown:
        default:
            return new InternationalPhoneValidator();
    }
}
```

PhoneValidator를 public 추상 베이스 클래스로 만들어서 공통으로 수행하는 알고리즘을 구현할 수도 있다. 사용자는 이 베이스 클래스를 통해 공개된 공통 기능을 사용할 수 있다. 앞의 예에서는 공유된 기능이 거의 없으므로 public 인터페이스를 사용하는 것이 올바른 선택이지만, 추상 베이스 클래스를 이용하는 것이 더 나은 경우도 있다. 어떤 방법이건 최소한의 클래스만 외부에 노출하는 것이 좋다.

public 타입의 개수가 적다면 테스트 코드를 작성해야 할 public 메서드의 개수도 줄일 수 있다. public API를 인터페이스를 통해 공개하면, 단위 테스트를 수행하기 위해 필요한 목업mock-up이나 스텁stub도 손쉽게 작성할 수 있다.

외부로 노출된 모든 타입은 반드시 지켜 나가야 하는 계약이다. 계약 내용이 복잡할수록 향후 선택할 수 있는 길이 제한된다. 다른 말로 하면 외부로 노출하는 public 타입이 적을수록 향후 확장하거나 수정할 때 선택지가 늘어난다.

아이템 14: 상속보다는 인터페이스를 정의하고 구현하는 것이 낫다

추상 베이스 클래스는 클래스 상속 계통에서 공통의 조상 역할을 한다. 그리고 인터페이스는 특정 기능과 관련된 연관 메서드를 정의하고 타입이 이를 구현하도록 하는 방법이다. 이 두 가지 접근법은 각자의 역할이 명확하므로 반드시 구분해서 사용해야 한다. 인터페이스는 설계 계약을 확정하는 방법이기도 하다. 즉, 인터페이스를 구현하는 타입은 인터페이스가 정의하고 있는 모든 메서드를 반드시 구현해야 한다. 추상 베이스 클래스는 상속 계통으로 연관된 타입들 사이의 공통적인 기능을 추상화하는 역할을 수행한다. 진부한 설명이긴 하지만, 상속은 'is a'(~는 ~이다)를 의미하고, 인터페이스는 'behave like'(~처럼 동작한다)를 의미한다. 고전적인 이러한 정의는 상속과 인터페이스의 차이를 정확하게 짚고 있다. 즉, 베이스 클래스는 객체가 무엇인지를 나타내는 방법이고, 인터페이스는 객체가 동작하는 방식을 기술하는 것이다.

인터페이스는 기능의 집합을 정의한다(일종의 계약과 같다). 인터페이스 안에는 메서드, 속성, 인덱서, 이벤트 등 무엇이든 포함할 수 있어서, 일종의 틀을 만들 수 있다. 인터페이스를 구현하는 비추상 타입은 인터페이스에 정의된 모든 요소를 반드시 구현해야 한다. 즉, 인터페이스에 정의된 모든 메서드를 구현하고, 모든 속성 접근자와 인덱서를 제공하고, 모든 이벤트를 정의해야 한다. 개발자는 재사용 가능한 동작을 찾아 인터페이스로 구분할 수 있으며, 매개변수나 반환값의 타입으로도 인터페이스를 사용할 수도 있다. 인터페이스를 사용하면 대체로 코드의 재사용성이 개선되는데, 연관성이 없는 타입들도 동일 인터페이스를 구현하기만 하면 동일하게 사용할 수 있기 때문이다. 더불어 다른 개발자 입장에서는 이미 개발된 베이스 클래스를 확장하는 것보다 인터페이스를 구현하는 쪽이 좀 더 수월하다.

인터페이스를 통해 '할 수 없는 것'은 이런 멤버의 구현부를 제공하는 것이다. 인터페이스는 구현을 포함할 수 없으며 구체적인 데이터 멤버를 지닐 수도 없다. 인터페이스는 이를 구현하는 타입의 계약을 선언하기 위한 것이기 때문이다. 필요하다면 특정 인터페이스에 대하여 확장 메서드를 정의할 할 수도 있다. 예를 들어 System.Linq.Enumerable 클래스는 IEnumerable〈T〉에 대하여 30개 이상의 확장 메서드를 구현하고 있다. 이 메서드들은 모두 확장 메서드이므로 IEnumerable〈T〉를 구현하는 모든 타입에 덧붙여진다(『Effective C#(3판)』**아이템 27: 인터페이스는 간략히 정의하고 기능의 확장은 확장 메서드를 사용하라** 참조).

```
public static class Extensions
{
    public static void ForAll<T>(
        this IEnumerable<T> sequence, Action<T> action)
    {
        foreach (T item in sequence)
            action(item);
    }
}

// 사용 예
foo.ForAll((n) => Console.WriteLine(n.ToString()));
```

추상 베이스 클래스는 공통적인 동작을 기술하는 것뿐만 아니라 파생 타입에서 사용할 수 있는 구현부를 포함할 수도 있어서, 데이터 멤버, 메서드, 가상 메서드의 구현부, 속성, 이벤트, 인덱서 등을 지정할 수 있다. 또한 추상 베이스 클래스를 통해 공통 기능을 제공하면 파생 클래스에서 이를 재사용할 수 있다. 인터페이스와는 달리 추상 베이스 클래스에서는 virtual/nonvirtual, abstract 등을 가리지 않고 어떤 요소든 사용할 수 있다.

구현 재사용은 또 다른 이점을 제공한다. 베이스 클래스에 메서드를 추가하면 모든 파생 클래스가 자동적, 암묵적으로 이를 사용할 수 있으므로 개선된다고도 볼 수 있다. 즉, 베이스 클래스에 기능을 추가하여 파생 클래스를 효과적으로 개선할 수 있다. 베이스 클래스에 새로운 기능을 추가하고 구현하면, 모든 파생 클래스들은 즉각적으로 이를 사용할 수 있다. 반면, 인터페이스에 멤버를 추가하면 해당 인터페이스를 구현한 모든 클래스를 손상시킨다. 새로 추가한 메서드를 구현하지 않았으니 컴파일도 되지 않는다. 각각의 구현체는 각자 새롭게 추가된 멤버를 구현해야 한다. 만약 기존 코드에 영향을 주지 않으면서 인터페이스에 새로운 기능을 추가해야 한다면 (기존 인터페이스는 그대로 두고) 새로운 인터페이스를 정의하면서, 기존 인터페이스를 상속하도록 하면 된다.

추상 베이스 클래스와 인터페이스 중 어떤 것을 선택할 것인가에 대한 문제는 향후 추상화를 어떻게 지원할 것인지에 대한 의사결정에 달려있다. 인터페이스는 해당 인터페이스를 구현하는 타입을 어떻게 사용할지에 대한 계약과 같아서 한번 배포되고 나면 그 이후에 변경될 수 없다. 반면 베이스 클래스는 배포 이후에도 기능을 확장할 수 있으며, 이렇게 확장된 내용은 모든 파생 클래스에 즉각 반영된다.

두 방식을 섞어서 사용하면 다중 인터페이스를 지원하면서 동시에 구현부를 재사용하도록 코드를 작성할 수 있다. .NET Framework에서 살펴볼 수 있는 대표적인 예가 IEnumerable〈T〉 인터페이스와 System.Linq.Enumerable 클래스다. System.Linq.Enumerable 클래스는 IEnumerable〈T〉 인터페이스에 대하여 상당히 많은 수의 확장 메서드를 정의하고 있다. 이처럼 핵심 인터페이스의 정의와 해당 인터페이스에 대하여 확장 메서드를 구현하는 것을 분리하면 상당히 중요한 이점을 얻을 수 있다. IEnumerable〈T〉를 구현하는 모든 클래스는 이 인터페이스에 대하여 정의된 확장 메서드를 모두 포함하게 된다. 하지만 이런 방식으로 추가된 확장 메서드는 IEnumerable〈T〉의 형식적 구조의 일부로 포함된 것은 아니기 때문에, 이 인터페이스를 상속한 클래스 내에서 확장 메서드를 직접 구현할 필요가 없다.

예를 들어 IEnumerable〈T〉을 구현하는 다음과 같은 클래스가 있다고 하자. 이는 날씨 관측용 클래스다.

```
public enum Direction
{
    North,
    NorthEast,
    East,
    SouthEast,
    South,
    SouthWest,
    West,
```

```
    NorthWest
}

public class WeatherData
{
    public WeatherData(double temp, int speed, Direction direction)
    {
        Temperature = temp;
        WindSpeed = speed;
        WindDirection = direction;
    }

    public double Temperature { get; }
    public int WindSpeed { get; }
    public Direction WindDirection { get; }
    public override string ToString() =>
        @$"Temperature = {Temperature}, Wind is {WindSpeed} mph from the
{WindDirection}";
}

public class WeatherDataStream : IEnumerable<WeatherData>
{
    private Random generator = new Random();

    public WeatherDataStream(string location)
    {
        // 생략
    }

    private IEnumerator<WeatherData> getElements()
    {
        // 실제 구현 시에는 날씨 관측소에서 값을 읽어 와야 한다.
        for (int i = 0; i < 100; i++)
            yield return new WeatherData(
                temp: generator.NextDouble() * 90,
                speed: generator.Next(70),
                direction: (Direction)generator.Next(7)
            );
    }

    public IEnumerator<WeatherData> GetEnumerator() => getElements();
    System.Collections.IEnumerator
        System.Collections.IEnumerable.GetEnumerator() => getElements();
}
```

연속적으로 날씨를 관측하는 것을 모델링하기 위해 WeatherDataStream 클래스 정의하고 IEnumerable〈WeatherData〉를 구현하도록 하였다. 따라서 이 클래스는 IEnumerable 〈T〉에 포함된 GetEnumerator〈T〉와 예전부터 사용하던 GetEnumerator() 2개의 메서드를 구현해야 한다. GetEnumerator()는 반드시 명시적으로 구현해야 하므로, 이 클래스의 사용자는 System.Object 타입을 쓰는 쪽보다는 자연스럽게 제네릭 타입의 메서드를 주로 사용하게 될 것이다.

이 두 개의 메서드를 구현하면 WeatherDataStream 클래스는 System.Linq.Enumerable 에 정의된 모든 확장 메서드를 지원하게 되며, 이는 또한 WeatherDataStream이 LINQ 쿼리의 소스가 될 수 있음을 의미하기도 한다.

```
var warmDays = from item in
                    new WeatherDataStream("Ann Arbor")
               where item.Temperature > 80
               select item;
```

LINQ 쿼리 구문은 메서드 호출 구문으로 컴파일된다. 예를 들어 앞의 쿼리는 다음과 같은 메서드 호출 구문으로 변환된다.

```
var warmDays2 = new WeatherDataStream("Ann Arbor").
    Where(item => item.Temperature > 80);
```

이 코드에서 Where와 Select 호출이 IEnumerable〈WeatherData〉에 속하는 것처럼 보일 것이다. 하지만 이 메서드들은 확장 메서드여서 IEnumerable〈WeatherData〉에 속하는 것이 아니라, System.Linq.Enumerable에서 구현하고 있는 정적 메서드다. 컴파일러는 앞의 코드를 다음과 같이 정적 호출로 변환한다.

```
// 이처럼 코드를 작성해서는 안 된다. 설명을 위한 코드일 뿐이다.
var warmDays3 = Enumerable.Select(
                    Enumerable.Where(
                        new WeatherDataStream("Ann Arbor"),
                        item => item.Temperature > 80),
                    item => item);
```

이 코드는 실제로 인터페이스는 구현부를 가질 수 없음을 보여준다. 그러나 확장 메서드를 사용하면 이 상황을 유사하게 흉내 낼 수 있다. 실제로 LINQ는 IEnumerable⟨T⟩에 대하여 구현된 여러 확장 메서드를 이용하여 작업을 수행한다.

이제, 인터페이스를 매개변수나 반환값의 타입으로 인터페이스를 사용하는 것에 관해서 이야기해보자. 서로 연관성이 없는 타입들이라도 동일한 인터페이스를 구현할 수 있다. 인터페이스를 사용하여 코드를 작성하면 베이스 클래스를 사용하는 것에 비해 좀더 자유도가 높다. 또한 .NET 타입 시스템이 단일 상속만을 지원하기 때문에 인터페이스를 사용하는 것이 매우 중요하기도 하다.

다음 3개의 메서드는 동일한 작업을 수행한다.

```
public static void PrintCollection<T>(IEnumerable<T> collection)
{
    foreach (T o in collection)
        Console.WriteLine($"Collection contains {o}");
}

public static void PrintCollection(System.Collections.IEnumerable collection)
{
    foreach (object o in collection)
        Console.WriteLine($"Collection contains {o}");
}

public static void PrintCollection(WeatherDataStream collection)
{
    foreach (object o in collection)
        Console.WriteLine($"Collection contains {o}");
}
```

첫 번째 메서드가 재사용성이 가장 좋다. IEnumerable⟨T⟩를 지원하는 모든 타입에 대하여 이 메서드를 사용할 수 있다. WeatherDataStream은 물론 List⟨T⟩, SortedList⟨T⟩, 모든 배열, LINQ의 쿼리 결과도 이 메서드와 함께 사용될 수 있다. 두 번째 메서드도 많은 타입을 지원하기는 하지만 최근에는 잘 사용하지 않는 논제네릭 IEnumerable을 사용하고 있다. 세 번째 메서드가 재사용성이 가장 떨어지는데, Array, ArrayList, DataTable, Hashtable, ImageList 등의 여러 컬렉션 타입에 대하여 이 메서드를 사용할 수 없다. 인터페이스를 매개변수로 사용하는 메서드를 작성하는 편이 훨씬 일반적이면서도 재사용하기 쉽다.

또한 클래스의 API를 정의할 때도 인터페이스를 사용하면 유연성을 높일 수 있다. WeatherDataStream 클래스에 WeatherData 객체의 컬렉션을 반환하는 메서드를 구현할 수도 있을 것이다. 예를 들면 다음과 같다.

```
public List<WeatherData> DataSequence => sequence;
private List<WeatherData> sequence = new List<WeatherData>();
```

불행히도 이 코드는 앞으로 문제가 될 가능성이 있다. 코드를 작성하다 보니 List〈Weather Data〉로 컬렉션을 반환하기보다는 배열이나 SortedList〈T〉 형태로 컬렉션을 반환하는 것이 더욱 적절하다는 것을 알았다고 가정해보자. List〈WeatherData〉를 다른 타입으로 변경하게 되면 기존에 작성한 코드에서 문제가 야기될 것이다. 클래스의 public 인터페이스를 바꾸어버렸기 때문이다. 개발자는 이 메서드를 사용하는 모든 코드를 찾아 수정해야만 한다.

이 코드의 또 다른 문제점에 대해서도 알아보자. List〈T〉 클래스는 시퀀스 내에 저장된 객체를 수정할 수 있는 다양한 메서드를 가지고 있다. 따라서 이러한 메서드를 사용하여 시퀀스에 객체를 추가, 삭제, 수정, 대체할 수 있다. 이는 클래스 개발자들이 의도하지 않은 동작일지도 모르겠다. 다행히도 사용자가 이러한 작업을 하지 못하도록 금지할 수도 있는데, 내부 객체에 대한 참조를 반환하는 대신 사용자에게 허용할 동작만을 정의한 인터페이스를 반환하면 된다. 앞의 예에서라면 반환 타입을 IEnumerable〈WeatherData〉로 바꾸면 된다.

클래스 타입으로 객체를 노출하게 되면, 이 클래스가 가지고 있는 모든 기능을 노출하게 된다. 하지만 인터페이스를 사용하면 사용자에게 허용할 동작을 선택적으로 노출할 수 있다. 그리고 인터페이스를 구현한 클래스의 세부 구현 내용은 언제든지 손쉽게 변경할 수 있다(**아이템 17: 내부 객체를 참조로 반환해서는 안 된다** 참조).

더불어, 아무런 연관성이 없는 타입들도 동일한 인터페이스를 구현할 수 있다. 임직원 (employee), 고객(customer), 협력사(vendor)를 관리하는 프로그램을 만든다고 생각해보자. 이 객체들은 적어도 클래스의 계통 구조 측면에선 연관성이 없다. 하지만 기능적으로는 유사성이 있다. 모두가 이름을 가지고, 애플리케이션에서 이 이름들을 표시해야 할 것이기 때문이다.

```csharp
public class Employee
{
    public string FirstName { get; set; }
    public string LastName { get; set; }

    public string Name => $"{LastName}, {FirstName}";
    // 생략
}

public class Customer
{
    public string Name => customerName;

    // 생략
    private string customerName;
}

public class Vendor
{
    public string Name => vendorName;

    // 생략
    private string vendorName;
}
```

Employee, Customer, Vendor 클래스들이 공통의 베이스 클래스를 상속하는 것은 적절하지 않지만, 그런데도 속성의 유사성을 가진다. 예를 들면 이름, 주소, 연락처 등이다. 이런 속성을 다음과 같이 인터페이스로 뽑아낼 수 있다.

```csharp
public interface IContactInfo
{
    string Name { get; }
    PhoneNumber PrimaryContact { get; }
    PhoneNumber Fax { get; }
    Address PrimaryAddress { get; }
}

public class Employee : IContactInfo
{
    // 생략
}
```

이 인터페이스를 이용하면 다음과 같이 연관성이 없는 타입들에 대해서도 동일한 메서드를 이용하여 작업을 처리할 수 있으므로, 프로그래밍을 단순화할 수 있다.

```csharp
public void PrintMailingLabel(IContactInfo ic)
{
    // 생략
}
```

이 메서드는 IContactInfo 인터페이스를 구현하는 모든 개체를 매개변수로 취할 수 있다. 즉, Customer, Employee, Vendor 타입의 객체를 모두 동일한 메서드로 처리할 수 있다. 이는 각 클래스가 가지는, 공통의 속성을 인터페이스로 뽑아냈기 때문에 가능한 것이다.

인터페이스를 사용하면 구조체를 사용할 때 발생하는 언박싱의 단점을 보완할 수 있다. 구조체를 하나의 박스에 두면 해당 박스는 구조체가 지원하는 모든 인터페이스를 지원하게 된다. 해당 구조체를 인터페이스 참조를 통해 접근하면 객체에 접근하기 위해 구조체를 언박싱하지 않아도 된다. 예를 들어 링크와 링크에 대한 설명을 정의하는 구조체가 있다고 해보자.

```csharp
public struct URLInfo : IComparable<URLInfo>, IComparable
{
    private Uri URL;
    private string description;

    // URL의 문자열 표현 비교
    public int CompareTo(URLInfo other) =>
        URL.ToString().CompareTo(other.URL.ToString());

    int IComparable.CompareTo(object obj) =>
        (obj is URLInfo other) ?
            CompareTo(other) :
            throw new ArgumentException(
                message: "Compared object is not URLInfo",
                paramName: nameof(obj));
}
```

이 예는 C# 7의 새로운 기능 두 가지를 사용했다. 첫 번째로, 마지막 문장 3항 연산자(? :)의 초기 조건은 패턴 매칭 구문이다. obj가 URLInfo인지를 확인하여, 맞는다면 obj를 other 변수에 할당한다. 두 번째 기능은 throw 구문을 통해 예외를 던지는 부분인데, 더 이상 예외를 던지기 위해서 별도로 독립된 구문을 사용할 필요가 없다.

URLInfo가 IComparable⟨T⟩와 IComparable을 구현하고 있으므로 URLInfo 객체에 대하여 정렬된 리스트를 쉽게 생성할 수 있다. 논제네릭인 IComparable에 의존하는 코드조차도 박싱과 언박싱이 덜 필요해진다. 객체를 언박싱하지 않더라도 IComparable.CompareTo()를 호출할 수 있기 때문이다.

베이스 클래스는 관련성이 있는 타입들의 공통 동작(처리)을 기술하고 구현한다. 반면 인터페이스는 연관성 없는 타입이라 하더라도 공통적인 기능을 기술할 수 있다. 양쪽 모두 명확한 용도가 있다. 클래스는 여러분이 만들 타입을 정의하지만, 인터페이스는 해당 타입의 동작을 기술하는 방식이다. 이 차이를 이해해야만 코드 수정이 필요한 경우에도 탄력적으로 대응할 수 있고, 표현력 높은 설계가 가능해진다. 관련성이 있는 타입들을 정의할 때는 클래스의 상속구조를 활용하라. 그리고 연관성이 적은 여러 타입에 걸쳐 공통으로 구현한 기능은 인터페이스를 활용하라.

아이템 15: 인터페이스 메서드와 가상 메서드의 차이를 이해하라

얼핏 보기에는 인터페이스를 구현하는 것이 추상 함수를 재정의하는 것과 동일해 보일 수도 있다. 두 경우 모두 다른 타입에 선언된 멤버의 구현부를 제공하기 때문이다. 이 둘을 구분하는 것이 이상해 보일지 모르지만, 인터페이스를 구현하는 것과 가상 함수를 재정의하는 것은 매우 다르다. 베이스 클래스의 추상(또는 가상) 멤버를 구현하려면 반드시 가상화가 필요하지만 인터페이스 멤버의 경우에는 항상 가상화가 필요하지는 않다. 설사 인터페이스 멤버도 가상으로 선언할 수 있고, 비교적 자주 그렇게 하긴 하지만 말이다. 인터페이스는 명시적으로도 구현할 수 있어 클래스의 public 멤버와 달리 어느 정도 숨길 수 있다. 정리하자면 인터페이스를 구현하는 것과 가상 함수를 재정의하는 것은 용도도 다르고 개념도 다르다.

그런데도 파생 클래스에서 상위 클래스의 구현부를 수정할 수 있는 것처럼 인터페이스도 동일하게 구현부를 작성할 수 있다. 이 경우 파생 클래스를 위한 훅hook을 만들면 된다.

두 경우의 차이를 보기 위해 다음과 같이 간단한 인터페이스와 그것을 구현한 클래스를 준비했다.

```
interface IMessage
{
    void Message();
}

public class MyClass : IMessage
{
    public void Message() => WriteLine(nameof(MyClass));
}
```

Message() 메서드는 MyClass의 public 멤버이다. 또한 Message() 메서드는 MyClass 타입의 일부인 IMessage를 통해서도 접근할 수 있다. 여기에 다음과 같이 파생 클래스를 추가해서 상황을 조금 복잡하게 만들어보겠다.

```
public class MyDerivedClass : MyClass
{
    public new void Message() => WriteLine(nameof(MyDerivedClass));
}
```

Message() 메서드의 정의에 new 키워드가 추가된 것에 주목하자(『Effective C#(3판)』 **아이템 10: 베이스 클래스가 업그레이드된 경우에만 new 한정자를 사용하라** 참조). MyClass.Message()는 가상이 아니다. 따라서 파생 클래스에서는 Message()를 재정의할 수 없다. 파생 클래스인 MyDerivedClass에서는 Message() 메서드를 새롭게 정의하였으므로 기존에 구현된 MyClass.Message()를 재정의하는 대신 숨겨버리게 된다. 하지만 MyClass.Message()는 여전히 IMessage 참조를 통해 호출할 수 있다.

```
MyDerivedClass d = new MyDerivedClass();
d.Message(); // "MyDerivedClass" 출력
IMessage m = d as IMessage;
m.Message(); // "MyClass" 출력
```

인터페이스를 구현한다는 것은 그 타입이 인터페이스가 정의하고 있는 규약을 구체적으로 구현한다고 선언하는 것이다. 클래스 개발자는 그 메서드를 가상으로 정의할지를 결정해야 한다.

C#에서 인터페이스를 구현할 때의 규칙을 복습해보자. 상위 클래스가 인터페이스를 구현하고 있고, 이 클래스를 상속하여 인터페이스를 다시 구현해야 한다고 생각해보자. 컴파일러는 이

클래스에서 구현한 멤버가 인터페이스의 어느 멤버와 대응하는지를 결정해야 하는데, 이 때 명시적으로 인터페이스를 구현하면 그렇지 않은 경우보다 앞서 대응 관계가 설정된다. 만약 인터페이스 내에서 해당 멤버를 찾지 못한다면, 이번에는 베이스 타입의 멤버 중 접근 가능한 멤버가 후보가 된다. 가상 멤버와 추상 멤버는 자신을 재정의한 타입이 아닌 자신을 선언한 타입의 멤버로 간주된다는 것을 기억하자.

많은 경우에 인터페이스를 만들고, 베이스 클래스에서 이를 구현한 후, 파생 클래스에서 동작을 수정하는 방식을 원할 것이다. 두 가지 방법이 있다. 우선, 베이스 클래스의 멤버에 접근할 수 없다면 파생 클래스에서 인터페이스를 재구현하는 방법이 있다.

```
public class MyDerivedClass : MyClass, IMessage
{
    public new void Message() => WriteLine("MyDerivedClass");
}
```

IMessage 인터페이스가 추가되면 파생 클래스의 동작이 달라진다. 그 결과 IMessage.Message()는 파생 클래스에서 구현한 버전을 사용하게 된다.

```
MyDerivedClass d = new MyDerivedClass();
d.Message(); // "MyDerivedClass" 출력
IMessagem = d as IMessage;
m.Message(); // "MyDerivedClass" 출력
```

MyDerivedClass.Message() 메서드의 정의에는 아직 new 키워드가 필요하다. 문제가 아직 남아 있다는 뜻이다(**아이템 33: 태스크 취소 프로토콜 구현을 고려하라** 참조). 베이스 클래스 버전은 여전히 베이스 클래스의 참조를 통해 접근할 수 있다.

```
MyDerivedClass d = new MyDerivedClass();
d.Message(); // "MyDerivedClass" 출력
IMessage m = d as IMessage;
m.Message(); // "MyDerivedClass" 출력
MyClass b = d;
b.Message(); // "MyClass" 출력
```

이 문제를 해결하는 한 가지 방법은 베이스 클래스를 수정하여 해당 인터페이스 메서드를 가상으로 선언하는 것이다.

```
public class MyClass : IMessage
{
    public virtual void Message() => WriteLine(nameof(MyClass));
}
public class MyDerivedClass : MyClass
{
    public override void Message() => WriteLine(nameof(MyDerivedClass));
}
```

MyDerivedClass(와 MyClass에서 파생된 모든 클래스)는 자신만의 Message() 메서드를 선언할 수 있다. 그리고 이제 MyDerivedClass 참조, IMessage 참조, MyClass 참조 어느 것을 통하든 항상 재정의된 버전이 호출된다.

만약 순수 가상함수를 사용하는 방법이 좀 더 마음에 든다면 다음과 같이 MyClass를 수정하면 된다.

```
public abstract class MyClass : IMessage
{
    public abstract void Message();
}
```

그렇다. 인터페이스 내의 메서드를 실제로 구현하지 않으면서도, 인터페이스를 구현한 것처럼 하는 것이다. 인터페이스 내의 메서드에 대하여 abstract를 지정하는 것은 이 클래스를 상속한 클래스는 반드시 이 메서드를 재정의해야 함은 선언하는 것과 같다. IMessage 인터페이스는 여전히 MyClass 선언의 일부지만, 메서드를 구현할 책임은 각 파생 클래스로 미루는 것이다.

또 다른 방법으로는 인터페이스를 구현할 때 MyClass를 다음과 같이 수정하여 파생 클래스에서 가상 메서드를 호출하도록 하는 것이다.

```
public class MyClass : IMessage
{
    protected virtual void OnMessage()
    {
    }

    public void Message()
    {
        OnMessage();
```

```
        WriteLine(nameof(MyClass));
    }
}
```

이제 파생 클래스에서 OnMessage()를 재정의하면 MyClass에 선언된 Message() 메서드 내에서 자신이 추가한 작업을 추가로 수행할 수 있다. 이런 패턴은 IDisposable을 구현한 클래스에서 자주 볼 수 있다(**아이템 26: 지역 함수를 사용해서 반복자와 비동기 메서드의 오류를 즉시 보고하라** 참조).

명시적 인터페이스 구현(『Effective C#(3판)』 **아이템 26: 제네릭 인터페이스와 논제네릭 인터페이스를 함께 구현하라** 참조)은 인터페이스를 구현하면서도, 해당 멤버들을 타입의 public 멤버로 드러나지 않게 한다. 하지만 이 방식을 사용하면 인터페이스 구현과 가상 함수 재정의 사이의 관계가 복잡해진다. 명시적으로 인터페이스를 구현하는 방식은 실제로 이 인터페이스보다 더 나은 인터페이스가 있어서, 더 이상 이전 인터페이스를 쓰지 않도록 하기 위한 방법이다. (『Effective C#(3판)』 **아이템 20: IComparable⟨T⟩와 IComparer⟨T⟩를 이용하여 객체의 선후 관계를 정의하라**에서 IComparable 관용구가 이 방식의 동작을 자세히 보여준다).

인터페이스와 베이스 클래스를 활용하는 형태가 하나 더 있다. 베이스 클래스에서 인터페이스들의 기본 구현부를 제공하고, 파생 클래스에서 이 인터페이스를 구현할 것이라고 선언하는 방식이다. 즉, 다음 예를 살펴보면 파생 클래스는 베이스 클래스의 구현부를 상속한다.

```
public class DefaultMessageGenerator
{
    public void Message() => WriteLine("This is a default message");
}

public class AnotherMessageGenerator : DefaultMessageGenerator, IMessage
{
    // Message() 메서드를 구현할 필요가 없다..
}
```

베이스 클래스가 구현부를 제공하기 때문에 파생 클래스에서 인터페이스를 명시적으로 구현할 필요가 없다는 점에 주목하자. 적절한 원형의 접근 가능한 public 메서드가 있는 한 인터페이스의 규약을 만족하게 된다.

인터페이스의 구현은 단순히 가상 함수를 생성하거나 재정의하는 것보다 더 많은 선택지를 제공한다. 이를 활용하면 봉인된[sealed] 클래스 구현이나 가상화된 구현 또는 클래스 계층구조를 위한 추상 계약 등을 만들 수 있다. 뿐만 아니라 봉인된 클래스를 생성해서 인터페이스에 포함된 메서드를 구현할 때에 가상 메서드에 대한 호출을 포함시킬 수도 있다. 이렇게 하면 파생 클래스에서 베이스 클래스가 구현한 기본 구현부를 언제, 어떻게 대체할 수 있을지를 결정할 수 있다. 인터페이스 내에 포함된 메서드는 가상 메서드와는 전혀 다른 계약의 일부임을 명심하라.

아이템 16: 상태 전달을 위한 이벤트 패턴을 구현하라

.NET 이벤트 패턴은 관찰자 패턴[observer pattern]을 구현한 문법일 뿐이다(『GoF의 디자인 패턴』(프로텍미디어, 2015) 382~394쪽의 '감시자' 참조). 이벤트는 타입을 위한 통지를 정의하며, 이벤트 핸들러를 어떻게 구현해야 하는지를 알려주기 위한 용도로, 타입 안정적인 메서드의 원형을 정의할 수 있는 델리게이트를 활용해 구현되었다. 사실 델리게이트의 대표적인 사용 예가 이벤트이다 보니, 수많은 개발자가 이벤트와 델리게이트를 같은 것으로 착각한다고 하더라도 놀라울 것이 없다. 『Effective C#(3판)』 **아이템 7: 델리게이트를 이용하여 콜백을 표현하라**에서는 이벤트를 정의하지 않고 델리게이트만을 사용하는 예를 보여준 바 있다. 어떤 타입이 시스템의 변화에 대해서 다수의 클라이언트와 상호작용해야 한다면 이벤트를 활용하는 것이 좋다. 이벤트는 객체가 변화된 내용을 관찰자에게 통지하는 수단이다.

간단한 예를 하나 보자. 프로그램에서 발생하는 모든 메시지를 발송하는 로그 클래스를 작성한다고 가정하자. 이 클래스는 프로그램 내의 모든 소스가 보내는 메시지를 받아 해당 메시지에 관심을 보이는 리스너에 전달한다. 이때 리스너는 콘솔, 데이터베이스, 시스템 로그, 또는 다른 메커니즘일 수 있다. 다음과 같은 클래스를 정의해서 메시지가 도착할 때마다 이벤트를 발생시키도록 작성하였다.

```csharp
public class Logger
{
    static Logger()
    {
        Singleton = new Logger();
    }

    private Logger()
```

```
        {
        }

    public static Logger Singleton { get; }

        // 이벤트 정의:
    public event EventHandler<LoggerEventArgs> Log;

        // 메시지를 추가하면 로그를 기록
    public void AddMsg(int priority, string msg) =>
        Log?.Invoke(this, new LoggerEventArgs(priority, msg));
    }
```

AddMsg 메서드는 이벤트를 적절하게 사용하는 법을 잘 보여주고 있다. ?. 연산자는 리스너가 이벤트에 결합되었을 때만 이벤트를 일으키게 하기 위함이다.

이 예에서 LoggerEventArgs는 이벤트와 메시지의 우선순위 정보를 담고 있으며, 델리게이트는 이벤트 핸들러의 원형을 정의한다. Logger 클래스의 내부에선 event 타입의 필드를 통해 이벤트 핸들러를 정의한다. 이 과정에서 컴파일러는 public event 필드의 정의를 참고하여 add와 remove 연산자를 생성해준다. 이때 생성되는 코드는 다음과 유사하다.

```
public class Logger
{
    private EventHandler<LoggerEventArgs> log;

    public event EventHandler<LoggerEventArgs> Log
    {
        add { log = log + value; }
        remove { log = log - value; }
    }

    public void AddMsg(int priority, string msg) =>
        log?.Invoke(this, new LoggerEventArgs(priority, msg));
}
```

실제로 C# 컴파일러가 생성하는 add/remove 접근자는 멀티 스레드로부터 안전하도록 추가적인 기능이 구현되어 있다. 일반적으로 public으로 event 필드를 정의하는 편이 add/remove 접근자를 직접 구현하는 것보다 더 구체적일 뿐 아니라 가독성도 좋고 유지 관리도 쉽다. 따라서 이벤트를 만들 때는 public event로 선언하여 컴파일러가 add와 remove 접근자를 자동으로 만들어주도록 하자. add/remove 접근자를 직접 작성하려면 꽤나 시간을 많이 들이게 될 것이다.

이벤트는 어떤 리스너가 이벤트를 사용할지에 대하여 전혀 알 필요가 없다. 다음 클래스는 모든 메시지를 표준 오류Standard Error 콘솔console에 전달한다.

```csharp
class ConsoleLogger
{
    static ConsoleLogger() =>
        Logger.Singleton.Log += (sender, msg) =>
            Console.Error.WriteLine("{0}:\t{1}",
                msg.Priority.ToString(), msg.Message);
}
```

다음 클래스는 메시지를 시스템 이벤트 로그로 전달한다.

```csharp
class EventLogger
{
    private static Logger logger = Logger.Singleton;
    private static string eventSource;
    private static EventLog logDest;

    static EventLogger() =>
        logger.Log += (sender, msg) =>
        {
            logDest?.WriteEntry(msg.Message,
                EventLogEntryType.Information,
                msg.Priority);
        };

    public static string EventSource
    {
        get { return eventSource; }

        set
        {
            eventSource = value;
            if (!EventLog.SourceExists(eventSource))
                EventLog.CreateEventSource(eventSource,
                    "ApplicationEventLogger");
```

```
                logDest?.Dispose();
                logDest = new EventLog();
                logDest.Source = eventSource;
            }
        }
    }
```

이벤트는 무엇인가가 발생하면 앞서 관심을 표명한 모든 클라이언트에게 그 사실을 알린다. Logger 클래스는 어떤 객체가 로깅 이벤트에 관심이 있는지 미리 알 필요가 없다.

Logger 클래스는 이벤트가 하나뿐이지만 어떤 클래스들(대부분 윈도우 컨트롤)은 상당히 많은 이벤트를 지니기도 한다. 이렇게 이벤트가 많을 때는 이벤트 하나당 필드 하나를 사용하는 것은 비현실적일 수 있다. 정의된 이벤트 중 일부만 사용하는 애플리케이션도 많기 때문이다. 따라서 런타임에, 반드시 필요한 이벤트 객체만을 만들도록 설계할 수도 있다.

.NET Framework의 핵심부에는 윈도우 컨트롤을 관장하는 시스템에 대하여 이미 이러한 방식을 사용하고 있다. 이 방식을 앞의 예에 적용하려면 Logger 클래스에 여러 이벤트 핸들러를 포함할 수 있는 구조를 추가하고, 이를 이용하도록 코드를 개선해야 한다. 그리고 클라이언트는 시스템을 구분할 수 있는 값을 이용하여 이벤트 핸들러를 등록하면 된다.

확장된 Logger 클래스는 System.ComponentModel.EventHandlerList 컨테이너를 갖는다. 이 컨테이너는 모든 이벤트에 대한 핸들러 객체를 저장한다. 수정된 AddMsg() 메서드는 이제 로그 메시지를 생성한 서브시스템을 나타내는 문자열 매개변수를 받는다. 해당 서브시스템에 대한 이벤트가 리스너를 가지고 있다면 이벤트가 발생한다. 또한 이벤트 리스너를 등록할 때 모든 메시지에 관심 있다고 등록된 경우에도 이벤트가 발생한다.

```
public sealed class Logger
{
    private static EventHandlerList Handlers = new EventHandlerList();

    static public void AddLogger(
        string system, EventHandler<LoggerEventArgs> ev) =>
            Handlers.AddHandler(system, ev);

    static public void RemoveLogger(string system,
        EventHandler<LoggerEventArgs> ev) =>
            Handlers.RemoveHandler(system, ev);
```

```
    static public void AddMsg(string system,
        int priority, string msg)
    {
        if (!string.IsNullOrEmpty(system))
        {
            EventHandler<LoggerEventArgs> handler =
                Handlers[system] as
                EventHandler<LoggerEventArgs>;

            LoggerEventArgs args = new LoggerEventArgs(priority, msg);
            handler?.Invoke(null, args);

            // 빈 문자열인 경우 모든 메시지를 받는다.
            l = Handlers[""] as EventHandler<LoggerEventArgs>;
            handler?.Invoke(null, args);
        }
    }
}
```

이 예에서는 모든 이벤트 핸들러를 EventHandlerList 컬렉션에 저장하고 있다. 안타깝게도 제네릭 버전의 EventHandlerList가 없기 때문에 앞의 예제는 형변환과 변환 구문이 이 책의 어떤 예제보다 많이 포함되어 있다. 클라이언트는 이벤트 핸들러를 추가할 때 자신이 관심을 가지는 서브시스템을 문자열로 지정해야 한다. 만약 해당 서브시스템에 대한 이벤트 핸들러가 등록된 적이 없다면, 이벤트 객체가 새롭게 만들어지고, 이전에 등록된 적이 있다면 동일한 이벤트에 핸들러가 추가된다.

공개할 이벤트가 많다면, 이처럼 이벤트 핸들러 컬렉션을 사용하는 것을 고려해야 한다. 이 경우 클라이언트가 특정 이벤트에 대하여 핸들러를 추가할 때 비로소 해당 이벤트가 만들어진다. .NET Framework 내부의 System.Windows.Forms.Control 클래스 또한 이벤트 필드가 너무 많아지는 것을 피하기 위해서 유사한 방식을 구현하고 있다. 이벤트 객체를 저장할 수 있는 컬렉션을 두고, 여기에 핸들러를 추가하거나 삭제하는 식이다. 이에 대하여 좀 더 자세히 알고 싶다면 C# 언어 명세서를 찾아보기 바란다.

EventHandlerList 클래스는 제네릭 버전으로 업데이트되지 않았다. 하지만 Dictionary 클래스를 사용하면, 이에 대응하는 제네릭 버전을 손쉽게 만들 수 있다.

```
public sealed class Logger
{
    private static Dictionary<string,
        EventHandler<LoggerEventArgs>>
            Handlers = new Dictionary<string, EventHandler<LoggerEventArgs>>();

    static public void AddLogger(
        string system, EventHandler<LoggerEventArgs> ev)
    {
        if (Handlers.ContainsKey(system))
            Handlers[system] += ev;
        else
            Handlers.Add(system, ev);
    }

    // 시스템이 핸들러를 가지고 있지 않으면 예외를 던진다.
    static public void RemoveLogger(string system,
        EventHandler<LoggerEventArgs> ev) => Handlers[system] -= ev;

    static public void AddMsg(string system, int priority, string msg)
    {
        if (string.IsNullOrEmpty(system))
        {
            EventHandler<LoggerEventArgs> handler = null;
            Handlers.TryGetValue(system, out l);

            LoggerEventArgs args = new LoggerEventArgs(priority, msg);
            handler?.Invoke(null, args);

            // 빈 문자열인 경우 모든 메시지를 받는다.
            handler = Handlers[""] as EventHandler<LoggerEventArgs>;
            handler?.Invoke(null, args);
        }
    }
}
```

제네릭 버전에서는 이벤트 맵을 처리하기 위해 형변환과 변환 구문을 줄인 대신 전체 코드량이 조금 늘어났다. 제네릭 버전을 선호하겠지만 장단점이 있음을 이해해야 한다.

이벤트는 리스너에게 통지를 전달하기 위한 표준 구문이다. .NET 이벤트 패턴은 event를 이용하여 관찰자 패턴을 구현했다. 이벤트에 추가할 수 있는 핸들러의 개수에는 제한이 없다.

event 멤버를 가지고 있는 클래스를 컴파일할 때는 어떤 클라이언트들이 이 이벤트를 사용하게 될지 미리 알 필요가 없다. 이벤트는 이벤트를 수신하는 구독자가 시스템에 종속되지 않도록 도와주는데, C#에서 event를 사용하게 되면 이벤트를 전달하는 측과 수신하는 측을 분리할 수 있다. 즉, 이벤트를 전달하는 측의 코드를 개발할 때, 수신 측을 고려할 필요가 없으므로 완전히 독립적으로 개발할 수 있다. event는 이를 포함하는 타입의 여러 동작을 다른 타입에 전달하는 표준화된 방식이다.

아이템 17: 내부 객체를 참조로 반환해서는 안 된다

읽기 전용 속성은 호출자가 수정하지 못할 거라 생각되지만 사실 항상 그런 것은 아니다. 참조 타입을 반환하는 속성을 만들었다면, 호출 측에서 반환된 객체의 public 멤버에 접근할 수 있고, 그중 속성을 변경하는 멤버도 포함되어 있을 수 있기 때문이다. 예를 보자.

```
public class MyBusinessObject
{
    public MyBusinessObject()
    {
        // private 데이터 멤버에 접근하게 해주는 읽기 전용 속성
        Data = new BindingList<ImportantData>();
    }

    public BindingList<ImportantData> Data { get; }
    // 생략
}

// 컬렉션에 접근
BindingList<ImportantData> stuff = bizObj.Data;
// 의도하지 않았지만, 모든 데이터를 삭제할 수 있다.
stuff.Clear();
```

내부 데이터를 숨기기 위해서 속성을 만들었고, 클라이언트 측에 노출된 메서드를 통해서만 데이터를 수정할 수 있도록 하였다. 따라서 내부 상태의 변경에 대해서는 완전히 통제할 수 있다. 그리고 속성을 읽기 전용으로 만들었기 때문에 빈틈없이 완벽하게 캡슐화를 수행하였다! 읽기/쓰기 속성이라면 여러 번 고민했을 문제이지만 이것은 읽기 전용 속성이다.

참조 기반 시스템의 세계에 온 것을 환영한다. 불행히도 MyBusinessObject를 사용하는 클라이언트 측에서는 이 객체 내부의 데이터를 얼마든지 변경할 수 있다. 참조 타입을 반환하는 모든 멤버는 해당 객체의 핸들^{handle}을 반환한다. 이는 호출 측에 객체의 내부 구조를 가리키는 핸들을 넘겨주므로, 이 객체를 반환한 타입을 거치지 않고도 참조를 통해 객체의 상태를 수정할 수 있다.

명백히 이러한 동작 방식은 피해야 할 부분이다. 객체를 반환하는 대신 해당 객체가 구현해야 하는 인터페이스를 정의하고, 제한적으로 기능을 노출해야 한다. 그리고 이 인터페이스를 통해서 객체를 다루도록 해야 한다. 외부에서 객체의 내부 상태에 접근해서 임의로 수정하는 것을 원하지는 않을 것이기 때문이다. 초보 개발자들은 올바르게 구현되지 않은 타입을 사용하다 버그가 발생하면 비난을 퍼부을지도 모를 일이다. 악의적인 개발자라면 이러한 문제를 교묘한 방법으로 악용할 수도 있다. 따라서 의도하지 않은 기능을 절대로 외부에 제공해서는 안 된다. 테스트할 수도 없고 악용하는 것을 막기도 어렵다.

의도하지 않은 변경으로부터 내부 데이터 구조를 보호하기 위해서는 네 가지 서로 다른 전략을 고려할 수 있다. 값 타입, 변경 불가능한 타입, 인터페이스, 래퍼^{wrapper}가 그것이다.

값 타입은 클라이언트가 속성을 통해 내부 객체에 접근할 때 복사본을 넘긴다. 클라이언트가 복사본을 변경해도 객체의 내부 상태에는 영향이 미치지 않는다. 즉, 클라이언트는 마음대로 복사본을 변경할 수 있지만, 객체의 내부 상태를 변경하지는 않는다.

변경 불가능한 타입(System.String 등)도 안전하다(**아이템 2: 변경 가능한 데이터에는 암묵적 속성을 사용하는 것이 낫다** 참조). 문자열이나 변경 불가능한 타입을 반환하는 한 내부 상태는 안전하게 보호된다(반환된 문자열은 수정할 수 없다).

세 번째 방법은 클라이언트가 내부 멤버에 제한적으로 접근하도록 인터페이스를 정의하는 것이다(**아이템 14: 상속보다는 인터페이스를 정의해서 구현하는 것이 낫다** 참조). 클래스를 만들 때 클래스의 기능을 제한적으로 정의한 인터페이스를 생성할 수 있을 것이다. 이렇게 정의한 인터페이스를 공개하면 의도하지 않게 내부 데이터가 변경되는 것을 막을 수 있다. 클라이언트는 클래스의 전체 기능이 아닌, 제한된 인터페이스를 통해서만 내부 데이터에 접근할 수 있다. 예를 들어 List〈T〉를 IEnumerable〈T〉 인터페이스의 참조로 노출하는 것도 이러한 전략의 예다. 영악한 프로그래머는 디버거를 사용하거나, 반환된 객체에서 GetType()을 호출해 이 인터페이스를 구현한 객체의 타입을 알아낼 수는 있다. 그래도 가능한 작업을 어렵게 만드는 것이 좋다.

BindingList 클래스는 조금만 잘못 사용해도 문제를 일으키곤 한다. 제네릭 버전의 IBindingList가 없기 때문에, 데이터 접근용으로 두벌의 API를 만들고 싶을 수도 있겠다. 예를 들어 하나는 IBindingList 인터페이스를 통해 데이터 바인딩이 가능하도록 하는 것이고, 다른 하나는 ICollection〈T〉나 혹은 이와 유사한 인터페이스를 이용하여 프로그래밍이 가능하도록 기능을 제공하는 것이다.

```csharp
public class MyBusinessObject
{
    // private 데이터 멤버에 접근하게 해주는 읽기 전용 속성
    private BindingList<ImportantData> listOfData = new
        BindingList<ImportantData>();
    public IBindingList BindingData => listOfData;

    public ICollection<ImportantData> CollectionOfData => listOfData;
    // 생략
}
```

완전한 읽기 전용의 데이터 뷰를 만드는 방법을 설명하기 전에 클라이언트가 내부 데이터를 변경하는 경우 어떻게 대응해야 할지 생각해보자. IBindingList를 UI 컨트롤에 전달해서 사용자가 데이터를 변경할 수 있도록 허용해야 하는 경우가 종종 있으므로 이 문제는 꽤 중요하다. 아마도 윈도우 폼의 데이터 바인딩을 이용하여 객체의 private 데이터를 편집하도록 한 적이 한번쯤은 있을 것이다. BindingList〈T〉 클래스는 사용자에게 보이는 항목들을 추가, 변경, 삭제할 수 있도록 IBindingList 인터페이스를 제공한다.

클라이언트에게 내부 데이터를 수정하도록 허용하되, 수정된 내용에 대해서 반드시 검증을 수행하도록 하여 이러한 기법을 일반화할 수도 있을 것이다. 이를 위해서는 내부 데이터가 변경되었음을 감지하고 이를 적절히 다룰 수 있어야 한다. 데이터가 변경될 때마다 변경된 내용이 유효한지를 확인하고, 그에 맞추어 다른 상태를 유효하게 변경하는 것이다(**아이템 16: 상태 전달을 위한 이벤트 패턴을 구현하라** 참조).

다시 원래 문제로 돌아가 보자. 클라이언트가 여러분의 데이터를 보기만 할 뿐 변경은 하지 못하게 막고 싶다. 데이터가 BindingList〈T〉에 저장돼 있으면 BindingList 객체의 다양한 속성(예: AllowEdit, AllowNew, AllowRemove)을 설정하여 이 제약을 강제로 지키게 할 수 있다. 이 속성의 값은 UI 컨트롤에 유용한데, UI 컨트롤이 이 값에 따라 다르게 행동하거나 비

활성화되도록 할 수 있다.

이 속성들은 모두 public이므로 컬렉션의 동작을 바꾸기 위해 사용할 수도 있다. 당연한 이야기지만, BindingList〈T〉 객체를 public 속성으로 노출해서는 안 된다. public으로 노출하면 클라이언트가 직접 객체의 내부 상태를 변경할 수 있으므로, 읽기 전용 바인딩 컬렉션을 만들고자 했더라도 그 의도를 망칠 수 있다. 다시 한번 강조하건대, 내부 객체를 인터페이스를 통해 노출하면 클래스로 노출하는 것에 비해 기능적으로 제약을 가할 수 있다.

내부 데이터가 변경되지 않도록 보호하기 위한 마지막 방법은 내부 객체로의 접근을 최소화하도록 래퍼 객체를 만들고, 그 래퍼의 인스턴스를 건네는 방법이다. .NET Framework는 이 방법을 이용하여 개발된, 다양한 형태의 변경 불가능 컬렉션들을 제공한다. System.Collections.ObjectModel.ReadOnlyCollection〈T〉 타입은 컬렉션을 래핑하여 읽기 전용 버전으로 노출하는 표준적인 방법을 제공한다.

```
public class MyBusinessObject
{
    // private 데이터 멤버에 접근하게 해주는 읽기 전용 속성
    private BindingList<ImportantData> listOfData = new
        BindingList<ImportantData>();

    public IBindingList BindingData => listOfData;
    public ReadOnlyCollection<ImportantData> CollectionOfData =>
        new ReadOnlyCollection<ImportantData>(listOfData);
    // 생략
}
```

참조 타입을 public으로 노출하면 타입이 정의하고 있는 메서드나 속성을 통하지 않고도 객체의 내부 상태를 수정할 수 있게 된다. 이것은 직관적이지 못할 뿐 아니라 자칫 큰 실수로 이어질 수 있다. 값이 아닌 참조를 노출하고 있다면 클래스의 사용 방법을 수정해야 한다. 내부 객체를 참조로 반환하면, 이 객체의 메서드를 호출하여 객체의 내부 상태를 변경할 가능성이 있다. private 내부 데이터에 대하여 접근을 제한하려면 인터페이스, 래퍼 객체, 값 타입으로 내부 데이터를 노출하도록 변경해야 한다.

아이템 18: 이벤트 핸들러보다는 오버라이딩을 사용하라

많은 .NET 클래스가 이벤트를 처리하기 위한 두 가지 방법을 제공한다. 첫 번째는 이벤트 핸들러를 작성하는 것이고 두 번째는 베이스 클래스에 있는 가상 함수를 오버라이딩하는 것이다. 왜 동일한 처리를 하는 두 가지 다른 방법이 필요할까? 이는 상황에 따라 다른 메서드가 호출되기 때문이다. 파생 클래스의 내부에서 이벤트를 처리할 때는 가상 함수를 오버라이딩하고, 상속 관계가 없는 객체의 경우에는 이벤트 핸들러를 작성하여 이벤트를 처리하는 것이 좋다.

예를 들어 마우스 버튼이 눌렸음을 나타내는 이벤트를 처리하는 WPF^{Windows Presentation Foundation} 애플리케이션을 작성한다고 해보자. 아래 예와 같이 MainWindow 클래스 내에서라면 OnMouseDown() 메서드를 오버라이딩할 수 있다.

```
public partial class MainWindow : Window
{
    public MainWindow()
    {
        InitializeComponent();
    }

    protected override void OnMouseDown(MouseButtonEventArgs e)
    {
        DoMouseThings(e);
        base.OnMouseDown(e);
    }
}
```

또 다른 방법으로는 이벤트 핸들러를 추가하는 방법이 있다(C# 파일과 XAML이 필요하다).

```
<!-- XAML 설명 -->
    <Window x:Class ="WpfApp1.MainWindow"
        xmlns:local ="clr -namespace:WpfApp1"
        mc:Ignorable ="d"
        Title ="MainWindow" Height ="350" Width ="525"
        MouseDown ="OnMouseDownHandler">
    <Grid >

    </Grid>
</Window>
```

```
// C# 파일
public partial class MainWindow : Window
{
    public MainWindow()
    {
        InitializeComponent();
    }

    private void OnMouseDownHandler(object sender, MouseButtonEventArgs e)
    {
        DoMouseThings(e);
    }
}
```

이 경우에는 첫 번째 방법을 사용하는 것이 더 낫다. WPF 애플리케이션의 경우 선언적 코딩 방식을 강조하기 때문에 첫 번째 방법이 더 낫다는 말에 조금 놀랄 수도 있을 것 같다. 하지만 로직을 반드시 코드로 구현해야 하는 경우라면, 가상 메서드를 사용하는 것이 좋다. 이벤트 핸들러가 예외를 던지면 동일 이벤트들의 이벤트 체인에 있는 다른 핸들러가 호출되지 않기 때문이다(『Effective C#(3판)』 **아이템 7: 델리게이트를 이용하여 콜백을 표현하라**와 이 책의 **아이템 16: 상태 전달을 위한 이벤트 패턴을 구현하라** 참조). 즉, 이벤트 핸들러를 잘못 작성하면 시스템이 이벤트 핸들러를 제대로 호출하지 못할 수도 있다. protected 가상 함수를 오버라이딩하면 이 메서드가 가장 먼저 호출된다. 베이스 클래스에 정의된 가상 함수는 특정 이벤트에 연결된 모든 이벤트 핸들러를 호출하도록 작성되어 있으므로, 다른 이벤트 핸들러를 계속해서 호출해야 한다면 (아마 항상 그렇게 할 것이다) 베이스 클래스에서 정의한 가상 함수를 다시 호출해주어야 한다. 아주 드문 경우이긴 하지만 베이스 클래스의 기본 동작을 수행할 필요가 없는 경우가 있는데, 이 경우라면 베이스 클래스의 가상 함수를 호출할 필요가 없다. 잘못 작성된 이벤트 핸들러는 언제든 예외를 던질 수 있으므로, 특정 이벤트와 연결된 모든 이벤트 핸들러가 항상 호출된다고 보장할 수 없다. 하지만 파생 클래스내에서 제정의한 메서드는 항상 호출된다.

이렇게 설명했음에도 아직 가상 함수가 낫다는 것이 잘 와 닿지 않는 사람이라면 앞서 살펴본 첫 번째 코드와 두 번째 코드를 다시 비교해보자. 어떤 코드가 더 명확해 보이는가? 가상 함수를 오버라이딩하는 경우 오직 하나의 함수만 살피면 된다. 하지만, 이벤트 방식에서는 이벤트 핸들러 자체와 이벤트 핸들러를 이벤트와 결합시키는 코드 두 가지를 늘 살펴야 한다. 어느 쪽이든 오류의 원인이 될 수 있으니, 함수가 하나인 편이 낫다.

당연한 이야기지만 .NET Framework 설계자도 이처럼 이벤트를 사용할 수 있도록 구조를 설계한 이유가 있다(설계자도 다른 개발자만큼이나 바빠서, 아무도 사용하지 않는 코드를 작성할 만큼 여유롭지는 않다). 오버라이딩하는 파생 클래스에서만 사용할 수 있는 개념이므로 상속 계통에 있지 않은 다른 모든 클래스는 이벤트 구조를 사용할 수밖에 없으며, XAML 파일에 선언적으로 정의한 동작[action] 또한 이벤트 구조를 활용해야 한다.

앞의 예에서, 디자이너는 마우스 버튼을 눌렀을 때 특정 동작이 수행되도록 하고 싶었을 것이다. XAML을 이용하면 마우스 버튼이 눌렀을 때 특정 이벤트 핸들러를 호출하라고 표현할 수 있다. 물론 모든 작업을 코드를 통해서 표현할 수 있지만, 하나의 이벤트를 처리하는 것 치곤 꽤 번거로운 것이 사실이다. 게다가 이렇게 코딩으로 작업을 진행하게 되면 모든 일이 개발자의 일이 되어 버리기 십상이다. 당연히 디자이너가 작업을 함께할 수 있도록 배려해야 한다. 이 상황에서는 최선의 방법은 개발자는 이벤트 핸들러를 개발하고, 디자이너는 XAML 디자인 도구를 이용하여 XAML을 작성한 후, 마지막 단계에서 이벤트 핸들러를 포함하고 있는 클래스를 윈도우를 표현하는 클래스에 보내어, 이 둘을 결합하는 것이다. 이 편이 처음부터 윈도우를 표현하는 클래스에 직접 이벤트 핸들러를 작성하는 것보다 더 간단하다. 이러한 이유로 .NET Framework 설계자는 윈도우를 나타내는 클래스에 이벤트 핸들러 구조를 포함시킨 것이다.

또 다른 이유는, 이벤트와 이벤트 핸들러를 연결하는 과정을 런타임에 수행할 수 있기 때문이다. 이러한 구조는 상당한 유연성을 제공하기 때문에, 런타임 시에도 프로그램의 상황에 따라 서로 다른 이벤트 핸들러를 재연결할 수 있다. 예를 들어 그리기 프로그램을 만들고 있다고 하자. 상황에 따라선 마우스 버튼을 누르는 이벤트가 선 그리기의 시작일 수도 있고 객체를 선택하는 작업일 수도 있다. 이 경우 사용자가 모드를 전환할 때, 이벤트 핸들러를 변경할 수 있다. 프로그램의 상태에 따라 서로 다른 이벤트 핸들러를 가진 클래스를 이용해 이벤트의 처리방식을 변경할 수 있는 것이다.

마지막으로 여러 개의 이벤트 핸들러를 동일한 이벤트에 연결할 수도 있다. 그리기 프로그램을 다시 생각해 본다면, 마우스 버튼을 눌렀을 때, 이벤트 핸들러를 여러 개 호출할 수 있다는 것이다. 첫 번째 이벤트 핸들러는 특정 동작을 수행하고, 두 번째 이벤트 핸들러는 상태 바를 갱신하거나 다른 명령을 활성화하는 식이다. 이처럼 단일 이벤트 발생 시에 여러 작업을 수행하도록 할 수 있다.

가능하다면 단일 이벤트에 대해서는 파생 클래스에서 이벤트를 처리하는 것이 낫다. 이편이 관리도 쉽고, 시간이 지나도 문제없이 더 효율적으로 동작할 가능성이 높다. 파생 클래스에서는 이벤트를 처리하는 메서드를 오버라이딩하는 방식을 사용하는 것이 좋다. 이벤트 핸들러는 다른 목적으로 남겨두자.

아이템 19: 베이스 클래스에 정의된 메서드를 오버로드해서는 안 된다

개발자는 멤버의 이름을 정할 때 이름과 함께 의미 체계semantics를 정의한다. 따라서 어떤 상황에서도 베이스 클래스에서 정의한 멤버를 파생 클래스에서 다른 의미로 정의해서는 안 된다. 물론 파생 클래스에서 동일한 이름을 사용하려는 데는 여러 이유가 있을 수 있다. 예를 들면 다른 방식(혹은 다른 매개변수)으로 동일한 의미 체계를 구현하고 싶을 때가 있다. 때로는 같은 이름을 사용하는 것이 좀 더 자연스럽다고 느껴질 수도 있다. 가상 함수를 선언하고, 파생 클래스에서 구체적인 의미 체계를 다르게 구현하는 경우가 그렇다. 『Effective C#(3판)』의 **아이템 10: 베이스 클래스가 업그레이드된 경우에만 new 한정자를 사용하라**에서 new 한정자가 찾기 어려운 버그를 유발하는 경우를 설명한 바 있다. 이번 아이템에서는 베이스 클래스에 정의된 메서드를 파생 클래스에서 오버로드하는 경우에도 비슷한 문제를 초래하는 경우가 있음을 이야기할 것이다.

오버로드 해석overload resolution(오버로드된 메서드 중 호출할 하나를 특정하는 기능) 규칙은 매우 복잡하다. 후보 메서드가 선언된 곳이 대상 클래스일 수도, 베이스 클래스일 수도, 그 클래스 상의 확장 메서드일 수도 혹은 클래스에서 구현한 인터페이스일 수도 있다. 여기에 제네릭 메서드와 제네릭 확장 메서드를 추가하면 상황은 더욱 복잡해진다. 여기에 선택적 매개변수까지 더하면, 어떤 메서드가 호출될지 정확히 이해하기가 어려운 지경에 이르게 된다. 이런 상황을 더 복잡하게 만들고 싶은가? 베이스 클래스에 선언된 메서드에 오버로드 메서드마저 작성해 버리면, 더 모호한 상태를 만들어 버린다. 또한 컴파일러와 개발자가 코드를 다르게 해석할 가능성이 커져서 큰 혼란이 일어날 수 있다. 해결책은 간단하다. 혼돈스럽다면 메서드 이름을 달리하면 된다. 얼마든지 더 좋은 이름을 부여할 수 있을 것이다.

여기서 제시하는 대안은 너무 간단하지만, 간혹 그렇게까지 엄격할 필요가 있는지 의문을 갖는 사람도 있을지 모르겠다. 이는 아마도 오버라이딩(재정의)overriding과 오버로딩(다중정의)overloading을 혼동하기 때문일 것이다. 가상 메서드를 재정의하는 것은 C++ 기반 객체 지향 언어의 핵심 원리 중 하나로, 여기서 언급하고 있는 문제와 상관이 없다. 반면, 오버로딩은 매개변수 목록은 다르나 이름이 같은 메서드를 추가로 작성하는 것을 말한다. 그렇다면 베이스 클래스의 메서드를 오버로딩하는 것이 오버로드 해석에 얼마나 큰 영향을 미치는 것일까? 이 질문에 대답하기 위해서 베이스 클래스의 메서드를 오버로딩해서 문제가 되는 경우들을 살펴보자.

오버로딩하는 방법에는 많은 조합이 있으므로 우선 간단한 것부터 보자. **베이스 클래스와 파생 클래스 간에 오버로딩이 미치는 영향은 매개변수의 타입에 영향을 받는다. 다음 예제들에서는 매개변수에 다음과 같은 계층구조를 가진 클래스들을 사용한다.**

```
public class Fruit { }
public class Apple : Fruit { }
```

다음 클래스는 파생 클래스(Apple)를 매개변수로 사용한 메서드를 하나 지니고 있다.

```
public class Animal
{
    public void Foo(Apple parm) => WriteLine("In Animal.Foo");
}
```

다음 코드는 분명 In Animal.Foo를 출력할 것이다.

```
var obj1 = new Animal();
obj1.Foo(new Apple());
```

이번에는 오버로딩한 메서드를 지니는 새로운 파생 클래스를 추가해보자.

```
public class Tiger : Animal
{
    public void Foo(Fruit parm) => WriteLine("In Tiger.Foo");
}
```

다음 코드를 실행하면 어떻게 될까?

```
var obj2 = new Tiger();
obj2.Foo(new Apple());
obj2.Foo(new Fruit());
```

in Tiger.Foo가 두 번 출력된다. 항상 파생 클래스의 메서드가 호출되는 것이다. 첫 번째 호출에서 in Animal.Foo가 출력되리라 생각했을지도 모르겠다. 이처럼 간단한 오버로딩 상황에서도 예상 밖의 일이 벌어질 수 있다. 두 호출 모두 Tiger.Foo()가 선택되는 이유는, 컴파일타임상 상속 계통의 가장 아랫쪽에 위치한 클래스의 메서드가 호출 가능한 메서드가 있는 경우 이 메서드를 선택한다는 규칙이 있기 때문이다. 베이스 클래스에 매개변수의 타입이 더 잘 일치하는 메서드가 있다고 해도 소용없다. 이 규칙의 논리는 파생 클래스의 제작자가 구체적인 시나리오에 대해 더 잘 안다고 생각하는 것이다. 오버로드를 해석하는 고정에서 가장 중요시되는 인수는 this다. 다음 코드를 실행하면 어떤 결과가 출력될지 생각해보자.

```
Animal obj3 = new Tiger();
obj3.Foo(new Apple());
```

여기서는 obj3의 런타임 타입은 Tiger(파생 클래스)지만, 컴파일타임 타입은 Animal(베이스 클래스)이다. Foo()는 가상 메서드가 아니므로 obj3.Foo()는 Animal.Foo()를 선택한다.

다음과 같은 코드도 상당히 당황스럽다. 이 경우 기대한 대로 동작하길 바란다면 다음과 같이 형변환해야 한다.

```
var obj4 = new Tiger();
((Animal)obj4).Foo(new Apple());
obj4.Foo(new Fruit());
```

이처럼 사용자를 헷갈리게 만드는 API는 이미 실패한 API다. 여기에 아주 간단한 방법으로 상황을 더 복잡하게 만들 수 있다. 다음과 같이 베이스 클래스에 Bar 메서드를 추가하자.

```
public class Animal
{
    public void Foo(Apple parm) => WriteLine("In Animal.Foo");

    public void Bar(Fruit parm) => WriteLine("In Animal.Bar");
}
```

다음 코드는 확실히 In Animal.Bar를 출력한다.

```
var obj1 = new Tiger();
obj1.Bar(new Apple());
```

이제 다음과 같이 선택적 매개변수를 취하는 오버로드 메서드를 하나 더 추가해보자.

```
public class Tiger : Animal
{
    public void Foo(Apple parm) => WriteLine("In Tiger.Foo");

    public void Bar(Fruit parm1, Fruit parm2 = null) =>
        WriteLine("In Tiger.Bar");
}
```

이미 앞에서 비슷한 코드를 보았다. 여기서는 In Tiger.Bar를 출력한다(이번에도 파생 클래스의 메서드를 호출한 것이다).

```
var obj1 = new Tiger();
obj1.Bar(new Apple());
```

베이스 클래스에 있는 메서드를 호출하는 유일한 방법은 호출 코드에서 형변환을 하는 방법뿐이다.

지금까지의 예는 매개변수 하나짜리 메서드에서 여러분이 직면할 수 있는 문제를 보여준다. 여기에 제네릭 방식의 매개변수를 추가하면 문제가 훨씬 복잡해진다. 다음과 같이 메서드를 추가한다고 가정해보자.

```
public class Animal
{
    public void Foo(Apple parm) => WriteLine("In Animal.Foo");

    public void Bar(Fruit parm) => WriteLine("In Animal.Bar");

    public void Baz(IEnumerable<Apple> parm) =>
        WriteLine("In Animal.Foo2");
}
```

이제 파생 클래스에 또 다른 오버로딩을 추가한다.

```
public class Tiger : Animal
{
    public void Foo(Fruit parm) => WriteLine("In Tiger.Foo");

    public void Bar(Fruit parm1, Fruit parm2 = null) =>
        WriteLine("In Tiger.Bar");

    public void Baz(IEnumerable<Fruit> parm) =>
        WriteLine("In Tiger.Foo2");
}
```

앞에서와 비슷한 방법으로 Baz를 호출해보자.

```
var sequence = new List<Apple> { new Apple(), new Apple() };
var obj2 = new Tiger();
obj2.Baz(sequence);
```

이번에는 무엇이 출력될까? 주의 깊게 설명을 따라왔다면 In Tiger.Foo2라고 대답할 것이다. 하지만 일부만 맞는 답이다. C# 4.0 이상에서만 그렇게 출력하기 때문이다. C# 4.0 이상에서는 제네릭 인터페이스가 공변성covariance과 반공변성contravariance을 지원한다. 즉, 정식 매개변수 타입이 IEnumerable⟨Apple⟩일 때 Tiger.Foo2가 IEnumerable⟨Apple⟩의 후보 메서드가 될 수 있다는 의미다. 반대로 C# 4.0 미만 버전에서는 제네릭 변형variance을 지원하지 않는다. 제네릭 매개변수가 불변invariant이라는 뜻이다. 이 경우에는 매개변수가 IEnumerable⟨Apple⟩일 때 Tiger.Foo2는 후보 메서드가 아니다. 유일한 후보 메서드는 Animal.Foo2()가 되어 C# 4.0 미만에서는 이 메서드가 호출된다.

이 예는 복잡한 상황에서 사용자가 의도한 대로 컴파일러가 메서드를 선택하게 하려면 형변환이 필요할 수 있음을 보여준다. 실무에서도 형변환을 사용해야 할 상황이 많이 있다. 왜냐하면 클래스 계층 구조, 인터페이스의 구현, 확장 메서드 등의 영향으로 컴파일러가 선택한 메서드가 사용자가 원하는 메서드와 다를 수 있기 때문이다. 물론 형변환을 사용해야 하는 불가피한 상황이 얼마든지 발생할 수 있지만, 그렇다고 오버로드를 추가해서 문제를 더 복잡하게 만들 필요는 없다.

이제 개발자들이 모이는 파티에 나가서 그들을 깜짝 놀라게 할 만한 내용을 알게 되었다. C#의 오버로드 해석에 대하여 해박한 지식을 자랑할 수 있게 된 것이다. 이런 정보는 매우 유용하므로, 자신이 선택한 언어에 대해 많이 알면 알수록 더 나은 개발자가 될 수 있다. 하지만 다른 개발자들도 그만큼 알고 있을 것으로 생각해서는 안 된다. 더 중요한 것은 여러분이 만든 API를 제대로 사용하려면 오버로딩 해석에 관해 상당한 지식을 가지고 있어야 한다고 사용자들을 강요해서는 안 된다는 점이다.

다른 사용자를 배려하기 위해 베이스 클래스에 선언된 메서드는 오버로드하지 않도록 하자. 아무 의미도 없고 괜한 혼란만 더할 뿐이다.

아이템 20: 이벤트가 런타임 시 객체 간의 결합도를 증가시킨다는 것을 이해하라

이벤트는 상태를 수신하는 타입으로부터 여러분의 클래스를 완전히 분리시킨다. 이런 이점 때문에 발신용 이벤트를 정의하는 사례가 많이 있다. 이벤트 구독자는 타입에 상관없이 그저 이 이벤트들을 구독하기만 하면 된다. 이벤트를 발생시키는 클래스는 구독자에 대한 정보를 전혀 알 필요가 없고, 반드시 특정 인터페이스를 구현해야 하는 등의 제약도 만들지 않는다. 어떤 코드든 원하는 이벤트를 구독하여, 해당 이벤트가 발생했을 때 필요한 처리를 수행할 수 있다.

하지만 생각보다 간단하지 않다. 이벤트 기반 API에는 결합도를 증가시키는 문제가 있기 때문이다. 먼저 이벤트의 매개변수 타입이 진행 상태를 포함하는 경우를 살펴보자.

```csharp
public class WorkerEngine
{
    public event EventHandler<WorkerEventArgs> OnProgress;
    public void DoLotsOfStuff()
    {
        for (int i = 0; i < 100; i++)
        {
            SomeWork();
            WorkerEventArgs args = new WorkerEventArgs();
            args.Percent = i;
            OnProgress?.Invoke(this, args);
            if (args.Cancel)
                return;
        }
    }
}
```

```
    private void SomeWork()
    {
        // 생략
    }
}
```

이 코드는 OnProgress 이벤트를 구독하는 다수의 이벤트 핸들러를 하나로 묶어버린다. 하나의 이벤트에 여러 개의 이벤트 핸들러가 결합되어 있다고 생각해보라. 첫 번째 이벤트 핸들러는 취소 요청을 하고, 그다음 이벤트 핸들러는 그 값을 다시 바꾸어버릴 수 있다. 이러한 상황에서라면 앞의 코드는 제대로 동작할 수가 없다. 여러 개의 이벤트 핸들러가 이벤트에 결합되어 있고, 이벤트의 매개변수가 이처럼 변경가능^{mutable}하다면, 마지막으로 수행되는 이벤트 핸들러는 앞서 수행된 이벤트 핸들러가 수정한 매개변수의 값을 모두 덮어써 버릴 수 있다. 그렇다고 이벤트 핸들러를 하나로 제약하거나, 마지막으로 수행되는 이벤트 핸들러를 특정할 수도 없다. 이러한 경우라면 이벤트 매개변수의 Cancel 값이 true가 된 이후에는 어떤 이벤트 핸들러도 이 값을 수정할 수 없도록 해야 한다. 다음 예를 보자.

```
public class WorkerEventArgs : EventArgs
{
    public int Percent { get; set; }
    public bool Cancel { get; private set; }

    public void RequestCancel()
    {
        Cancel = true;
    }
}
```

이번 예에서는 public 인터페이스를 변경해서 코드가 제대로 동작하도록 수정할 수 있었지만, 늘 이처럼 코드를 수정할 수 있는 것은 아니다. 하나의 이벤트 핸들러만 허용해야 한다면 이벤트를 수신해야 하는 코드와 상호작용하는 방법을 달리해야 한다. 예를 들면 인터페이스를 하나 정의해서 그 인터페이스의 메서드를 호출해주는 방법이 있다. 또는 이벤트를 수신하기 위한 델리게이트를 정의하고 이 타입의 객체를 취해서 호출해주는 방식도 있다. 이렇게 하면 다중의 이벤트 핸들러를 지원할지의 여부와, Cancel 값을 어떻게 처리할지 등을 결정할 수 있다.

런타임에는 이벤트 생성자와 이벤트 구독자 간에 또 다른 결합 문제가 발생한다. 이벤트 생성자는 이벤트 구독자를 대표하는 델리게이트 객체의 참조를 지니고 있다. 이로 인해 이벤트 구독자의 생애주기는 이벤트 생성자의 생애주기와 일치한다. 이벤트 생성자는 이벤트가 발생할 때마다 구독자의 핸들러를 호출할 것인데, 이러한 동작은 이벤트 구독자가 삭제된 후에도 계속되어서는 안 되기 때문이다(IDisposable에 대한 규칙에서 어떤 메서드도 객체가 삭제된dispose 후에는 호출돼서는 안 된다는 것을 배웠다. 『Effective C#(3판)』 **아이템 17: 표준 Dispose 패턴을 구현하라** 참조).

이벤트 구독자는 Dispose() 메서드와 이벤트 핸들러의 결합을 끊기 위해 자신의 Dispose 패턴dispose pattern 구현부를 수정해야 한다. 이렇게 하지 않으면 구독자의 델리게이트 객체가 이벤트 생성자 측에 남아 있어서 구독자 객체가 삭제될 수 없다. 이 시나리오는 런타임 결합이 초래할 수 있는 또 다른 문제점을 보여준다. 컴파일타임 시 의존 관계가 최소화되므로 결합도가 낮아질 수 있지만, 런타임 시의 결합도는 여전히 문제가 된다.

이벤트 기반의 상호작용은 타입 간의 정적 결합도를 느슨하게 만든다. 하지만 그 대가로 이벤트 생성자와 이벤트 구독자 간의 런타임 결합도를 증가시킨다. 멀티캐스트가 허용된 이벤트라면 모든 구독자가 이벤트 생성자가 정한 응답 규칙을 반드시 따라야 한다. 이벤트 생성자가 모든 이벤트 구독자에 대한 참조를 지니고 있는 모델에서는, 구독자가 삭제되려면 이벤트 핸들러의 연결을 끊은 후에 삭제되어야 한다. 이벤트 생성자 또한 모든 이벤트 핸들러와의 구독을 해제한 후에 삭제되어야 한다.

아이템 21: 이벤트는 가상으로 선언하지 말라

C#에서는 다른 클래스 멤버처럼 이벤트도 가상으로 선언할 수 있다. C# 언어의 다른 요소를 가상으로 선언하는 것만큼 이벤트도 손쉬우리라 생각할 수 있겠지만, 그렇지 않다. 필드와 정의 방식으로 이벤트를 선언하면 내부적으로 add(), remove()와 같은 함수가 함께 만들어지기 때문에 문제가 단순하지 않다. 게다가 베이스 클래스와 파생 클래스에서 각자 이벤트 핸들러를 만들다 보면 예기치 않은 문제가 발생하곤 한다. 더구나 이런 문제는 분석하고 해결하기가 매우 어렵다.

아이템 20: 이벤트가 런타임 시 객체 간의 결합도를 증가시킨다는 것을 이해하라에서 사용한 Worker Engine 예제를 수정해서 기초적인 이벤트 메커니즘을 정의하는 베이스 클래스를 만들어보자.

```
public abstract class WorkerEngineBase
{
    public virtual event EventHandler<WorkerEventArgs> OnProgress;

    public void DoLotsOfStuff()
    {
        for (int i = 0; i < 100; i++)
        {
            SomeWork();
            WorkerEventArgs args = new WorkerEventArgs();
            args.Percent = i;
            OnProgress?.Invoke(this, args);
            if (args.Cancel)
                return;
        }
    }

    protected abstract void SomeWork();
}
```

컴파일러는 내부적으로 이벤트 저장용 private으로 필드를 만드는 것에 더하여 public 메서드로 add(), remove()를 생성한다.

사실 이벤트 저장용 private 필드는 컴파일러가 생성하므로 코드를 개발해서 직접 접근할 수가 없다. 다만 public하게 접근할 수 있는 이벤트가 선언된 것처럼 가장하고 이를 호출하여 이벤트를 발생시킬 수 있을 뿐이다. 이런 제약은 파생 이벤트에도 적용된다. 개발자는 베이스 클래스의 이벤트 저장용 private 필드에 접근하는 코드를 작성할 수는 없지만, 컴파일러는 자신이 생성한 private 필드에 접근할 수 있다. 따라서, 컴파일러는 제대로 된 방식으로 이벤트를 재정의한 코드를 생성할 수 있다. 사실 파생 이벤트를 만들면 베이스 클래스에 선언된 이벤트를 감추게 된다. 다음과 같이 파생 클래스를 작성하면 이전 장에서 본 예와 동일하게 동작한다.

```
public class WorkerEngineDerived : WorkerEngineBase
{
    protected override void SomeWork()
    {
        // 생략
    }
}
```

그런데, override 이벤트를 추가하면 코드가 손상된다.

```
public class WorkerEngineDerived : WorkerEngineBase
{
    protected override void SomeWork()
    {
        Thread.Sleep(50);
    }
    // 코드가 손상된다. 이 부분이 베이스 클래스에 있는
    // private 이벤트 필드를 숨긴다.
    public override event EventHandler<WorkerEventArgs> OnProgress;
}
```

이벤트를 이처럼 재정의하게 되면, 사용자가 이 이벤트에 이벤트 핸들러를 등록하더라도 베이스 클래스의 이벤트 저장용 필드에 추가되지 않고, 파생 이벤트 저장용 필드에 이벤트 핸들러가 추가된다. 그런데 파생 이벤트에 이벤트를 연결해본들 파생 클래스에는 이 이벤트를 발생시키는 코드가 없다.

베이스 클래스에 이벤트를 선언하고, 파생 클래스에서 해당 이벤트를 재정의하면 베이스 클래스에 생성하였던 이벤트 저장용 필드를 숨기게 된다. 따라서, 이후 이벤트 핸들러는 모두 파생 클래스에 추가된 이벤트에 연결된다. 즉, 이벤트를 발생시키도록 작성된 베이스 클래스는 아무런 일도 할 수 없다. 이는 파생 클래스에서 필드 정의 방식으로 이벤트를 정의하든 속성 정의 방식으로 이벤트를 정의하든(add(), remove() 접근자를 포함하는) 아무런 차이가 없다. 어떤 경우든 파생 클래스에 재정의된 이벤트가 베이스 클래스의 이벤트를 숨기게 된다. 결국 베이스 클래스의 코드에서 이벤트를 발생시키더라도 이벤트 핸들러에 전달되지 않는다. 유일한 방법은 파생 클래스에서 add()와 remove() 접근자를 명시적으로 작성하는 방법이다. 다음과 같이 코드를 작성하면 겨우 동작한다.

```
public class WorkerEngineDerived : WorkerEngineBase
{
    protected override void SomeWork()
    {
        Thread.Sleep(50);
    }
    public override event EventHandler<WorkerEventArgs> OnProgress
    {
        add { base.OnProgress += value; }
```

```
            remove { base.OnProgress -= value; }
        }
        // 중요: 베이스 클래스에서 이벤트를 발생시킬 수 있다.
        // 파생 클래스는 직접 이벤트를 발생시킬 수 없다.
        // 파생 클래스가 이벤트를 발생시키려면
        // 베이스 클래스가 이벤트 발생용 메서드를 protected로 제공해야 한다.
}
```

베이스 클래스가 속성 정의 방식으로 이벤트를 선언하는 경우에도 이 관용구는 동일하게 사용할 수 있다. 앞의 코드는 파생 클래스에서 이벤트를 발생시킬 수 없는데, 이를 개선하려면 베이스 클래스를 수정하는 것이 불가피하다. protected로 이벤트 저장용 필드를 추가하여, 파생 클래스에서 이 필드의 값을 수정할 수 있도록 해주는 방법이 있겠다.

```
public abstract class WorkerEngineBase
{
    protected EventHandler<WorkerEventArgs> progressEvent;

    public virtual event EventHandler<WorkerEventArgs> OnProgress
    {
        [MethodImpl(MethodImplOptions.Synchronized)]
        add
        {
            progressEvent += value;
        }

        [MethodImpl(MethodImplOptions.Synchronized)]
        remove
        {
            progressEvent -= value;
        }
    }

    public void DoLotsOfStuff()
    {
        for (int i = 0; i < 100; i++)
        {
            SomeWork();
            WorkerEventArgs args = new WorkerEventArgs();
            args.Percent = i;
            progressEvent?.Invoke(this, args);

            if (args.Cancel)
```

```
                    return;
            }
        }

    protected abstract void SomeWork();
}

public class WorkerEngineDerived : WorkerEngineBase
{
    protected override void SomeWork()
    {
        // 생략
    }
    // 실행된다. 베이스 클래스의 이벤트 필드에 접근한다.
    public override event EventHandler<WorkerEventArgs> OnProgress
    {
        [MethodImpl(MethodImplOptions.Synchronized)]
        add
        {
            progressEvent += value;
        }

        [MethodImpl(MethodImplOptions.Synchronized)]
        remove
        {
            progressEvent -= value;
        }
    }
}
```

하지만 이 경우에도 여전히 제약 사항이 생기는데, 파생 클래스는 더 이상 필드 정의 방식으로
이벤트를 정의할 수가 없다.

```
public class WorkerEngineDerived : WorkerEngineBase
{
    protected override void SomeWork()
    {
        // 생략
    }
    // 코드 손상. private 필드가 베이스 클래스의 이벤트를 숨긴다.
    public override event EventHandler<WorkerEventArgs> OnProgress;
}
```

이 문제를 해결하는 방법은 두 가지다. 첫 번째 방법은, 가상 이벤트를 만들 때 필드 정의 방식으로 이벤트를 정의하지 않는 것이다. 베이스 클래스뿐 아니라 파생 클래스에서도 마찬가지다. 두 번째 방법은 가상 이벤트 정의를 생성할 때마다 이벤트를 발생시키는 가상 메서드를 만드는 것이다. 이 경우 모든 파생 클래스는 가상 이벤트를 재정의함과 동시에 이벤트를 발생시키는 가상 메서드도 재정의해야 한다.

```csharp
public abstract class WorkerEngineBase
{
    public virtual event EventHandler<WorkerEventArgs> OnProgress;

    protected virtual WorkerEventArgs RaiseEvent(WorkerEventArgs args)
    {
        OnProgress?.Invoke(this, args);
        return args;
    }

    public void DoLotsOfStuff()
    {
        for (int i = 0; i < 100; i++)
        {
            SomeWork();
            WorkerEventArgs args = new WorkerEventArgs();
            args.Percent = i;
            RaiseEvent(args);
            if (args.Cancel)
            return;
        }
    }

    protected abstract void SomeWork();
}

public class WorkerEngineDerived : WorkerEngineBase
{
    protected override void SomeWork()
    {
        Thread.Sleep(50);
    }

    public override event EventHandler<WorkerEventArgs> OnProgress;
```

```
        protected override WorkerEventArgs RaiseEvent(WorkerEventArgs args)
        {
            OnProgress?.Invoke(this, args);
            return args;
        }
    }
```

앞의 예는 이벤트를 가상으로 해봐야 아무런 소득이 없음을 깨닫게 해준다. 이벤트 자체만 재
정의해서는 아무것도 올바르게 동작하지 않는다. 대신 이벤트를 일으키는 가상 메서드가 추가
로 정의하였으므로, 이를 재정의하여 사용자가 원하는 작업을 수행할 수 있다. 델리게이트를
수동으로 반복하거나, 각 구독자가 이벤트 매개변수를 변경하는 것에 대해서도 다른 의미 체계
를 부여할 수 있다. 심지어 아무런 이벤트도 발생하지 않도록 할 수도 있다.

얼핏 보면 이벤트를 사용하였을 때 서로 통신하려는 클래스 간에 결합도를 낮춰 주는 듯 보인다.
그런데 가상 이벤트를 만들면 이벤트 발신자와 해당 이벤트를 수신하는 클래스 사이에 컴파일타
임 결합도와 런타임 결합도가 모두 높아진다. 가상 이벤트를 추가하고, 이것이 제대로 동작하도
록 코드를 추가하다 보면, 역설적으로 가상 이벤트가 필요하지 않다는 것을 알 수 있다.

아이템 22: 명확하고 간결하며 완결된 메서드 그룹을 생성하라

메서드를 많이 오버로드할수록 코드가 모호해질 가능성이 높다. 심한 경우에는 아무렇지도 않
게 변경한 코드 때문에 전혀 다른 메서드가 호출되어 의도하지 않은 결과로 이어질 수 있다.

대부분의 경우 오버로딩을 적게 만드는 편이 다루기에 더 수월하다. 따라서 딱 알맞은 수의 오
버로딩을 만드는 것을 목표로 해야 한다. 클라이언트 개발자가 여러분의 타입을 쉽게 사용할
수 있는 정도면 충분하다. 너무 많으면 API가 복잡해지고 컴파일러가 최상의 메서드를 선택하
지 못할 수도 있다.

모호한 코드를 많이 만들수록 클라이언트 개발자는 C#의 새로운 기능(타입 추론 등)을 사용하
는 코드를 작성하기가 어려워진다. 모호한 메서드가 많을수록 컴파일러가 정확한 대상 메서드
를 찾기 어렵기 때문이다.

C#의 언어 명세에서는 컴파일러가 메서드를 선택하는 규칙을 설명하고 있다. C# 개발자라면

이 규칙을 어느 정도 이해하고 있어야 하며, 특히 API 작성자라면 확실하게 이해하고 있어야 한다. 컴파일러가 메서드를 선택하는 과정에서 발생할 수 있는 오류를 최소화하는 것은 API를 작성하는 개발자의 책임이다. 또한 컴파일러가 각 상황에서 어떤 메서드를 선택할지 정확히 이해하기 어렵도록 API를 만들어서는 안 된다.

C# 컴파일러는 호출할 수 있는 메서드가 존재하는지, 존재한다면 어느 것이 최적인지 결정하기 위해 꽤 긴 과정을 거친다. 클래스가 논제네릭 메서드만 제공한다면 호출할 메서드를 식별하기가 그리 어렵지 않다. 하지만 메서드가 많으면 많을수록 상황이 점점 더 악화되어 모호성이 커진다.

컴파일러가 최적의 메서드를 찾는 방법에 영향을 주는 몇몇 조건들이 있다. 구체적으로 매개변수의 개수와 타입, 후보 메서드 중 제네릭 메서드의 존재 여부, 인터페이스 메서드의 존재 여부, 확장 메서드 등이다.

컴파일러는 후보 메서드를 찾기 위해 상당히 방대한 범위를 조사하고, 찾아 낸 후보 메서드들 중 가장 최적인 메서드 하나를 선택하게 된다. 후보 메서드가 존재하지 않거나 최적 메서드가 하나가 아닌 경우에는 컴파일 오류가 발생한다. 물론 이런 경우는 비교적 대처하기가 쉽다. 오류가 난 코드는 배포할 수 없을 것이기 때문이다. 복잡한 문제는 개발자의 의도와는 달리 컴파일러가 다른 메서드를 선택한 경우에 발생한다. 컴파일러에 이길 도리는 없으므로, 의도치 않은 결과를 얻을 수밖에 없다.

이름이 동일한 메서드라면 동일하게 동작하는 것이 원칙이다. 예를 들어 특정 클래스에 정의된 Add() 메서드들은 모두 똑같이 동작해야 한다. 이름이 같음에도 다른 작업을 수행하도록 코드를 작성해서는 안 되며, 수행하는 작업이 다르다면 이름도 다르게 지어야 한다. 예를 들어 다음과 같이 작성해서는 절대 안 된다.

```csharp
public class Vector
{
    private List<double> values = new List<double>();

    // 내부 리스트에 값을 추가한다.
    public void Add(double number) => values.Add(number);

    // 각 아이템에 순서대로 값을 추가한다.
    public void Add(IEnumerable<double> sequence)
    {
```

```
        int index = 0;
        foreach (double number in sequence)
        {
            if (index == values.Count)
                return;
            values[index++] += number;
        }
    }
}
```

이 두 Add() 메서드들은 모두 그 자체로는 아무런 문제가 없지만, 두 메서드를 한 클래스에 두어서는 안 된다. 설사 오버로딩 메서드들이라 할지라도, 매개변수 목록은 다를 수 있어도 수행하는 작업의 내용이 달라서는 안 된다.

이 규칙 하나만 잘 지켜도 컴파일러가 개발자의 기대와 다른 메서드를 호출해서 발생하는 오류를 많이 줄일 수 있다. 두 메서드가 같은 작업을 수행한다면 사실 어느 쪽이 호출되든 상관이 없지 않은가?

물론, 매개변수 목록뿐 아니라 성능이 다른 경우도 종종 있기 때문에 동일한 이름을 가진 메서드들이라 하더라도 그중 정확히 원하는 메서드를 얻을 수 있어야 한다. 클래스 작성자는 메서드 선택의 모호성을 최소화함으로써 이 문제를 해결할 수 있다.

메서드 선택의 모호성 문제는 통상 메서드들의 인수가 비슷한 상황에서, 컴파일러가 그중 하나를 선택해야 할 때 발생한다. 매개변수가 하나뿐인 가장 단순한 예를 살펴보자.

```
public void Scale(short scaleFactor)
{
    for (int index = 0; index < values.Count; index++)
        values[index] *= scaleFactor;
}

public void Scale(int scaleFactor)
{
    for (int index = 0; index < values.Count; index++)
        values[index] *= scaleFactor;
}

public void Scale(float scaleFactor)
{
    for (int index = 0; index < values.Count; index++)
```

```
        values[index] *= scaleFactor;
    }

    public void Scale(double scaleFactor)
    {
        for (int index = 0; index < values.Count; index++)
            values[index] *= scaleFactor;
    }
```

이처럼 가능한 오버로드들을 모두 생성함으로써 모호성을 피할 수 있다. decimal을 제외한 모든 숫자 타입을 매개변수로 취하는 메서드들을 작성했기 때문에, 컴파일러가 항상 정확히 일치하는 버전을 선택할 수 있다(decimal을 double로 변환하려면 명시적 변환이 필요하므로 여기에서는 생략했다). C++ 프로그래밍 경험이 있다면 왜 모든 오버로드를 하나의 제네릭 메서드로 변환하지 않았는지 의아할 것이다. 그 이유는 C#의 제네릭이 C++ 템플릿과는 다르게 동작하기 때문이다. C#의 제네릭에서는 타입의 매개변수로 임의의 메서드나 연산자가 올 수 있다고 가정할 수 없으므로, 이 경우 반드시 제약 조건을 설정해야 한다(『Effective C#(3판)』 **아이템 18: 반드시 필요한 제약 조건만 설정하라** 참조). 물론 델리게이트를 사용해서 메서드의 제약 조건을 설정하는 것도 생각해볼 만하다(『Effective C#(3판)』 **아이템 7: 델리게이트를 이용하여 콜백을 표현하라** 참조). 하지만 이 기법은 단순히 문제를 다른 곳(타입 매개변수와 델리게이트를 모두 지정하는 곳)으로 옮길 뿐이다.

앞의 코드에서 몇 개의 오버로드를 지워보자.

```
    public void Scale(float scaleFactor)
    {
        for (int index = 0; index < values.Count; index++)
            values[index] *= scaleFactor;
    }

    public void Scale(double scaleFactor)
    {
        for (int index = 0; index < values.Count; index++)
            values[index] *= scaleFactor;
    }
```

이제는 인수가 short이나 int일 때 어느 메서드가 호출될지 짐작하기가 쉽지 않다. 암묵적으로 short을 float이나 double 어느 것으로든 변환할 수 있다. 컴파일러는 어느 쪽을 선택할까?

컴파일러가 메서드를 선택할 수 없다면 개발자가 명시적으로 형변환을 해줘야 컴파일이 성공할 것이다. 앞의 코드의 경우, 컴파일러는 double보다 float이 더 낫다고 판단한다. 모든 float은 double로 변환될 수 있지만 모든 double을 float로 변환할 수 있는 것은 아니다. 따라서 float이 double보다 좀 더 구체적이며 더 나은 선택이라고 판단하는 것이다. 하지만 대부분의 개발자는 이와 다르게 생각할 수도 있을 것이다. 이 문제를 피하는 방법은 이렇다. 오버로드를 여러 개 만들 때는 컴파일러가 어느 메서드를 선택할지를 직관적으로 알 수 있게 해야 한다. 그렇게 하려면 가능한 모든 타입에 대한 메서드 오버로드들을 제공하는 방법이 최선이다.

매개변수가 하나일 때는 비교적 간단한 편이다. 매개변수가 여러 개면 문제가 훨씬 복잡해진다. 다음과 같이 매개변수가 2개인 두 메서드를 살펴보자.

```csharp
public class Point
{
    public double X { get; set; }
    public double Y { get; set; }

    public void Scale(int xScale, int yScale)
    {
        X *= xScale;
        Y *= yScale;
    }

    public void Scale(double xScale, double yScale)
    {
        X *= xScale;
        Y *= yScale;
    }
}
```

매개변수로 int와 float(또는 int와 long)을 건네 호출하면 어떤 일이 벌어질까?

```csharp
Point p = new Point { X = 5, Y = 7 };
// 두 번째 매개변수가 long인 것에 주목하자.
p.Scale(5, 7L); // Scale(double, double) 호출
```

두 경우 모두 둘 중 하나의 매개변수는 타입이 정확히 일치한다. 그런데 이 메서드는 나머지 하나의 매개변수에 대하여 암묵적 형변환을 제공하지 않으므로 후보 메서드가 될 수 없다. 이런

이유로 첫 번째 매개변수가 타입이 정확하게 일치하는 것은 무의미하며, 결과적으로 앞의 예제의 경우 두 번째 메서드를 선택하게 된다. 아마도 일부 개발자들은 어느 메서드가 선택될지 판단하기 어려웠을 것이다.

메서드 찾기는 더 복잡해질 수도 있다. 코드를 조금 수정해보겠다. 만약 파생 클래스에는 없지만 베이스 클래스에 더 적합한 메서드가 있다면 어떤 일이 벌어질까?(**아이템 19: 베이스 클래스에 정의된 메서드를 오버로드해서는 안 된다** 참조).

```
public class Point
{
    public double X { get; set; }
    public double Y { get; set; }

    // 생략
    public void Scale(int scale)
    {
        X *= scale;
        Y *= scale;
    }
}

public class Point3D : Point
{
    public double Z { get; set; }

    // override나 new가 아님. 매개변수 타입이 다름.
    public void Scale(double scale)
    {
        X *= scale;
        Y *= scale;
        Z *= scale;
    }
}

Point3D p2 = new Point3D { X = 1, Y = 2, Z = 3 };
p2.Scale(3);
```

이 코드에는 꽤 많은 곳에 실수가 있다. 클래스 작성자가 Scale을 재정의하기 원했다면 Point는 Scale()을 가상 메서드로 선언했어야 했는데 실수를 한 것 같다. 이 때문에 원래 메서드를 감추지 못하고 새로운 메서드가 추가되었다. 컴파일러는 2개의 메서드를 후보로 인지한다. 매개변수의 타입만을 근거로 한다면 컴파일러가 Point.Scale(int)를 선택할 것 같지만, 이처럼 파생 클래스에서 베이스 클래스의 메서드를 오버로딩하는 경우에는 늘 파생 클래스에 구현된 메서드가 우선권을 가진다. 따라서 컴파일러는 Point3D.Scale(double) 메서드를 선택한다. 그 결과와 상관없이 이처럼 모호한 코드를 작성해서는 안 된다.

잘못된 것을 바로잡으려고 기본 구현을 이용해 제네릭 메서드를 추가하는 것은 상황을 더 악화시킨다.

```
public static class Utilities
{
    // double은 Math.Max를 사용
    public static double Max(double left, double right) =>
        Math.Max(left, right);
    // float, int 등은 여기서 처리되는 것에 주목하자.
    public static T Max<T>(T left, T right)
        where T : IComparable<T> =>
        (left.CompareTo(right) > 0 ? left : right);
}
double a1 = Utilities.Max(1, 3);
double a2 = Utilities.Max(5.3, 12.7f);
double a3 = Utilities.Max(5, 12.7f);
```

첫 번째 호출은 Max⟨int⟩를 위한 제네릭 메서드를 인스턴스화한다. 두 번째는 Max(double, double)로 호출하고, 세 번째는 Max⟨float⟩ 제네릭 메서드를 호출한다. 제네릭 메서드를 이용하면 매개변수의 타입을 좀 더 정확하게 일치시킬 수 있기 때문이다. 컴파일러는 제네릭 메서드를 이용할 때, 매개변수의 타입을 좀 더 정확히 일치시킬 수 있다면 이 메서드를 선택한다. 설사 부분적으로 암시적인 형변환이 발생하더라도 그 결과는 달라지지 않는다.

아직 끝이 아니다. 확장 메서드도 섞여 있는 상황도 고려해야 한다. 확장 메서드가 접근 가능한 멤버 함수보다 적합한 함수로 판명된다면 어떻게 될까? 감사하게도 확장 메서드는 적용할 수 있는 인스턴스 메서드를 찾지 못했을 때 마지막 수단으로 고려된다.

지금까지 살펴본 것처럼 컴파일러는 상당히 넓은 범위로 후보 메서드를 찾는다. 오버로드된 메서드를 정의한 곳이 많을수록 컴파일러가 찾아야 할 범위가 늘어난다. 범위가 넓을수록 어떤 메서드가 선택될지에 대한 모호성이 커진다. 컴파일러가 최적의 메서드를 선택해준다고 하더라도 개발자의 생각과는 다를 수 있다. 20명의 개발자 중 단 한 명만이 어떤 메서드가 호출될지를 정확히 판단할 수 있다면 API를 너무 복잡하게 만든 것이다. 접근 가능한 오버로드들 중 컴파일러가 어느 것을 선택할지를 사용자가 직관적으로 알 수 있어야 한다. 모호한 라이브러리를 쓰려고 하지 않을 것이기 때문이다.

사용자를 위해 완벽한 기능을 제공하려면 오버로드 메서드의 개수를 최소화해야 한다. 오버로드 메서드를 추가하면 추가할수록, 유용성을 개선하기보다 라이브러리의 복잡성만 키우게 된다.

아이템 23: 생성자, 변경자, 이벤트 핸들러를 위해 partial 클래스와 메서드를 제공하라

C# 언어팀은 partial 클래스라는 새로운 개념을 추가하여, 코드 생성기가 클래스의 일부를 생성하고, 개발자가 별도의 파일에서 나머지 부분을 작성해 확장할 수 있게 했다. 불행히도 복잡한 패턴을 사용할 때에는 코드를 완벽하게 분리하는 것이 여의치 않아서, 개발자는 종종 코드 생성기가 생성한 파일 내에 멤버들을 추가해야 했다. 이러한 멤버에는 생성자, 자동 생성된 코드 내의 이벤트 핸들러와 변경자^{mutator} 메서드 등이 있다.

partial 클래스의 목적은 코드 생성기가 만들어낸 코드를 개발자가 수정 없이 사용하도록 만드는 것이다. 반대로 자동 생성된 코드를 사용해야 하는 입장에서는 결코 자동 생성된 코드를 건드려서는 안 된다. 만약 코드를 건드리면 코드 생성기와의 정합성 관계가 깨져서 코드 생성기를 사용할 수 없게 될 수도 있다.

어떤 의미에선 partial 클래스를 사용하는 것도 API의 설계에 해당한다. 여러분이 작성하는 코드는 다른 개발자(일반 개발자든 코드 생성기 제작자든)가 사용할 수 있어야 한다. 이것은 마치 두 개발자가 서로 다른 제약 사항을 가지고 하나의 클래스를 작성하는 것과 같다. 두 개발자는 서로 대화할 수 없으며 서로의 코드를 수정할 수도 없다. 이런 어려움을 극복하려면 다른 개발자를 위해 상당수의 훅^{hook}을 제공해야 한다. 이 훅들은 다른 개발자가 구현할 수도 있고 그렇지 않을 수도 있으므로 반드시 partial 메서드 형태로 작성되어야 한다.

코드 생성기를 작성할 때에는 확장 가능한 지점들을 이처럼 partial 메서드로 정의해야 한다. partial 메서드는 동일 클래스를 구성하는 다른 partial 클래스 내에서 해당 메서드를 구현할 수 있도록 선언하는 방법이다. 컴파일러는 클래스의 전체 정의를 살펴본 후, partial 메서드가 작성되어 있으면 이 메서드들을 호출하는 코드를 생성하고, partial 메서드가 작성되지 않았다면 호출 코드 자체를 생성하지 않는다.

partial 메서드는 클래스의 일부가 될 수도 있고 그렇지 않을 수도 있으므로, 그 원형을 정의할 때 몇 가지 제약사항을 가진다. 예를 들어 partial 메서드는 abstract나 virtual이 될 수 없으며, 반환 타입은 반드시 void이어야 하고, 인터페이스 메서드를 구현할 수 없다. 컴파일러는 out 매개변수를 초기화할 수 없으므로 out 매개변수를 사용할 수도 없다. 또한 메서드 본문이 구현되지 않았으므로 반환값을 생성할 수도 없다. 더불어 모든 partial 메서드는 (암묵적으로) private이다.

변경자 메서드, 이벤트 핸들러, 생성자 3가지 멤버 타입은 사용자가 클래스의 동작을 감시하고 수정할 수 있도록 partial 메서드로 추가해야 한다.

변경자 메서드는 클래스의 상태 중 외부에서 관찰할 수 있는 상태를 변경하는 메서드를 의미한다. partial 메서드와 partial 클래스의 관점에서 보자면 이 메서드들은 모두 상태 변경과 관련이 있다고 이해해야 한다. partial 클래스를 구현하는 다른 소스 파일들도 클래스의 일부이므로 클래스의 내부 구조에 아무런 제약 없이 접근할 수 있다.

변경자 메서드는 2개의 partial 메서드를 제공해야 한다. 첫 번째 메서드는 상태를 변경하기 전에 호출되는 훅 메서드로, 유효성 검사를 수행하고 값의 변경 요청을 취소할 수 있도록 하기 위함이다. 두 번째 메서드는 상태 변화 후에 호출되는 메서드로, 상태 변화에 대응할 수 있도록 기회를 주기 위함이다.

코드 생성기의 핵심 코드는 다음처럼 생겼다.

```
// 코드 생성기가 생성한 코드
public partial class GeneratedStuff
{
    private int storage = 0;

    public void UpdateValue(int newValue) => storage = newValue;
}
```

이제 상태 변화 전과 후를 위한 훅을 추가해야 한다. 이렇게 하면 사용자는 변경 요청을 취소하거나 상태 변화에 대응할 수 있다.

```csharp
// 코드 생성기가 생성한 코드
public partial class GeneratedStuff
{
    private struct ReportChange
    {
        public readonly int OldValue;
        public readonly int NewValue;

        public ReportChange(int oldValue, int newValue)
        {
            OldValue = oldValue;
            NewValue = newValue;
        }
    }

    private class RequestChange
    {
        public ReportChange Values { get; set; }
        public bool Cancel { get; set; }
    }

    partial void ReportValueChanging(RequestChange args);
    partial void ReportValueChanged(ReportChange values);

    private int storage = 0;

    public void UpdateValue(int newValue)
    {
        // 변경을 사전에 확인
        RequestChange updateArgs = new RequestChange
        {
            Values = new ReportChange(storage, newValue)
        };
        ReportValueChanging(updateArgs);
        if (!updateArgs.Cancel) // OK이면
        {
            storage = newValue; // 변경하고
            // 보고하기
            ReportValueChanged(new ReportChange(storage, newValue));
        }
    }
}
```

두 partial 메서드를 사용자가 구현하지 않으면, 컴파일러는 UpdateValue()를 다음과 같이 생성한다.

```csharp
public void UpdateValue(int newValue)
{
    RequestChange updateArgs = new RequestChange
    {
        Values = new ReportChange(this.storage, newValue)
    };
    if (!updateArgs.Cancel)
    {
        this.storage = newValue;
    }
}
```

이 훅을 이용하면 값을 검증하고, 적절한 응답을 수행할 수 있다.

```csharp
public partial class GeneratedStuff
{
    partial void ReportValueChanging(RequestChange args)
    {
        if (args.Values.NewValue < 0)
        {
            WriteLine($@"Invalid value: {args.Values.NewValue}, canceling");
            args.Cancel = true;
        }
        else
            WriteLine($@"Changing
                {args.Values.OldValue} to
                {args.Values.NewValue}");
    }
    partial void ReportValueChanged(ReportChange values)
    {
        WriteLine($@"Changed {values.OldValue} to {values.NewValue}");
    }
}
```

이 예는 상태 변경 요청을 취소하는 Cancel 플래그의 사용법을 보여준다. 본문 내에서 예외를 던져 연산을 취소하는 방식을 원할 수도 있다. 만약 취소 처리가 상위 호출 코드에까지 전달돼야 할 때는 예외를 던지는 방식이 낫다. 그 외의 경우에는 불리언^{Boolean} cancel 플래그를 사용하는 편이 훨씬 가볍다.

또한 ReportValueChanged()를 호출하지 않더라도, RequestChange 객체는 항상 생성된다는 점에 주목하자. RequestChange 타입의 생성자에 코드를 추가하면 어떤 작업이든 수행할 수 있을 텐데, 컴파일러 입장에서는 이를 막을 도리가 없다. 따라서 값을 검증하고, 변경하는 코드를 작성할 때에는 추가 객체 생성을 최소화하는 것이 좋다.

클래스 내에서 public 변경자 메서드를 모두 찾아내기는 비교적 쉽다. 하지만 속성의 public set 접근자도 변경자 메서드임은 자주 잊어버리곤 한다. 이를 누락하면 상태를 변경할 때 검증할 수도 없고, 상태 변화에 대응할 수도 없다.

다음으로, 생성자 내에 사용자가 추가한 코드에 대해서도 훅을 제공해야 한다. 자동 생성된 코드이든 혹은 사용자가 작성한 코드이든 호출할 생성자를 제어할 수는 없으므로, 코드 생성기 쪽에서 이 문제를 해결해야 한다. 이를 위해 자동으로 생성된 생성자가 호출될 때 사용자가 구현할 수 있는 partial 메서드를 호출하도록 코드를 생성해야 한다.

```
// 사용자 정의 코드를 위한 훅
partial void Initialize();

public GeneratedStuff() :
    this(0)
{
}

public GeneratedStuff(int someValue)
{
    this.storage = someValue;
    Initialize();
}
```

객체를 생성하는 마지막 단계에서 Initialize()를 호출한다는 점에 주목하자. 이렇게 코드를 구성하면, 사용자가 Initialize() 메서드를 작성하여 생성한 객체의 상태를 확인하거나 수정할 수 있다. 또한 객체를 생성하는 과정에서 유효하지 않은 상황이 발생했을 경우 예외를 던질 수도 있다. 코드 생성기를 작성할 때에는 Initialize()가 두 번 호출되지 않도록 주의해야 하며, 자동 생성한 모든 생성자는 반드시 이 메서드를 호출하게 해야 한다. 이 클래스의 사용자는 자신이 추가한 생성자에서 Initialize()를 호출해서는 안 된다. 대신 클래스 내에 자동 생성된 생성자 중 하나를 호출해서, 필요한 초기화가 수행되도록 해야 한다.

마지막으로 코드 생성기가 생성한 코드가 이벤트를 구독하는 경우, 해당 이벤트를 처리하는 중에 수행할 훅을 제공할지를 고민해야 한다. 이 방식은 특히 이벤트 핸들러가 자동 생성된 클래스의 상태에 접근하거나 이벤트 통지를 취소하고 싶을 때 특히 중요하다. 사용자가 상태 변경 상태를 변경하길 원하거나 Cancel 플래그를 지정하고 싶을 수도 있기 때문이다.

partial 클래스와 partial 메서드는 단일 클래스를 작성할 때 자동 생성된 코드와 사용자 정의 코드를 완전하게 분리하는 메커니즘을 제공한다. 여기서 다룬 것처럼 코드 생성기가 만든 코드는 절대로 건드려서는 안 된다. 대부분의 개발자는 비주얼 스튜디오 같은 도구가 생성한 코드를 사용하고 있을 것이다. 자동으로 생성된 코드를 수정해야 할 것 같은 생각이 든다면, 우선 자동 생성된 코드가 제공하는 인터페이스를 자세히 확인하여, 목적을 달성하게 해줄 partial 메서드가 있는지 살펴보아야 한다. 만약 코드 생성기를 만들고 있다면 사용자가 손쉽게 기능을 확장할 수 있도록 partial 메서드 형태로 훅을 제공해야 한다. 훅이 제대로 제공되지 않으면 사용자가 자동 생성된 코드를 수정하려고 들 것이고, 결국에는 더 이상 코드 생성기를 사용하고 싶지 않은 상황이 될 것이다.

아이템 24: 설계 선택지를 제한하는 ICloneable은 사용을 피하라

ICloneable은 좋은 아이디어처럼 보인다. 복사를 지원해야 하는 타입이라면 ICloneable 인터페이스를 구현하면 된다. 그런데 ICloneable를 구현한 타입이 단독으로 사용되는 경우가 아니라 상속 계통상에 있다면, 파생 타입에도 영향을 미친다는 것을 알고 있어야 한다. 즉, ICloneable을 지원하기로 한 타입의 하위 타입도 ICloneable을 지원해야 한다. 심지어 그 타입의 멤버들도 ICloneable을 지원하거나, 혹은 다른 복사 메커니즘을 제공해야 한다.

그런데, 객체들이 복잡하게 참조되는 구조에서는 깊은 복사$^{deep\ copy}$를 지원하기가 만만치 않다. ICloneable의 공식적인 정의를 보면 깊은 복사 또는 얕은 복사$^{shallow\ copy}$를 지원한다고 애매하게 정의하면서 이 문제를 교묘하게 넘어가고 있다. 얕은 복사는 모든 멤버 필드의 복사본을 갖는 새로운 객체를 만드는 것이다. 만약 멤버 변수가 참조 타입이라면 새롭게 생성된 객체는 원본과 동일한 객체를 참조하게 된다. 깊은 복사의 경우에도 모든 멤버 필드의 복사본을 갖는 것은 동일하다. 하지만 이때에는 멤버가 참조 타입인 경우 재귀적으로 객체를 복사해야 한다. 내장 타입(integer 등)의 경우에는 깊은 복사와 얕은 복사가 동일하게 동작한다. 그렇다면 사용자 정의 타입은 어떤 복사 방식을 지원해야 할까? 이는 타입의 용도에 따라 달라지겠지만, 하나의 타입에 대해서 두 가지 복사 방식을 혼용하면 일관성이 문제가 된다.

ICloneable의 세계에 빠져들면 헤어나오기가 어렵다. 대부분의 경우 ICloneable을 완전히 배제하고 타입을 작성하는 것이 낫다. 이편이 타입을 사용하기 쉽고 구현하기도 쉽다.

타입의 멤버가 모두 내장 타입뿐인 값 타입이라면 ICloneable을 지원할 필요가 없다. 단순히 할당 연산을 수행하는 것만으로도 구조체에 있는 모든 값이 Clone() 메서드를 호출하는 것보다 효율적으로 복사된다. Clone()은 반드시 반환값을 박싱하여 System.Object 타입의 참조를 반환해야 한다. 그리고 호출자는 박싱된 객체에서 값을 꺼내기 위해서 추가로 형변환을 해야 한다. 이런 복잡한 과정을 꼭 거쳐야 할까? 간단한 할당 연산만으로도 수행할 수 있는 일을 굳이 Clone() 함수를 사용해서 할 필요는 없다.

참조 타입을 포함하는 값 타입은 어떨까? 가장 쉬운 예는 값 타입이 문자열을 포함하는 경우다.

```csharp
public struct ErrorMessage
{
    private int errCode;
    private int details;
    private string msg;

    // 생략
}
```

string 타입은 변경 불가능한mmutable 클래스이므로 매우 특수한 경우다. ErrorMessage 객체를 할당하면 원래 msg 객체와 새롭게 할당된 msg 객체가 동일한 string을 참조하게 된다. 그런데 이 경우에는 일반적인 참조 타입에서 나타나는 문제가 발생하지 않는데, 그 이유는 두 msg 중 어느쪽이든 msg를 변경하면 새로운 string 객체가 만들어지기 때문이다(『Effective C#(3판)』 **아이템 15: 불필요한 객체를 만들지 말라** 참조).

다양한 타입의 참조 필드를 가지는 일반적인 구조체의 경우에는 상당히 복잡해진다. 구조체가 기본으로 제공하는 할당은 얕은 복사를 수행하므로, 원본과 복사본의 구조체가 동일한 객체를 참조한다. 깊은 복사를 하려면 구조체 내에 포함된 참조 타입을 모두 새롭게 복사해야 하는데,

이때 해당 타입의 Clone() 메서드가 깊은 복사를 지원하는지 알아야 한다. 그뿐만 아니라 해당 타입에 포함된 참조 타입들도 ICloneable을 지원해야 하고, 그 Clone()도 깊은 복사를 수행해야만 한다.

다음으로 참조 타입을 보자. 참조 타입은 얕은 복사 혹은 깊은 복사를 지원한다는 것을 나타내기 위해 ICloneable 인터페이스를 사용할 수 있다. 하지만 정말로 ICloneable 기능을 지원할지는 현명하게 판단해야 한다. 해당 타입을 상속하는 모든 파생 클래스조차 ICloneable을 지원해야 하기 때문이다. 다음의 간단한 계층 구조를 살펴보자.

```csharp
class BaseType : ICloneable
{
    private string label = "class name";
    private int[] values = new int[10];

    public object Clone()
    {
        BaseType rVal = new BaseType();
        rVal.label = label;
        for (int i = 0; i < values.Length; i++)
            rVal.values[i] = values[i];
        return rVal;
    }
}

class Derived : BaseType
{
    private double[] dValues = new double[10];

    static void Main(string[] args)
    {
        Derived d = new Derived();
        Derived d2 = d.Clone() as Derived;

        if (d2 == null)
            Console.WriteLine("null");
    }
}
```

이 프로그램을 실행하면 d2의 값이 null이 되는 것을 알 수 있다. Derived 클래스가 ICloneable.Clone()을 BaseType으로부터 상속받지만 이 구현은 Derived 타입에는 적합하지 않다. BaseType만 복사하기 때문이다. BaseType.Clone()은 BaseType 객체를 생성하지 Derived 객체를 생성하지는 않는다. 이것이 d2가 null인 이유이다. Derived 객체가 아니기 때문이다. 하지만 이 문제가 해결된다고 해도 BaseType.Clone()은 Derived에 정의된 dValues 배열을 제대로 복사하지 못할 수 있다.

ICloneable을 구현하면 모든 파생 클래스도 이것을 구현해야 한다. 실제로 이를 구현하려면 훅 함수를 제공해서 모든 파생 클래스가 이 훅 함수를 사용하도록 해야 한다(**아이템 15: 인터페이스 메서드와 가상 메서드의 차이를 이해하라** 참조). 복사를 지원하려면 파생 클래스는 값 타입 또는 ICloneable을 구현한 참조 타입만 멤버 필드로 추가할 수 있다. 이는 과도하리만큼 엄격한 제약 사항이다. ICloneable을 베이스 클래스에 추가하면 파생 타입이 너무 큰 짐을 지게 된다. 따라서 sealed 되지 않아서 상속 가능한 클래스라면 ICloneable 구현을 피해야 한다

전체 계층 구조에서 ICloneable을 반드시 구현해야 하는 경우라면 추상 Clone() 메서드를 만들어서 모든 파생 클래스가 강제로 이를 구현하도록 할 수 있다. 이런 경우에는 파생 클래스에서 베이스 클래스의 멤버들을 복사할 수 있는 수단을 제공해야 하는데, 복사 생성자를 protected로 구현하면 효과적이다.

```
class BaseType
{
    private string label;
    private int[] values;

    protected BaseType()
    {
        label = "class name";
        values = new int[10];
    }

    // 복제를 위해 파생된 클래스들에서 사용한다.
    protected BaseType(BaseType right)
    {
        label = right.label;
        values = right.values.Clone() as int[];
    }
}

sealed class Derived : BaseType, ICloneable
{
```

```
        private double[] dValues = new double[10];

        public Derived()
        {
            dValues = new double[10];
        }

        // 베이스 클래스의 복사 생성자를 이용해 복사본을 만든다.
        private Derived(Derived right) :
            base(right)
        {
            dValues = right.dValues.Clone() as double[];
        }

        public object Clone()
        {
            Derived rVal = new Derived(this);
            return rVal;
        }
    }
```

베이스 클래스는 ICloneable을 구현하지 않지만, protected로 복사 생성자를 제공함으로써 파생 클래스에서 베이스 클래스의 멤버를 간단히 복사할 수 있다. 이제 이 베이스 클래스를 상속하여 말단 클래스를 작성하는 경우에 ICloneable을 좀 더 쉽게 구현할 수 있다. 베이스 클래스가 ICloneable을 구현하지 않았으므로, 파생 클래스에서 ICloneable을 반드시 구현할 필요는 없지만, 필요하다면 ICloneable을 손쉽게 구현할 수 있도록 베이스 클래스가 기능을 제공하는 것이다.

ICloneable에도 나름의 쓰임이 이지만, 어떤 규칙이 있다기보다는 예외적인 상황에 대응하기 위한 것으로 보는 편이 낫다. .NET Framework가 제네릭을 지원하도록 업데이트됐을 때도 ICloneable⟨T⟩는 추가하지 않았다. ICloneable을 값 타입에 추가해서는 절대 안 된다. 그저 할당 연산자를 사용하면 그만이다. ICloneable은 해당 타입이 복사 연산을 반드시 지원해야 하는 경우에만 사용하되, 최말단 클래스에만 추가해야 한다. 파생 클래스에서 ICloneable을 사용할 가능성이 큰 베이스 클래스라면 protected 복사 생성자를 만들어야 한다. 이 외의 경우에는 ICloneable을 사용하지 말자.

아이템 25: 배열 매개변수에는 params 배열만 사용해야 한다

매개변수로 배열을 사용하면 예측하기 어려운 다양한 문제에 노출된다. 컬렉션이나 가변 길이의 매개변수를 취하도록 메서드를 작성하는 것이 훨씬 낫다.

배열이 가지는 특이점 중 하나는 엄격한 타입 검사를 수행하더라도 런타임에 오류가 발생할 수 있다는 것이다. 다음의 예제는 컴파일타임에 수행되는 모든 타입 검사를 무사히 통과하므로 문제없이 컴파일된다. 하지만 ReplaceInDices() 내에서 params 배열의 첫 번째 객체에 값을 할당하면, ArrayTypeMismatchException 예외가 발생한다.

```
string[] labels = new string[] { "one", "two", "three", "four", "five" };

ReplaceIndices(labels);

static private void ReplaceIndices(object[] params)
{
    for (int index = 0; index < params.Length; index++)
        params[index] = index;
}
```

이 문제는 배열이 입력 매개변수로 사용되었을 때 공변covariant하기 때문에 발생한다. 메서드에 배열을 전달할 때에는 엄밀하게 타입이 일치하지 않아도 된다. 공변을 지원하기 때문이다. 게다가 배열 자체는 값으로 전달call by value 되지만 배열의 내용은 여전히 참조 타입으로 참조된다. 따라서 배열을 전달받은 메서드 내에서 배열의 내용을 임의로 수정해버릴 수 있다.

물론 앞의 예는 약간 극단적인 경우라서, 이처럼 코드를 작성할 일은 거의 없을 것이다. 다음으로 클래스가 계층 구조를 가지는 경우를 살펴보자.

```
class B
{
    public static B Factory() => new B();

    public virtual void WriteType() => WriteLine("B");
}

class D1 : B
{
    public static new B Factory() => new D1();
```

```
        public override void WriteType() => WriteLine("D1");
    }

    class D2 : B
    {
        public static new B Factory() => new D2();

        public override void WriteType() => WriteLine("D2");
    }
```

이 계층 구조를 제대로 사용한다면 문제될 것이 없다.

```
static private void FillArray(B[] array, Func<B> generator)
{
    for (int i = 0; i < array.Length; i++)
        array[i] = generator();
}

// 코드의 다른 부분
B[]storage = new B[10];
FillArray(storage, () => B.Factory());
FillArray(storage, () => D1.Factory());
FillArray(storage, () => D2.Factory());
```

하지만, 다음과 같이 코드를 사용하면 ArrayTypeMismatchException가 발생할 수 있다.

```
B[] storage = new D1[10];
// 3개의 호출이 모두 예외를 던진다.
FillArray(storage, () => B.Factory());
FillArray(storage, () => D1.Factory());
FillArray(storage, () => D2.Factory());
```

배열은 반공변contravariance을 지원하지 않으므로 다음과 같이 코드를 작성하면(제대로 동작해야
할 상황이라도) 컴파일조차 제대로 되지 않는다.

```
static void FillArray(D1[] array)
{
    for (int i = 0; i < array.Length; i++)
        array[i] = new D1();
```

```
    }

    B[] storage = new B[10];
    // B 타입의 배열에 D 객체를 담을 수 있음에도,
    // CS1504(인수 불일치) 컴파일 오류가 발생한다.
    FillArray(storage);
```

배열을 ref 매개변수로 전달하면 상황이 더욱 복잡해질 뿐 아무런 문제도 해결하지 못한다.

이런 문제는 매개변수의 타입을 시퀀스 인터페이스 타입으로 변경하면 피할 수 있다. 입력 매개변수의 타입을 IEnumerable⟨T⟩로 지정하는 식이다. IEnumerable⟨T⟩는 컬렉션의 내용을 변경하는 메서드를 제공하지 않으므로, 이 방식을 사용하면 메서드 내에서 입력 시퀀스의 내용을 변경할 수 없다. 또 다른 방법으로는 매개변수로 전달하려는 객체의 베이스 타입으로 객체를 전달하는 것이다(물론 베이스 타입이 컬렉션의 내용을 수정하는 API를 가지고 있지 않을 것이라는 전재가 있긴 하다). 이 역시 메서드 내에서 컬렉션의 내용을 수정하는 API를 사용할 수 없게 된다. 인수 중 하나가 배열이라면 호출 측에서는 배열이 담고 있는 요소가 변경될 수도 있음을 예상해야 한다. 이를 막을 방법이 없기 때문이다. 컬렉션이 수정되길 원치 않는다면 API 원형에 그 사실을 명기하자(이 장의 다른 아이템들에 관련 예가 많다).

시퀀스를 반드시 수정해야 한다면 시퀀스를 인수로 받은 후, 수정된 시퀀스를 반환하는 방법이 최선이다(『Effective C#(3판)』 **아이템 31: 시퀀스에 사용할 수 있는 조합 가능한 API를 작성하라** 참조). 메서드 내부에서 시퀀스를 새롭게 생성했다면, 이를 IEnumerable⟨T⟩로 반환하자.

때로는 메서드에 가변 개수의 인수들을 전달해야 할 때가 있다. 이 때에는 param 배열을 사용하는 것이 좋다. params 배열을 사용하면, 사용자는 메서드를 호출할 때에 다른 매개변수처럼 인수를 나열할 수 있다. 다음 두 메서드를 비교해보라.

```
// 일반 배열
private static void WriteOutput1(object[] stuffToWrite)
{
    foreach (object o in stuffToWrite)
        Console.WriteLine(o);
}

// params 배열
private static void WriteOutput2(params object[] stuffToWrite)
{
```

```
    foreach (object o in stuffToWrite)
        Console.WriteLine(o);
}
```

앞의 코드에서 보는 바와 같이 메서드를 작성하는 방법과 배열의 멤버에 접근하는 방법에는 거의 차이가 없다. 하지만 호출하는 방법은 완전히 다르다.

```
WriteOutput1(new string[] { "one", "two", "three", "four", "five" });
WriteOutput2("one", "two", "three", "four", "five");
```

매개변수 없이 메서드를 호출하려는 경우에도 확인한 차이가 있다. params 배열을 사용하는 메서드는 매개변수 없이 호출할 수 있다.

```
WriteOutput2();
```

하지만 일반 배열을 사용하는 메서드의 경우 상당히 고통스럽다. 다음처럼 코드를 작성하면 컴파일 오류가 발생한다.

```
WriteOutput1(); // 컴파일되지 않는다.
```

null을 인수로 사용하면 NullReferenceException 예외가 발생한다.

```
WriteOutput1(null); // NullReferenceException이 발생한다.
```

결국 사용자는 다음과 같이 거추장스러운 코드를 작성해야 한다.

```
WriteOutput1(new object[] { });
```

param 배열을 사용하는 것이 완벽한 해결책은 아니다. params 배열을 사용하더라도 공변을 지원하지 않는 타입에 대해서는 이전과 같은 문제에 처할 가능성이 있다(물론 흔한 경우는 아니다). param 배열을 사용하면 컴파일러는 우선 메서드에 전달할 배열을 위한 저장소를 만든다. 컴파일러가 생성한 배열의 내용을 바꾼다는 것은 상식적이지 않으며, 설사 그렇게 한다고 하더라도 호출 측에서는 변경된 내용을 확인할 도리가 없다. 게다가 컴파일러는 알아서 적절한 타입으로 배열을 생성해준다. 서로 다른 타입을 포함하고 있는 괴상한 배열을 작성해서 param

배열로 전달하지 않는 이상, 이 과정에서 예외가 발생할 가능성은 거의 없다. 그리고 설사 그렇게 하는 것이 가능하더라도 대부분의 경우 시스템 수준에서 이러한 문제를 차단하기 위한 방법들을 가지고 있다.

매개변수로 배열을 전달하는 것이 항상 잘못된 것은 아니지만 두 가지 문제를 일으킬 가능성이 있다. 먼저, 배열은 공변을 지원하므로 런타임 오류를 일으킬 수 있다. 다른 하나는 배열은 요소를 간접적으로 참조하기 때문에, 메서드 내에서 전달받은 배열의 내용을 변경할 수 있다. 메서드의 원형만을 보고서는 문제를 유발할 가능성이 있는 메서드인지 판단할 수가 없다. 이런 이유로 사용자는 메서드가 과연 안전한지, 임시 저장소를 만들지는 않는지와 같은 걱정을 하지 않을 수 없다. 배열을 매개변수로 사용하는 대부분의 경우, 이보다 나은 대안이 존재한다. 매개변수가 시퀀스를 나타낸다면 IEnumerable⟨T⟩나 해당 타입에 특화된 IEnumerable⟨T⟩를 사용하는 것이 좋다. 매개변수가 변경 가능한 컬렉션을 나타내야 한다면 입력 시퀀스를 받되, 출력 시퀀스를 반환하도록 메서드의 원형을 작성하라. 만약 매개변수의 개수가 가변적이라면 params 배열을 사용하라. 이렇게 하면 더 안전하고 효율적인 인터페이스를 만들 수 있다.

아이템 26: 지역 함수를 사용해서 반복자와 비동기 메서드의 오류를 즉시 보고하라

최신 C#은 매우 높은 수준의 표현 방식을 제공하는데, 실제로 이런 코드들은 상당량의 머신 코드로 변환된다. 반복자[iterator] 메서드와 비동기[async] 메서드가 대표적인 예다. 이처럼 고수준의 표현 방식은 간결하고 짧은 코드로도 원하는 바를 표현할 수 있는 장점이 있다. 물론 이러한 장점 이면에는 단점도 있어서, 반복자와 비동기 메서드를 이용하면 메서드의 수행 시점이 지연된다. 일반적으로 메서드를 작성할 때, 인입 코드에서는 매개변수의 타입을 확인하거나, 객체 유효성 검사를 수행하며, 메서드가 잘못 호출되었거나 엉뚱한 시점에 호출되었다면 즉시 예외를 던지도록 작성한다. 그런데 반복자 메서드나 비동기 메서드를 사용하게 되면, 컴파일러가 이 코드를 컴파일하는 과정에서 조금 다른 방식으로 동작하도록 코드를 생성한다. 예를 보자.

```
public IEnumerable<T> GenerateSample<T>(
    IEnumerable<T> sequence, int sampleFrequency)
{
```

```
        if (sequence == null)
            throw new ArgumentException(
                "Source sequence cannot be null",
                paramName: nameof(sequence));
        if (sampleFrequency < 1)
            throw new ArgumentException(
                "Sample frequency must be a positive integer",
                paramName: nameof(sampleFrequency));

        int index = 0;
        foreach (T item in sequence)
        {
            if (index % sampleFrequency == 0)
                yield return item;
        }
    }
}

// 사용 예
var samples = processor.GenerateSample(fullSequence, -8);
Console.WriteLine("Exception not thrown yet!");
foreach (var item in samples) // 여기서 예외가 발생한다.
{
    Console.WriteLine(item);
}
```

반복자 메서드가 호출될 때는 잘못된 인수로 인한 예외가 발생하지 않는다. 대신 반복자가 반환하는 시퀀스를 순회할 때 예외가 발생한다. 이처럼 짧은 예제에서는 쉽게 오류를 찾아 수정할 수 있을지 몰라도, 대규모 프로그램에서는 반복자를 만드는 코드와 시퀀스를 열거하는 코드가 다른 메서드, 심지어 다른 클래스에 존재할 수 있다. 이런 경우에는 문제가 없어 보이는 코드에서 예외가 발생하므로 원인을 찾아내기가 몹시 어려워진다.

비동기 메서드에서도 같은 상황이 발생한다. 다음 코드를 보자.

```
public async Task<string> LoadMessage(string userName)
{
    if (string.IsNullOrWhiteSpace(userName))
        throw new ArgumentException(
            message: "This must be a valid user",
            paramName: nameof(userName));
    var settings = await context.LoadUser(userName);
    var message = settings.Message ?? "No message";
```

```
        return message;
    }
```

async 한정자는 컴파일러에게 메서드 안의 코드를 재구성하여 비동기 작업의 상태를 관리하는 태스크 객체를 반환하라고 지시한다. 반환된 태스크 객체는 비동기 작업의 상태를 저장하고 있다. 이 태스크가 대기 상태일 때만 해당 메서드에서 발생하는 예외를 감지할 수 있다(3장에서 자세한 내용을 다룬다). 반복자 메서드와 마찬가지로 예외가 발생하는 코드의 위치는 문제의 원인이 되는 코드와 상당히 떨어져 있을 수 있다.

이상적으로라면 문제는 발생 즉시 보고되어야 한다. 라이브러리를 잘못 사용하였다면 그 즉시 문제가 보고되어야 실수를 쉽게 수정할 수 있다. 이러한 문제는 메서드를 두 개로 분리하면 해결할 수 있다. 반복자 메서드부터 살펴보자.

반복자 메서드는 yield return 구문을 사용해서 시퀀스가 열거되는 순으로 반환하는 메서드다. 이 메서드는 IEnumerable〈T〉나 IEnumerable을 반환해야 한다. 상당히 많은 메서드가 실제로 이 인터페이스를 반환한다. 오류 발생 시에 이를 즉각 보고하도록 코드를 개선하려면, 반복자 메서드를 2개의 메서드로 분리시키면 된다. 즉, yield return을 사용하는 구현부implementation 메서드와 모든 검증 처리를 담당하는 래퍼wrapper 메서드로 분리하는 것이다. 첫 번째 예의 경우 다음과 같이 2개의 메서드로 분리할 수 있다. 먼저 래퍼 메서드를 보자.

```
public IEnumerable<T> GenerateSample<T>(
    IEnumerable<T> sequence, int sampleFrequency)
{
    if (sequence == null)
        throw new ArgumentNullException(
            paramName: nameof(sequence),
            message: "Source sequence cannot be null",
            );
    if (sampleFrequency < 1)
        throw new ArgumentException(
            message: "Sample frequency must be a positive integer",
            paramName: nameof(sampleFrequency));

    return generateSampleImpl();
}
```

이 래퍼 메서드는 모든 인수의 유효성 검증과 상태 검증을 처리하고 가장 마지막 부분에서 구현부 메서드를 호출한다. 다음 코드는 구현부 메서드로, GenerateSample() 메서드 내에 중첩된 지역 메서드로 정의할 수 있다.

```
IEnumerable<T> generateSampleImpl()
{
    int index = 0;
    foreach (T item in sequence)
    {
        if (index % sampleFrequency == 0)
            yield return item;
    }
}
```

이 두 번째 메서드는 오류를 확인하지 않으므로 접근성을 가능한 제한해야 한다. 최소한 private 메서드는 되어야 한다. C# 7부터는 구현부 메서드를 래퍼 메서드 안에 지역 메서드로 정의할 수 있다. 이 기술은 여러 이점이 있다. 다음은 지역 메서드를 사용해 반복자의 구현부 메서드를 작성한 전체 코드의 예이다.

```
public IEnumerable<T> GenerateSampleFinal<T>(
    IEnumerable<T> sequence, int sampleFrequency)
{
    if (sequence == null)
        throw new ArgumentException(
            message: "Source sequence cannot be null",
            paramName: nameof(sequence));
    if (sampleFrequency < 1)
        throw new ArgumentException(
            message: "Sample frequency must be a positive integer",
            paramName: nameof(sampleFrequency));

    return generateSampleImpl();

    IEnumerable<T> generateSampleImpl()
    {
        int index = 0;
        foreach (T item in sequence)
        {
            if (index % sampleFrequency == 0)
            yield return item;
        }
```

```
        }
    }
```

이런 방식으로 지역 메서드를 정의하면, 래퍼 메서드만 구현부 메서드를 호출할 수 있다. 즉, 검증 코드를 호출하지 않고 구현부 메서드를 직접 호출할 수 없다. 구현부 메서드가 래퍼 메서드가 정의한 지역변수와 인수에 접근할 수 있다는 점에도 주목해야 한다. 이들 중 어떤 것도 구현부 메서드에 인수로 전달할 필요가 없다.

동일한 기법을 비동기 메서드에도 적용할 수 있다. 이 경우 public 메서드는 async 한정자를 포함하지 않는 메서드를 반환하는 Task 또는 ValueTask가 된다. 이 래퍼 메서드는 모든 검증 처리를 담당하며 오류를 즉각 보고한다. 구현부 메서드는 async 한정자를 지니고 있으므로 작업을 비동기로 수행한다.

구현부 메서드에 대한 직접 접근은 최대한 제한해야 한다. 따라서 가능한 한 모든 곳에서 지역 함수를 사용해야 한다.

```
public Task<string> LoadMessageFinal(string userName)
{
    if (string.IsNullOrWhiteSpace(userName))
        throw new ArgumentException(
            message: "This must be a valid user",
            paramName: nameof(userName));

    return loadMessageImpl();

    async Task<string> loadMessageImpl()
    {
        var settings = await context.LoadUser(userName);
        var message = settings.Message ?? "No message";
        return message;
    }
}
```

이렇게 코드를 작성하면 다른 메서드처럼 메서드 호출 도중 발생한 오류가 즉각 보고되므로 문제를 해결하기가 한결 쉬워진다. 구현부 메서드는 래퍼 메서드 안으로 숨겨지며 래퍼 메서드의 검증 코드를 건너뛸 수 없다.

다음 주제로 넘어가기 전에 마지막으로 하나만 더 짚어보겠다. 구현부 메서드에 지역 함수를 사용하는 기술은 람다[lambda] 함수를 사용하는 것과 매우 비슷해 보일 수도 있다. 하지만 구현 방식이 다르고 지역 함수를 사용하는 것이 더 나은 선택이다. 람다 표현식을 사용하면 컴파일러가 지역 함수를 사용할 때보다 더 복잡한 구조를 생성하게 된다. 람다 표현식은 델리게이트 객체를 인스턴스화하는 반면, 지역 함수는 종종 private 메서드로도 구현될 수 있다.

반복자 메서드나 비동기 메서드 같은 높은 수준의 구문은 여러분의 코드를 재구성하기 때문에 오류 보고 시점을 지연시키게 된다. 이것이 이 메서드들이 동작하는 방식이다. 하지만 이 같은 메서드들을 두 부분으로 분리하면 원하는 방식으로 동작하게 할 수 있다. 이 기법을 선택했다면 오류 검사 기능이 없는 구현부 메서드의 접근성을 제한해야 한다는 사실을 잊지 말자.

태스크 기반 비동기 프로그래밍

프로그래밍 작업의 많은 부분이 비동기 작업을 시작하고 응답하는 처리와 관련되어 있다. 최근에는 여러 기기와 가상 기기에서 동작하는 분산 프로그램이 일반화됨에 따라 많은 애플리케이션이 여러 스레드, 프로세스, 컨테이너, 가상 기기, 물리 기기들에 널리 배포되어 동작한다. 그런데, 비동기 프로그래밍은 멀티스레드 프로그래밍과 동의어는 아니다. 최신의 프로그래밍 방식에 익숙하다는 것은 곧 비동기 작업을 능숙하게 다룬다는 의미이기도 하다. 비동기 작업에는 다음 네트워크 패킷이나 사용자 입력을 기다리는 일도 포함된다.

C# 언어와 .NET Framework의 일부 클래스들은 비동기 프로그래밍을 수월하게 도와주는 강력한 도구다. 비동기 프로그래밍은 쉽지 않지만, 핵심이 되는 중요한 기법 몇 가지만 정확히 이해한다면 좀 더 쉽게 익힐 수 있다.

아이템 27: 비동기 작업에는 비동기 메서드를 사용하라

비동기 메서드는 비동기 알고리즘을 구성하는 간단한 방법을 제공한다. 비동기 메서드를 사용하면 마치 동기 메서드를 작성하듯 핵심 로직을 작성할 수 있다. 하지만 실행 순서는 동기 메서드와 차이가 난다. 동기 메서드에서는 일련의 코드들이 작성한 순서대로 실행된다. 하지만 비동기 메서드에서는 꼭 그렇지는 않다. 비동기 메서드는 내부의 코드를 모두 수행하기 이전에 미리 반환될 수 있으며, 내부적으로 요청한 비동기 작업이 완료되는 시점에 맞추어 수행을 중단했던 지점부터 다시 수행을 이어간다. 이러한 과정을 제대로 이해하지 못하면 이는 마치 마법처럼 보일 것이고, 어설프게 이해하면 오히려 더 혼란스러워서 의문만 늘어날 것이다. 이번 아이템을 읽다 보면 컴파일러가 코드를 비동기 메서드로 어떻게 변환하는지 온전히 이해할 수 있을 것이다. 또한 비동기를 구성하는 핵심 알고리즘을 배우고, 비동기 코드를 분석하는 방법도 알아볼 것이다. 이 과정에서 제반 절차와 작업이 어떻게 수행되는지, 실제 코드는 어떻게 수행되는지를 모두 알아볼 것이다.

가장 간단한 예부터 시작하자. 다음의 비동기 메서드는 사실 동기식으로 실행된다.

```
static async Task SomeMethodAsync()
{
    Console.WriteLine("Entering SomeMethodAsync");
    Task awaitable = SomeMethodReturningTask();

    Console.WriteLine("In SomeMethodAsync, before the await");
    var result = await awaitable;
    Console.WriteLine("In SomeMethodAsync, after the await");
}
```

경우에 따라서 첫 번째 비동기 태스크(awaitable)가, 이 태스크가 완료^{completed}될 때까지 기다리라는 명령(await awaitable)을 수행하기도 전에 완료될 수 있다. 예를 들어 라이브러리 설계자가 캐시 기능을 구현해둔 덕에 이미 캐싱되어 있던 값을 얻어 왔다면, 이 태스크가 완료될 때까지 기다리라고 하는 명령을 수행한 시점에 이미 태스크가 완료되어 있을 것이다. 이런 경우라면 다음 작업을 동기적으로 이어가게 된다. 이제 메서드의 나머지 부분을 수행하고, 결과를 태스크 객체에 담아 반환한다. 모든 일이 동기적으로 이루어진 것이다. 이 메서드는 완료된 태스크를 반환하고, 호출자 역시 반환된 태스크가 끝나길 기다린 후, 작업을 동기적으로 이어간다. 이런 과정은 개발자에게 너무나 익숙하다.

하지만 만약 태스크를 기다리는 시점까지 awaitable이 완료되지 않았다면 어떻게 될까? 이 경우에는 제어 흐름이 상당히 복잡해진다. C#이 async와 await를 지원하기 전에는 콜백^{callback}을 설정해서 비동기 태스크의 반환 결과를 처리했어야 했다. 이 방식은 이벤트 핸들러나 델리게이트의 형태를 취하는데, 지금은 이보다 훨씬 간단한 방식으로 동일한 기능을 구현할 수 있다. 비동기 처리를 탐험하는 첫 단계로 실제 구현 방식은 고려하지 말고 어떤 일이 발생하는지 개념적으로만 이해해보도록 하자.

await 명령어에 이르면 우선 메서드에서 빠져나온다. 메서드는 태스크 객체를 반환할 텐데, 이 객체는 요청한 비동기 작업이 아직 완료되지 않았음을 나타낸다. 이제 메서드를 빠져나왔으므로 다른 작업을 이어갈 수 있다. 한편 await와 함께 호출했던 작업이 완료되면 앞서 메서드가 반환했던 태스크 객체의 상태를 완료 상태로 바꾼다. 다음으로 해당 객체는 작업 완료를 대기하던(await) 측에 작업이 완료되었음을 알린다. 통지를 받은 코드는 앞서 작업을 중단했던 위치부터 다시 수행을 이어간다.

이 과정의 제어 흐름을 실제로 따라가보고 싶다면 디버거로 샘플 프로그램들을 추적해보자. await를 포함한 코드를 한 단계씩 따라가보면 실행 흐름이 어떻게 진행되는지 알 수 있다.

실생활에서도 비동기 작업이 유용한 예를 찾을 수 있다. 집에서 피자를 만드는 상황을 생각해보자. 먼저 동기식으로 도우를 만들기 시작한다. 그런 다음 도우가 부풀어 오를 때까지 다른 작업을 비동기로 실행할 수 있다. 즉, 소스 만들기를 동시에 진행할 수 있을 것이다. 소스를 모두 만들었다면 도우가 마저 준비되기를 기다린다. 도우가 적당히 부풀어 오르면 오븐에 굽기 작업을 비동기로 수행한다. 먼저 오븐을 켜고 예열을 하는 동안 피자에 토핑을 얹어 피자를 마무리한다. 마지막으로 오븐이 적당히 달궈지면 피자를 넣고 완성한다.

이제 이 절차들이 실제 어떻게 구현되어 있는지를 살펴보면서 마법을 걷어낼 차례다. 컴파일러가 비동기 메서드를 처리할 때는 비동기 작업을 시작하기 위한 기반 구조를 우선 생성한다. 비동기 작업이 완료되면 이후의 작업을 계속 진행한다. 흥미로운 사항은 대부분 await 구문을 컴파일하는 과정에서 이루어진다. 컴파일러는 await 구문 이후의 코드를 나중에 수행할 목적으로 델리게이트로 감싸고, 필수적인 데이터 구조를 생성한다. 데이터 구조 내에는 await를 호출한 메서드 내의 모든 지역 변수가 포함된다. 컴파일러는 대기 중인 태스크 다음으로 수행할 컨티뉴에이션^{continuation}(작업을 마친 후 되돌아갈 지점)을 구성한다. 즉, 태스크가 완료되면 해당 위치로 돌아가 실행을 이어간다. 실제로는 await 다음의 코드를 표현하기 위해서 델리게이트를 이용한다. 컴파일러는 대기 중이던 태스크가 완료되었을 때 이를 상태 정보로 저장하고, 앞서 작성해둔 델리게이트가 호출되도록 코드를 생성한다.

대기 중이던 태스크가 완료되면 이벤트를 일으켜 요청한 태스크가 완료되었음을 알린다. 그러면 해당 메서드로 다시 진입하고 이전 상태가 복원된다. 상태 복원이란 실행이 중단된 지점으로 돌아가서 그곳에서부터 다시 수행을 이어가는 것을 의미한다. 이는 동기식으로 코드가 수행될 때와 유사하다. 이제 메서드에 대한 상태 정보를 일부 갱신한 후, 앞서 수행했던 코드의 다음부터 수행을 이어간다. 메서드의 나머지 부분이 모두 실행되고 나면 반환했던 태스크 객체의 상태를 갱신한 후 완료 이벤트를 발생시킨다.

태스크가 완료되면 통지 메커니즘을 통해 비동기 메서드를 다시 호출한다. 이와 관련된 일련의 과정은 SynchronizationContext 클래스가 담당한다. 이 클래스는 대기 중이던 태스크가 완료되어 비동기 메서드 내에서 수행을 재개해야 할 때, 이전 수행 환경과 컨텍스트를 복원하는 역할을 수행한다. 사실상 이를 통해 '여러분이 있던 곳으로 다시 데려다주는' 역할을 하는 것이다. SynchronizationContext를 사용해 이전 상태를 복원하는 코드는 컴파일러가 생성해준다. 컴파일러는 비동기 메서드를 수행하는 코드 이전에 static Current 속성에 현재의 SynchronizationContext를 저장하는 코드를 추가한다. 대기 중이던 태스크가 재개되면 나머지 코드를 델리게이트에 담아 앞서 저장하였던 SynchronizationContext에 전달한다. SynchronizationContext는 실행 환경에 부합하는 방식으로 전달받은 태스크를 스케줄링한다. 예를 들어 GUI 애플리케이션의 경우 Dispatcher를 이용하여 태스크를 스케줄링한다(**아이템 37: 스레드를 생성하지 말고 스레드 풀을 사용하라** 참조). 웹 애플리케이션의 경우에는 스레드 풀과 QueueUserWorkItem을 사용하여 태스크를 스케줄링한다(**아이템 35: PLINQ가 병렬 알고리즘을 구현하는 방법을 이해하라** 참조). SynchronizationContext가 없는 콘솔 애플리케이션의 경우에는 현재 스레드를 이용하여 태스크를 이어간다. 하지만 경우에 따라 단일 스레드만을 이용해서 작업을 스케줄링하지 않고, 여러 스레드를 이용하여 스케줄링할 수도 있다.

만약 대기 중인 비동기 태스크에서 오류가 발생하면 SynchronizationContext로 예외를 전달한다. 그리고 이 예외는 컨티뉴에이션이 실행될 때 다시 던져진다. 결과적으로 대기(await)하지 않는 태스크에서 오류가 발생하면 어떤 예외도 잡을 수 없다. 예외가 발생하였지만 컨티뉴에이션이 스케줄되지 않는다면 SynchronizationContext에서 예외를 다시 던지지 않는다. 이런 이유로, 모든 태스크는 대기하는 것이 매우 중요하다. 이것이 비동기 작업에서 발생한 예외를 잡을 수 있는 최상의 방법이다.

단일 메서드가 여러 개의 await를 가질 때에도 동일한 전략이 확장 적용된다. 각각의 await 구문은 아직 작업이 완료되지 않은 태스크를 반환할 수 있다. 올바른 위치에서 수행이 재개될 수 있으려면 상태가 지속적으로 업데이트되어야 한다. await가 하나일 때와 마찬가지로 SynchronizationContext가 나머지 작업의 스케줄링 방식을 결정하므로, 항상 동일 컨텍스트에서 작업이 스케줄링된다. 하지만, 애플리케이션의 타입에 따라 단일 스레드로 스케줄링 될 수도 있고, 멀티 스레드로 스케줄링될 수도 있다.

C#은 비동기 작업의 완료 여부를 통지하기 위해서 필요한 코드를 개발자를 대신하여 자동으로 생성해준다. 표준화된 방식으로 코드를 생성해주기 때문에 동기식 코드처럼 읽기 쉬운 코드가 생성된다.

지금까지 설명한 진행 과정은 모두 비동기 작업이 성공적으로 끝나는 경우를 가정한 것이다. 하지만 실제 상황에서는 예외가 발생할 수도 있다. 따라서 비동기 메서드는 이런 상황까지도 대처해야 하는데, 비동기 메서드는 모든 작업이 완료되기 전에도 얼마든지 반환될 수 있어서 예외 상황까지 고려하면 제어 흐름이 매우 복잡해진다. 이런 이유로 어떤 방식으로든 콜스택에 특정 예외를 주입할 수 있어야 하고, 이를 위해 비동기 메서드 내부에서는 컴파일러가 자동으로 생성해주는 try/catch 블록을 이용하여 우선 모든 예외를 잡아낸다. 이렇게 잡아낸 예외는 태스크 객체의 멤버인 AggregateException에 저장되는데, 이때 해당 태스크는 오류 상태로 설정된다. 오류 상태의 태스크를 대기하게 되면 await 구문이 AggregateException 객체에 담긴 첫 번째 예외를 던진다. 가장 일반적인 경우는 예외가 하나만 발생해서 그 예외를 호출자의 콘텍스트에서 던지는 것이다. 만약 예외가 여러 개 발생하였다면 호출측에서 AggregateException 안의 모든 예외를 하나씩 확인해야 한다(**아이템 34: 일반화된 비동기 반환 타입을 캐시하라** 참조).

비동기 메커니즘은 특정 Task API를 사용해서 동작을 재구성할 수도 있다. 태스크가 끝날 때까지 반드시 기다려야 한다면 Task.Wait()를 호출하거나 Task〈T〉.Result 속성을 확인하면 된다. 두 방식 모두 비동기 작업이 완료될 때까지 실행을 블록시키므로, 특히 콘솔 애플리케이션의 Main() 메서드에서 유용하다. **아이템 35: PLINQ가 병렬 알고리즘을 구현하는 방법을 이해하라** 에서는 이런 API가 어떤 상황에서 교착상태^{deadlock}를 일으키는지와 사용을 피해야 하는 이유를 설명할 것이다.

async와 await 키워드를 사용해 비동기 메서드를 만든다고 해서 컴파일러가 마법을 부려주는 건 아니다. 내부적으로는 컨티뉴에이션, 오류 보고, 메서드 재개를 위해 수많은 코드를 생성하는 등 많은 양의 작업을 컴파일러가 수행해준다. 이 같은 작업을 통해서 완료되지 않은 비동기 작업은 마치 멈춰져 있는 것처럼 보이게 해주는 것이다. 비동기 작업은 재개 가능한 상태가 되면 수행을 이어간다. 반면 비동기 작업이 멈춰 있는 동안, 호출자 측은 얼마든지 자신의 코드를 계속해서 수행할 수 있으며, 콜스택의 끝까지 올라갈 수도 있다. 이런 동작 방식을 임의로 재정의하지 않는 이상 이 같은 마법은 계속 유효하다.

아이템 28: async void 메서드는 절대 작성하지 말라

이번 아이템의 제목은 아주 단정적이지만, 몇 가지 예외는 있다(이번 아이템에서 다룬다). 그런데도 제목을 강압적으로 정한 이유는 그만큼 중요하기 때문이다. async void로 메서드를 작성하면 이 메서드가 던지는 예외를 호출 측에서 잡지 못한다. 비동기 메서드는 예외를 태스크 객체를 통해 보고한다. 비동기 메서드가 예외를 던지면 태스크 객체가 오류 상태가 된다. await 구문은 태스크 객체가 오류 상태이면 예외를 던진다. 비동기 메서드가 작업을 수행하다 예외를 던져서 Task가 오류 상태가 되면, await를 호출한 코드가 다시 스케줄링될 때 예외가 발생한다.

반대로 async void로 선언된 메서드는 대기할 수가 없다. 기다릴 수 없으므로 async void 메서드를 호출한 코드에서 예외를 잡거나 전파할 방법이 없다. 이런 이유로 예외가 호출 측으로 전달되지 않으므로 async void 로 메서드를 작성하면 안 된다.

그런데도 async void 메서드가 예외를 일으키고, 어떤 식으로든 이를 처리하고 싶은 경우가 있을 수 있다. 예외가 발생하면 어떤 식으로든 조치가 취해져야 하는 경우다. async void 메서드 내에서는 이 메서드가 수행될 때 활성화되는 SynchronizationContext(아이템 **27**: 비동기 작업에는 비동기 메서드를 사용하라 참조)가 예외를 직접 던진다. 만약 async void 메서드가 라이브러리 내에 존재해서 어쩔 도리가 없다면 상당히 제한적인 방법을 이용할 수밖에 없다. AppDomain.UnhandledException이나 혹은 이와 유사한 형태의 핸들러를 사용하는 것이다. 하지만 AppDomain.UnhandledException 핸들러를 이용하면 예외를 처리한 후 애플리케이션을 정상상태로 복구할 수 없다. 발생한 예외를 기록하고 데이터를 저장할 수는 있지만 프로그램이 종료되는 것은 막을 수 없다.

다음 메서드를 보자.

```
private static async void FireAndForget()
{
    var task = DoAsyncThings();
    await task;
    var task2 = ContinueWork();
    await task2;
}
```

오류를 로깅하고 싶다면 FireAndForget()을 호출하기 전에 처리되지 않은 예외Unhandled

exception를 잡을 수 있도록 핸들러를 추가해두어야 한다. 다음 예는 콘솔에 예외 정보를 청록색(cyan) 글씨로 출력한다.

```
AppDomain.CurrentDomain.UnhandledException += (sender, e) =>
{
    Console.ForegroundColor = ConsoleColor.Cyan;
    Console.WriteLine(e.ExceptionObject.ToString());
};
```

어차피 콘솔 애플리케이션이 종료될 것이므로 ForegroundColor를 원래 색으로 다시 되돌릴 필요는 없다.

개발자가 나머지 코드와는 다른 방식으로 오류를 처리해야 한다면 설계가 잘못된 API다. 물론 이런 추가 작업에 개의치 않는 개발자도 많을 것이다. 하지만 개발자가 오류를 수정할 수 있는 방법을 전혀 제공하지 않는다면, 이는 매우 심각한 문제다. 만약 개발자가 오류 처리를 위해 별도의 작업을 하고 싶어하지 않는다면, async void 메서드에서 던지는 예외는 전혀 보고되지 않을 것이다. 이처럼 예외가 발생하면 .NET 런타임은 해당 SynchronizationContext에서 수행 중인 스레드를 중단해 버린다. 하지만 사용자는 이에 대하여 어떤 통지도 받지 못하고, 어떤 예외 처리기도 수행되지 않으며, 어떤 예외 기록도 남지 않는다. 한마디로 말하면 스레드가 감쪽같이 사라져 버린다.

async void 메서드가 초래하는 다른 문제도 있다. 대부분의 async 메서드에서는 비동기 작업을 요청하고, 작업이 완료될 때까지 기다린 후, 다른 작업을 수행한다. 이런 방식의 async 태스크는 만들기 쉽다. 하지만 앞서 언급하였듯이 async void로 메서드를 작성하면 작업이 완료될 때까지 대기할 방법이 없다. 따라서 async void 메서드를 사용하는 개발자는 언제 작업이 완료되는지 판단하기 어렵다. 결국, 더 이상 async 태스크를 쉽게 만들 수가 없다. async void 메서드는 기본적으로 '미사일을 쏜 뒤에는 잊으라$^{fire and forget}$' 메서드다.* 즉, 개발자는 비동기 작업을 요청할 수는 있지만, 해당 작업이 언제 끝나는지는 알 수 없다.

이런 문제들은 async 메서드의 테스트를 작성하는 것도 어렵게 만든다. 자동화된 테스트 내에서 해당 메서드의 완료 시점을 알 수 없기 때문에 완료 후의 결과를 확인하는 테스트 코드는 작성할 수가 없다. 다음 메서드에 대한 단위 테스트 코드를 생각해보자.

★ 역자주_ fire and forget은 군사 용어에서 온 것으로 미사일을 한 번 발사한 후에는 목표물을 바꿀 수 없다는 뜻이다.

```
public async void SetSessionState()
{
    var config = await ReadConfigFromNetwork();
    this.CurrentUser = config.User;
}
```

이 코드를 테스트하기 위해서 다음과 같이 코드를 작성할 수 있겠다.

```
var t = new SessionManager();
t.SetSessionState();

await Task.Delay(1000); // 잠시 대기한다.
Assert.Equal(t.User, "TestLibrary User");
```

이 코드는 매우 나쁜 방식으로 작성되었을 뿐 아니라, 가끔은 실패하기도 한다. 문제가 되는 부분은 Task.Delay를 호출하는 코드다. 언제 비동기 작업이 끝나는지 알 수 없기 때문에 테스트 코드를 제대로 작성할 수 없다. 1초가 충분할 수도, 그렇지 않을 수도 있다. 더 나쁜 경우는, 1초가 대부분의 상황에서는 충분하지만, 아주 드물게 문제가 되는 상황이다. 이런 상황에서는 테스트가 실패하고 잘못된 피드백을 주게 된다.

여기까지 읽었다면 async void 메서드가 얼마나 나쁜지 알았을 것이다. 가능하면 태스크 객체나 혹은 다른 대기 가능한 객체를 반환하도록 async 메서드를 생성해야 한다(**아이템 34: 일반화된 비동기 반환 타입을 캐시하라** 참조). 그럼에도 async void 메서드가 허용되는 이유는, 비동기 이벤트 핸들러를 만들기 위함이다.

이벤트 핸들러(반환형이 void다)에 대한 규칙은 C#이 async와 await를 도입하기 전에 확립되었다. 이후에 변화가 있었지만 비동기 이벤트 핸들러를 C# 초기 버전에서 정의한 이벤트와 연결하려면 여전히 async void 메서드가 필요하다. 그뿐만 아니라 기존의 라이브러리 개발자는 이벤트 핸들러에 비동기로 접근해야 할 상황이 필요한지조차 모를 수 있다. 이상의 내용을 모두 고려하여 C#은 void를 반환하는 비동기 메서드를 지원하기로 했다. 또한 이벤트 핸들러는 일반적으로 사용자가 직접 호출하는 코드가 아니다. 호출 측으로 반환된 Task로 무엇을 해야 할지 모른다면 태스크 객체를 반환할 이유가 없다.

이번 아이템의 제목이 'async void 메서드는 절대 작성하지 말라'임에도 불구하고, 언젠가 async void 이벤트 핸들러를 작성해야만 하는 시점이 반드시 올 것이다. 그때는 이 비동기 이벤트 핸들러를 가능한 한 안전하게 작성해야 한다.

이를 위해서 async void 메서드는 기다릴 수 없다는 사실을 떠올리는 것부터 시작하자. 이벤트를 발생시킨 코드는 이벤트 핸들러가 언제 작업을 마치는지 알 수 없다. 이벤트 핸들러는 일반적으로 데이터를 호출자에게 반환하지 않는다. 따라서 호출자는 이벤트를 발생시킨 후 '미사일을 쏜 뒤에는 잊을' 수 있다.

잠재적인 예외를 안전하게 다루려면 많은 수고가 필요하다. async void 메서드가 예외를 던지는 경우 SynchronizationContext가 죽어버린다. 따라서 async void 이벤트 핸들러를 작성할 때에는 절대 예외가 발생하지 않도록 해야 한다. 일반적인 권고사항과는 반하는 것처럼 들리겠지만, async void 이벤트 핸들러에서는 모든 예외를 잡아버려야 한다. 일반적인 async void 이벤트 핸들러의 패턴은 다음과 같다.

```
private async void OnCommand(object sender, RoutedEventArgs e)
{
    var viewModel = (DataContext as SampleViewModel);
    try
    {
        await viewModel.Update();
    }
    catch (Exception ex)
    {
        viewModel.Messages.Add(ex.ToString());
    }
}
```

이 코드는 단순히 모든 예외를 기록하고 이전과 같이 실행을 지속해도 문제가 없을 것이라 가정하고 있다. 사실, 많은 경우에 이렇게 처리하더라도 안전하다. 다만 우리가 작성하는 코드도 이 경우에 해당하는지는 확인이 필요하다.

하지만, 걷잡을 수 없는 수준의 문제가 발생하여 예외가 발생한 경우라면 어떨까? 이런 경우 대부분 심각한 데이터 손상을 동반할 것인데. 이때는 데이터 손상 범위가 더 넓어지기 전에 프로그램을 즉각 중지해야 한다. 즉, 예외가 시스템으로 전달될 수 있도록 하여, SynchronizationContext 상의 스레드를 종료하도록 허용해야 한다.

이러한 과정의 일부로, 모든 예외를 기록하고 async void 메서드가 외부로 예외를 던지도록 만들면 좋겠다. 다음은 앞의 코드에 이런 기능을 추가한 코드다.

```
private async void OnCommand(object sender, RoutedEventArgs e)
{
    var viewModel = (DataContext as SampleViewModel);
    try
    {
        await viewModel.Update();
    }
    catch (Exception ex) when (logMessage(viewModel, ex))
    {
    }
}

private bool logMessage(SampleViewModel viewModel, Exception ex)
{
    viewModel.Messages.Add(ex.ToString());
    return false;
}
```

이 메서드는 예외 필터(『Effective C#(3판)』 **아이템 50: 예외 필터의 다른 활용 예를 살펴보라** 참조)를 사용해서 모든 예외 정보를 기록한다. 그런 다음 SynchronizationContext 가 중단되도록 예외를 다시 던진다. 결과적으로 프로그램 전체를 종료시킨다.

앞의 두 메서드는 각 메서드 내에서 실행할 비동기 작업을 나타내도록 Func 타입을 매개변수로 사용하면 일반화할 수 있으며, 이를 재사용할 수 있는 관용구로 활용할 수 있다.

```
public static class Utilities
{
    public static async void FireAndForget(this Task,
        Action<Exception> onErrors)
    {
        try
        {
            await task;
        }
        catch (Exception ex)
        {
            onErrors(ex);
        }
    }

    public static async void FireAndForget(this Task task,
```

```
            Func<Exception, bool> onError)
    {
        try
        {
            await task;
        }
        catch (Exception ex) when (onError(ex))
        {
        }
    }
}
```

현실에서는 모든 예외를 캐치해서 다시 던지는 것이 이처럼 간단하지 않을 수도 있다. 애플리케이션에서 발생한 내부분의 예외를 복구할 수 있지만, 일부 그렇지 않은 예외가 발생하는 경우에 대해서도 생각해보자. 예를 들어 FileNotFoundException는 복구할 수 있지만, 그 외의 예외에 대해서는 대처할 수 없다고 가정해보자. 이런 상황은 특정 예외 타입을 제네릭 타입으로 만들면, 좀 더 일반적이고 재사용 가능한 코드를 만들 수 있다.

```
public static async void FireAndForget<TException>
    (this Task task,
    Action<TException> recovery,
    Func<Exception, bool> onError)
    where TException : Exception
{
    try
    {
        await task;
    }
    // onError() 로깅 메서드에 의존하며
    // 항상 false를 반환한다.
    catch (Exception ex) when (onError(ex))
    {
    }
    catch (TException ex2)
    {
        recovery(ex2);
    }
}
```

필요하다면 이 기법을 다른 예외 타입으로 확장할 수도 있다.

이 기법을 활용하면 오류의 복구 관점에서 async void 메서드를 좀 더 견고하게 만들 수 있다. 테스트나 유연한 연계성에는 도움이 되지 않지만, 이 문제를 해결할 다른 대안도 마땅하지가 않다. 이런 이유로 async void 메서드는 꼭 필요한 곳(비동기 이벤트 핸들러)에서만 제한적으로 사용해야 한다. 다른 곳에서는 절대 async void로 메서드를 사용해서는 안 된다.

아이템 29: 동기, 비동기 메서드를 함께 사용해서는 안 된다

async 한정자를 사용해 선언한 메서드는 작업을 마치기 전에 객체를 반환할 수 있음을 나타내며, 이렇게 반환된 객체는 요청한 작업의 상태를 나타낸다. 작업 완료, 실패, 혹은 대기 중 등 다양한 상태가 될 수 있다. 또한 비동기 메서드를 사용한다는 것은 작업이 오래 걸릴 수 있으니 호출자는 그동안 다른 유용한 일을 하라는 의미이기도 하다.

메서드를 동기로 선언한다는 것은, 메서드가 반환되기만 하면 모든 사후 조건을 충족한다는 것을 의미하는 것이기도 하다. 동기 메서드는 작업을 수행하는 시간에 상관없이 호출자와 같은 리소스를 사용해서 모든 작업을 완료한다. 그리고 호출자는 작업이 끝날 때까지 멈춰 있다.

이처럼 서로 다른 두 방식을 섞어 사용하면 좋지 않은 API가 만들어져 교착상태와 같은 버그로 쉽게 이어질 수도 있다. 이런 가능성을 피하려면 두 가지 중요한 규칙을 따라야 한다. 첫째, 비동기 작업이 완료될 때까지 기다리는 동기 메서드를 만들지 말라. 둘째, 수행 시간이 오래 걸리는 CPU 중심 작업*을 비동기로 수행하지 말라.

첫 번째 규칙에 관해 자세히 살펴보자. 비동기 코드를 감싼 동기 코드가 문제를 일으키는 원인은 세 가지인데, 서로 다른 예외 처리 방식, 잠재적 교착상태, 리소스 낭비다.

비동기 태스크에서도 다양한 예외가 발생할 수 있으므로 Task 클래스 내에는 여러 예외를 담기 위한 리스트를 가지고 있다. await 명령을 호출하는 시점에 이 리스트에 예외가 들어 있다면, 그중 첫 번째 예외가 던져진다. 하지만 실패한 태스크에 대해 Task.Wait()를 호출하거나 Task.Result를 읽으려 하면 모든 예외를 담은 AggregateException이 던져진다. 이럴 경우엔 AggregateException을 캐치하여 그 안의 예외들을 꺼내 봐야 한다. 다음의 두 try/catch

---

* 역자주_ CPU를 집중적으로 사용하는 작업을 말한다. 다량의 수치 계산이나 복잡한 알고리즘 수행 등이 해당한다.

구문을 비교해보자.

```csharp
public static async Task<int> ComputeUsageAsync()
{
    try
    {
        var operand = await GetLeftOperandForIndex(19);
        var operand2 = await GetRightOperandForIndex(23);
        return operand + operand2;
    }
    catch (KeyNotFoundException e)
    {
        return 0;
    }
}

public static int ComputeUsage()
{
    try
    {
        var operand = GetLeftOperandForIndex(19).Result;
        var operand2 = GetRightOperandForIndex(23).Result;
        return operand + operand2;
    }
    catch (AggregateException e)
    when (e.InnerExceptions.FirstOrDefault().GetType()
        == typeof(KeyNotFoundException))
    {
        return 0;
    }
}
```

예외 처리 방식의 차이에 주목하자. await를 이용하여 태스크가 끝나길 기다리는 방식이 블로킹 방식보다 훨씬 읽기 쉽다. await를 이용한 방식에서는 예외 타입을 구체적으로 명시해 잡는 반면, 블로킹 방식에서는 AggregateException 예외를 잡은 후 예외 필터를 적용해 첫 번째 예외가 찾고자 하는 예외인지를 번번이 확인해야 한다. 이처럼 블로킹 방식의 API를 사용한 관용구는 더 복잡하며 이해하기도 어렵다.

다음으로 두 번째 규칙을 살펴보자. 특히 비동기 메서드를 감싼 동기 메서드가 어떻게 교착상태에 빠지게 되는지 살펴보겠다. 다음 코드를 생각해보자.

```
private static async Task SimulatedWorkAsync()
{
    await Task.Delay(1000);
}

// 이 메서드는 ASP.NET이나 GUI에서는 교착상태에 빠질 수 있다.
public static void SyncOverAsyncDeadlock()
{
    // 태스크 시작
    var delayTask = SimulatedWorkAsync();
    // delay가 끝날 때까지 동기식으로 기다린다.
    delayTask.Wait();
}
```

SyncOverAsyncDeadlock()은 콘솔 애플리케이션에서라면 제대로 실행되지만 GUI 나 웹 환경에서는 교착상태에 빠질 것이다. 애플리케이션 종류에 따라 다른 종류의 SynchronizationContext(**아이템 31: 불필요한 콘텍스트 마셜링을 피하라** 참조)를 사용하기 때문 이다. 콘솔 애플리케이션용 SynchronizationContext는 스레드 풀에서 여러 스레드를 가져 와 사용하지만, GUI와 ASP.NET용 SynchronizationContext는 스레드를 하나만 가질 수 있다. 따라서 SimulatedWorkAsync()에서 대기 중인 태스크는 delayTask.Wait()를 호출 하고 태스크가 완료되기를 기다리느라 작업을 더 진행할 수 없는 것이다. 이상적인 API는 가능 한 한 많은 애플리케이션에서 활용할 수 있어야 한다. 비동기 API를 사용해 동기 코드를 만들 면 활용도가 좁아진다. 비동기 작업이 끝날 때까지 동기식으로 기다리지 말고 다른 작업을 수 행해야 한다.

앞의 예에서 제어권을 넘겨주고, 오랫동안 수행되는 작업을 흉내 내기 위해서 Thread. Sleep() 대신에 Task.Delay()를 사용한 점에 주목하자. Thread.Sleep()은 스레드가 유휴 상태idle가 되면 리소스를 소비하기 때문에 Task.Delay()를 사용하는 것이 좋다. 유용한 작업 을 위해서만 스레드를 사용해야 하지 않겠는가. Task.Delay()는 비동기로 동작하기 때문에, 오랫동안 수행되는 작업을 흉내 낸다고 하더라도, 호출 측에서 다른 작업을 수행할 수 있게 해 준다. 이러한 동작 방식은 비동기 작업이 완료될 때까지 대기해야 하는 단위 테스트를 작성할 때 유용하다(아이템 **27**: 비동기 작업에는 비동기 메서드를 사용하라 참조).

'비동기 메서드를 감싼 동기 메서드를 작성해서는 안 된다'는 규칙에는 한 가지 예외가 있다. 바로 콘솔의 Main() 메서드다. Main()이 비동기라면 모든 작업이 끝나기 전에 반환되어 프로그램이 종료될 것이다. 따라서 Main()은 반드시 동기 방식이어야 한다. 그 외에는 모두 비동기 방식이 낫다. Main() 메서드도 비동기로 만들 수 있게 허용하자는 제안도 있다.* 또한 NuGet 패키지와 AsyncEx는 실제로 비동기 메인 콘텍스트를 지원한다.

여러분이 직접 작성한 라이브러리에도 비동기 API로 수정할 수 있는 동기 API가 있을 수 있다. 동기 API를 제거한다는 건 기존 코드와의 호환성을 깨는 일이다. 따라서 비동기 API로 기존 API를 대체하지 말고, 동기 메서드에서 비동기 메서드를 호출하고, 비동기 메서드가 완료될 때까지 블록 되도록 하는 것이 좋다. 그렇다고 동기 API에 머물러 있으란 뜻은 아니다. 동기 코드와 같은 일을 수행하는 비동기 API를 만들어서 둘 다 지원하면 된다. 비동기 API를 사용할 준비가 된 사용자는 비동기 API를 사용할 것이고, 그렇지 않은 사용자는 계속 동기 방식의 API를 사용할 수 있도록 허용하는 것이다. 그리고 적당한 기간이 지난 후 동기 방식은 쓰지 않도록 권고^{deprecate}하는 것도 좋다. 실제로, 사용자들은 특정 라이브러리가 동기 방식과 비동기 방식을 모두 지원하는 경우, 동기 메서드는 낡은 것이고 비동기 메서드를 사용할 것을 추천한다는 것을 알 것이다.

이번에는 CPU 중심 작업을 감싸서 비동기 API로 노출하는 것이 왜 나쁜 아이디어인지 알아보자. 동기/비동기 API가 함께 제공되면 사용자들은 통상 비동기 메서드가 더 좋을 것으로 생각한다. 그런데 비동기 메서드가 단순히 기존 동기 메서드를 감싼 정도의 수준이라면 그렇지가 않다.

```
public double ComputeValue()
{
    // 여러 작업을 한다.
    double finalAnswer = 0;
    for (int i = 0; i < 10_000_000; i++)
        finalAnswer += InterimCalculation(i);
    return finalAnswer;
}

public Task<double> ComputeValueAsync()
{
    return Task.Run(() => ComputeValue());
}
```

---

* C# 7.1부터는 Main() 메서드를 async로 선언할 수 있다.

CPU 중심 작업을 수행하는 동기 메서드를 호출할 경우, 사용자는 이를 그저 동기적으로 호출할지 혹은 다른 스레드를 이용하여 비동기로 수행할지 결정할 수 있다. 하지만 CPU 중심작업이 비동기 메서드로만 제공되면 이런 선택을 할 수가 없다. 내부적으로는 새로운 스레드가 생성되어 작업이 수행될 수도 있고, 스레드 풀에서 가져온 스레드를 이용해서 수행될 수도 있을 것이다. 이 작업이 더 큰 대규모 연산의 일부여서 이미 사용자가 별도의 스레드로 분리하여 작업을 수행하고 있을 수도 있다. 사용자가 콘솔 애플리케이션에서 이 같은 비동기 메서드를 호출하였다면, 백그라운드 스레드로 작업을 수행하게 되는데, 이렇게 되면 사실 소소하게나마 리소스를 더 소비하게 된다.

CPU 중심 작업을 비동기 작업으로 수행해야 하는 경우도 있다. 하지만 이 경우에도 CPU 중심 작업은 가능한 큰 단위로 만들어야 한다. 그리고 가능한 애플리케이션의 진입점에서 수행하는 것이 좋다. 콘솔 애플리케이션의 Main() 메서드, 웹 애플리케이션의 응답 핸들러, GUI 애플리케이션의 UI 핸들러 등에서는 CPU 중심 작업이라 하더라도 비동기로 작업을 수행해야 한다. 다른 위치에서는 CPU 중심 작업을 감싸고 있는 비동기 메서드를 사용하는 것이 그리 좋은 방법이 아니다.

비동기 메서드를 이용해 작업을 분리하다 보면 그 효과가 애플리케이션 전반으로 퍼진다. 비동기 API를 하나 추가하면 그 기능을 활용해야 하는 다른 API도 비동기가 될 것이기 때문이다. 이것이 올바른 현상이다. 결국 콜스택에 비동기 메서드의 비중이 점점 늘어날 것이다. 비동기 메서드를 지원을 위해서 기존 라이브러리를 변경하거나 확장하는 경우에는 API를 동기 버전과 비동기 버전을 함께 제공하자. 단, 해당 작업이 본질적으로 비동기이고 다른 스레드로 작업을 넘길 수 있을 경우로 제한하자. 다시 강조하지만, CPU 중심 작업을 비동기 메서드로 작성하는 것은 사용자를 잘못된 길로 인도할 뿐이다.

아이템 30: 비동기 메서드를 사용해서 스레드 생성과 콘텍스트 전환을 피하라

모든 비동기 작업이 서로 다른 스레드에서 수행된다고 오인하기 쉽다. 물론 그렇게 수행할 수도 있지만, 비동기 작업이 새로운 스레드를 생성하지 않는 경우도 많다. 파일 입출력은 비동기이지만 스레드가 아닌 I/O 완료 포트를 사용한다. 웹 요청도 비동기이지만 스레드가 아닌 네트워크 인터럽트network interrupt를 사용한다. 이런 태스크를 비동기로 수행하면 추가로 스레드가 필요하지 않으므로, 스레드를 다른 작업에 쓸 수 있다.

다른 스레드로 작업을 위임한다는 것은, 작업을 요청한 측의 스레드를 자유롭게 해주기 위해서 다른 스레드를 생성하는 비용을 지불하는 것이다. 이는 희소한 리소스를 오랫동안 점유하지 않아야 하는 상황에서만 유일하게 가치 있는 방식이다. GUI 애플리케이션에서는 UI 스레드가 희소한 리소스다. 사용자가 볼 수 있는 시각적 요소와 상호작용하는 스레드가 오직 하나뿐이기 때문이다. 하지만 스레드 풀의 스레드들은 서로 동일한 역할을 수행할 것이므로 고유하지 않으며, (수에 제한이 있기는 하지만) 그리 희소하지도 않다. 이런 이유로 GUI 앱이 아닌 다른 앱을 개발하는 경우에는 CPU 중심 작업을 비동기로 수행하지 말아야 한다.

몇 가지 상황을 통해 이 문제를 좀 더 자세히 들여다보자. 먼저 GUI 애플리케이션이다. 사용자는 UI를 통해 수행한 작업이 완료되기 전이라도, 여전히 사용자의 다른 입력에 즉각적으로 반응하기를 바란다. 하지만 UI 스레드가 요청한 작업을 수행하는 데 수 초 이상 걸린다면 사용자는 매우 실망할 것이다. 이 문제를 해결하려면 작업을 위임받아 대신 수행해줄 다른 리소스가 필요하다. 그러면 UI가 사용자의 다른 입력에 바로 반응할 수 있을 것이다. **아이템 29: 동기, 비동기 메서드를 함께 사용해서는 안 된다**에서도 살펴본 것처럼, UI 이벤트 핸들러는 동기식 작업을 비동기로 감싸도 좋은 위치에 해당한다.

다음은 콘솔 애플리케이션으로 넘어가보자. CPU 중심 태스크 하나를 장시간 수행하는 콘솔 애플리케이션이라면 스레드를 분리시켜도 별다른 장점이 없다. 추가 스레드는 작업을 수행하느라 바쁘지만, 메인 스레드는 그저 추가 스레드가 작업을 완료할 때까지 대기할 뿐이다. 다시 말해, 두 개의 스레드를 하나의 작업에 묶어 놓는 꼴이다.

하지만 콘솔 애플리케이션이 CPU 중심 작업을 여러 개 실행하는 경우에는 이 태스크들을 별도의 스레드에서 수행하는 것이 효과적이다. **아이템 35: PLINQ가 병렬 알고리즘을 구현하는 방법을 이해하라**에서는 CPU 중심 작업을 여러 스레드에서 수행하는 방법을 다룬다.

다음으로 ASP.NET 서버 애플리케이션을 살펴보자. 아마도 개발자를 가장 많이 혼란스럽게 만드는 애플리케이션이 아닐까 싶다. 이상적으로는 스레드를 자유롭게 만들어 더 많은 입력 요청을 처리하도록 만들고 싶을 것이다. 그리고 이를 위해 ASP.NET 핸들러에서 CPU 중심 작업을 다른 스레드에 위임하도록 설계할지도 모르겠다.

```
public async Task<IActionResult> Compose()
{
    var model = await LongRunningCPUTask();
    return View(model);
}
```

이 코드에서 어떤 일이 벌어지는지 자세히 살펴보자. 태스크를 처리하기 위해 다른 스레드를 사용하므로, 스레드 풀에 추가 스레드를 생성한다. 첫 번째 스레드는 이제 할 일이 없으므로 스레드 풀로 수거되어 다른 일을 할당받는다. 하지만 이 때문에 오버헤드가 더 커진다. 원래 작업을 수행하던 스레드를 스레드 풀로 수거하려면 SynchronizationContext에 웹 요청에 대한 상태를 저장해두어야 한다. 이후 CPU 중심 작업이 완료되면 앞서 저장해두었던 상태를 복원해야 한다. 그래야만 핸들러가 클라이언트에게 제대로 응답할 수 있다.

이러한 방식으로는 딱히 자원을 절약하지 못했음에도, 두 번의 콘텍스트 전환만을 추가한 꼴이 된다.

웹 요청에 응답하기 위해 CPU 중심 작업을 장시간 수행해야 한다면, 해당 작업을 다른 프로세스나 다른 머신에서 수행해야 한다. 이렇게 하면 스레드 리소스를 더욱 효율적으로 사용할 수 있으므로, 웹 애플리케이션이 좀 더 많은 서비스 요청을 처리할 수 있다. 예를 들면, 웹 잡[ob]을 준비해서 CPU 중심 작업을 요청받은 순서대로 실행하는 방법이 있다. 또는 다른 머신을 이용해서 CPU 중심 작업을 수행하는 방법이 있을 수 있다.

어느 방법이 가장 빠른지는 애플리케이션의 특성에 따라 다르다. 트래픽 양, CPU 중심 작업을 처리하는 시간, 네트워크 지연 시간 등을 고려해야 한다. 특히 웹 애플리케이션에서는 모든 작업이 동기적으로 수행되는 상황에서 이런 지표들을 측정하여 적절한 방법이 무엇인지 확인하는 것이 좋다. 이런 접근법이 다른 스레드에 작업을 위임하는 것보다 성능이 낫다.

비동기 작업은 마법처럼 보일 수도 있다. 작업을 다른 리소스에 위임하고, 해당 작업이 끝나면 결과를 받아온다. 이러한 방식이 효율적이려면, 단순히 비슷한 리소스 간에 콘텍스트를 오가는 것이 아니라 더 가치 있는 리소스를 확보할 수 있어야 한다.

아이템 31: 불필요한 콘텍스트 마셜링을 피하라

어떤 콘텍스트에서도 실행될 수 있는 코드를 '자유 코드context-free code'라고 한다. 반대로 특정 SynchronizationContext에서만 실행될 수 있는 코드를 '콘텍스트 인식 코드context-aware code'라고 한다. 여러분이 작성하는 대부분의 코드는 콘텍스트 자유 코드다. 콘텍스트 인식 코드는 GUI 애플리케이션에서 UI 컨트롤과 상호작용하는 코드, 또는 웹 애플리케이션에서 HTTPContext 등의 클래스와 상호작용하는 코드를 말한다. 콘텍스트 인식 코드는 대기 중이던 태스크가 끝나 실행을 재개할 때 올바른 콘텍스트에서 실행돼야 한다(**아이템 27: 비동기 작업에는 비동기 메서드를 사용하라** 참조). 하지만 콘텍스트 자유 코드는 기본 콘텍스트에서도 실행할 수 있다.

콘텍스트 인식 코드는 그리 많지 않다. 그런데도 기본적으로 캡처된 콘텍스트captured context에서 컨티뉴에이션continuation을 실행하도록 만든 이유가 궁금할 것이다. 사실 불필요한 콘텍스트 전환을 하더라도, 콘텍스트를 전환하지 않아 문제가 발생하는 것보다 낫다. 사실, 콘텍스트 자유 코드를 캡처된 콘텍스트에 실행하더라도 크게 잘못되는 경우는 없다. 하지만, 반대로 콘텍스트 인식 코드를 잘못된 콘텍스트에서 실행하면 애플리케이션이 망가질 수 있다. 이 때문에 기본적으로 (정말 필요한지와 상관없이) 컨티뉴에이션을 캡처된 콘텍스트에서 실행하는 것이다.

캡처된 콘텍스트에서 컨티뉴에이션에서 수행하는 것이 당장 대단한 문제를 일으키는 것은 아니지만, 시간이 흐르면 이것이 누적되어 복합적인 문제를 일으킬 수도 있다. 컨티뉴에이션을 늘 캡처된 콘텍스트에서 실행하기 때문에, 컨티뉴에이션을 다른 스레드에 위임할 기회가 사라진다. GUI 애플리케이션에서는 UI가 반응하지 않을 수 있고, 웹 애플리케이션에서는 분당 요청 처리 수가 줄어들 수 있다. 결국 시간이 지남에 따라 성능이 점점 저하될 것이다. GUI 애플리케이션에서는 교착상태(**아이템 39: XAML 환경에서의 스레드 간 호출을 이해하라** 참조)가 발생할 가능성이 커지고 웹에서는 스레드 풀을 온전히 활용할 수 없게 되는 것이다.

ConfigureAwait()를 사용하면 컨티뉴에이션을 캡처된 콘텍스트에서 실행되지 않도록 설정할 수 있으므로, 원치 않는 결과를 피할 수 있다. 라이브러리에서라면 콘텍스트 자유 코드의 컨티뉴에이션을 다음과 같이 작성할 수 있다.

```
public static async Task<XElement> ReadPacket(string Url)
{
    var result = await DownloadAsync(Url)
```

```
        .ConfigureAwait(continueOnCapturedContext: false);
    return XElement.Parse(result);
}
```

간단한 경우는 사용하기가 쉽다. ConfigureAwait()를 추가하면 컨티뉴에이션이 기본 콘텍스트에서 실행된다. 다음 메서드를 보자.

```
public static async Task<Config> ReadConfig(string Url)
{
    var result = await DownloadAsync(Url)
        .ConfigureAwait(continueOnCapturedContext: false);
    var items = XElement.Parse(result);
    var userConfig = from node in items.Descendants()
                     where node.Name == "Config"
                     select node.Value;
    var configUrl = userConfig.SingleOrDefault();
    if (configUrl != null)
    {
        result = await DownloadAsync(configUrl)
            .ConfigureAwait(continueOnCapturedContext: false);
        var config = await ParseConfig(result)
            .ConfigureAwait(continueOnCapturedContext: false);
        return config;
    }
    else
        return new Config();
}
```

첫 번째 await에 도달하면 컨티뉴에이션이 기본 콘텍스트에서 실행될 것이라 생각하여, 뒤에 이어지는 비동기 호출에서는 ConfigureAwait()를 다시 사용하지 않아도 되리라 생각할 수 있다. 이는 잘못된 생각이다. 만약 첫 번째 태스크가 동기식으로 완료된다면 어떻게 될까? 이는 태스크가 캡처된 콘텍스트에서 동기적으로 재개될 것임을 뜻한다(**아이템 27: 비동기 작업에는 비동기 메서드를 사용하라** 참조). 그렇게 되면 다음 await도 여전히 캡처된 콘텍스트에서 실행된다. 즉, 두 번째 이후의 비동기 호출도 기본 컨텍스트에서 수행되지 못하고, 캡처된 콘텍스트에서 수행된다. 결국 모든 작업이 캡처된 콘텍스트에서 수행되게 된다.

이런 이유로 태스크를 반환하는 비동기 코드를 호출해야 하고, 컨티뉴에이션이 콘텍스트 자유 코드라면 항상 ConfigureAwait(false)를 사용하여 기본 콘텍스트에서 수행되도록 해야 한다. UI를 다루는 코드에서 콘텍스트 인식 코드를 격리해내는 게 목표다. 다음 코드를 보자.

```
private async void OnCommand(object sender, RoutedEventArgs e)
{
    var viewModel = (DataContext as SampleViewModel);
    try
    {
        var userInput = viewModel.webSite;
        var result = await DownloadAsync(userInput);
        var items = XElement.Parse(result);
        var userConfig = from node in items.Descendants()
                         where node.Name == "Config"
                         select node.Value;
        var configUrl = userConfig.SingleOrDefault();
        if (configUrl != null)
        {
            result = await DownloadAsync(configUrl);
            var config = await ParseConfig(result);
            await viewModel.Update(config);
        }
        else
            await viewModel.Update(new Config());
    }
    catch (Exception ex) when (logMessage(viewModel, ex))
    {
    }
}
```

이 메서드는 콘텍스트 인식 코드를 분리하기 어렵게 구성돼 있다. 이 메서드가 호출하는 비동기 메서드들은 대부분 콘텍스트 자유 코드다. 하지만 메서드 끝자락에서 UI 컨트롤을 갱신하는 부분은 콘텍스트 인식 코드다. UI 컨트롤을 갱신하지 않는 다른 모든 부분은 콘텍스트 자유 코드로 취급해야 한다. 사용자 인터페이스를 갱신하는 코드만 콘텍스트 인식 코드인 것이다.

앞의 메서드는 모든 컨티뉴에이션을 캡처된 콘텍스트에서 실행하도록 작성됐다. 어느 하나라도 기본 콘텍스트에서 코드를 수행하면 큰 문제가 된다. 이 문제를 해결하려면 먼저 코드를 재구성해서 모든 콘텍스트 자유 코드를 새로운 메서드로 옮겨야 한다. 재구성이 끝난 후에는 ConfigureAwait(false)를 추가하여, 기본 콘텍스트에서도 컨티뉴에이션을 수행할 수 있도록 허용해야 한다.

```
private async void OnCommand(object sender, RoutedEventArgs e)
{
    var viewModel = (DataContext as SampleViewModel);
    try
    {
        Config config = await ReadConfigAsync(viewModel);
        await viewModel.Update(config);
    }
    catch (Exception ex) when (logMessage(viewModel, ex))
    {
    }
}

private async Task<Config> ReadConfigAsync(SampleViewModel viewModel)
{
    var userInput = viewModel.webSite;
    var result = await DownloadAsync(userInput)
        .ConfigureAwait(continueOnCapturedContext: false);
    var items = XElement.Parse(result);
    var userConfig = from node in items.Descendants()
                     where node.Name == "Config"
                     select node.Value;
    var configUrl = userConfig.SingleOrDefault();
    var config = default(Config);
    if (configUrl != null)
    {
        result = await DownloadAsync(configUrl)
            .ConfigureAwait(continueOnCapturedContext: false);
        config = await ParseConfig(result)
            .ConfigureAwait(continueOnCapturedContext: false);
    }
    else
        config = new Config();

    return config;
}
```

기본 콘텍스트에서 작업을 재개하는 것이 기본 동작이었다면 문제가 더 간단했을 것이다. 하지만 이 방식은 잘못 쓰면 앱을 예기치 않게 중단시킬 것이다. 현재의 방식에서는 모든 컨티뉴에이션이 캡처된 콘텍스트에서 실행되므로 애플리케이션은 늘 잘 동작한다. 다만, 효율이 떨어지므로, 사용자를 위해 이 점을 개선하도록 하자. 먼저 코드의 구조를 개선해 캡처된 콘텍스트에서 실행해야 하는 코드를 분리하자. 그런 다음 나머지 비동기 작업들은 가능한 한 모두 ConfigureAwait(false)를 이용해 기본 콘텍스트에서도 수행될 수 있도록 하면 된다.

아이템 32: 비동기 작업은 태스크 객체를 사용해 구성하라

태스크는 다른 리소스(주로 스레드)에 작업을 위임할 수 있도록 추상화한 개념이다. Task 타입, 그리고 관련 클래스와 구조체는 풍부한 API를 제공하므로, 다른 곳으로 위임한 태스크와 수행할 작업을 손쉽게 다룰 수 있다. 태스크 또한 객체이므로 메서드와 속성을 사용해서 조작할 수 있다. 여러 태스크를 모아서 거대한 태스크로 묶을 수도 있다. 거대한 태스크에 속한 작은 태스크들은 순서대로 혹은 병렬로 실행할 수 있다. await 구문으로는 순서를 강제할 수 있다. 즉, await 구문을 만난 코드는 기다리는 태스크가 완료될 때까지 실행이 멈춘다. 따라서 이전 태스크의 결과를 획득한 이후에 수행되는 태스크를 만들 수도 있다. 이처럼 태스크가 제공하는 풍부한 API를 활용하면 아주 우아한 알고리즘을 구현해낼 수 있다. 태스크를 객체로 다루는 방법을 숙지하면 할수록 더 고급스러운 비동기 코드를 작성할 수 있다.

여러 개의 태스크를 만들고 그 각각이 끝날 때까지 대기하는 비동기 메서드를 살펴보자. 다음은 아주 단순하게 구현한 코드다.

```
public static async Task<IEnumerable<StockResult>>
    ReadStockTicker(IEnumerable<string> symbols)
{
    var results = new List<StockResult>();
    foreach (var symbol in symbols)
    {
        var result = await ReadSymbol(symbol);
        results.Add(result);
    }
    return results;
}
```

이 태스크들은 독립적이므로 각 태스크가 끝나기를 기다렸다가 다음 태스크를 실행할 필요가 없다. 따라서 모든 태스크를 동시에 시작한 후 태스크들이 모두 끝나기를 기다렸다가 컨티뉴에이션이 실행되도록 수정할 수 있을 것이다.

```
public static async Task<IEnumerable<StockResult>>
    ReadStockTicker(IEnumerable<string> symbols)
{
    var resultTasks = new List<Task<StockResult>>();
    foreach (var symbol in symbols)
    {
        resultTasks.Add(ReadSymbol(symbol));
    }
    var results = await Task.WhenAll(resultTasks);
    return results.OrderBy(s => s.Price);
}
```

컨티뉴에이션이 모든 태스크의 결과를 필요로 한다면 맞게 구현한 것이다. WhenAll을 사용하면 관찰하고 있는 모든 태스크가 끝나야 완료되는 새로운 태스크를 만들 수 있다. Task. WhenAll은 완료된(실패한 태스크 포함) 모든 태스크를 배열에 저장해 반환한다.

때로는 같은 결과를 생성하는 태스크를 여러 개 시작하기도 한다. 서로 다른 소스들을 사용해서 그중 가장 먼저 끝나는 태스크의 결과를 가지고 작업을 이어가는 경우다. Task. WhenAny() 메서드는 대기하고 있는 태스크 중 하나라도 완료되면 실행을 완료하는 태스크를 만든다.

예를 들어 여러 소스로부터 주식 종목명 하나를 읽어오는 경우를 생각해보자. 가장 먼저 읽은 것을 반환하면 작업을 끝낸다. 이때 가장 먼저 끝나는 태스크를 찾으려면 WhenAny를 사용하면 된다.

```
public static async Task<StockResult>
    ReadStockTicker(string symbol, IEnumerable<string> sources)
{
    var resultTasks = new List<Task<StockResult>>();
    foreach (var source in sources)
    {
        resultTasks.Add(ReadSymbol(symbol, source));
    }
    return await Task.WhenAny(resultTasks);
}
```

때에 따라서는 각 태스크가 끝날 때마다 컨티뉴에이션을 실행해야 하는 경우가 있다. 다음처럼 단순하게 코드를 구현할 수도 있다.

```
public static async Task<IEnumerable<StockResult>>
    ReadStockTicker(IEnumerable<string> symbols)
{
    var resultTasks = new List<Task<StockResult>>();
    var results = new List<StockResult>();
    foreach (var symbol in symbols)
    {
        resultTasks.Add(ReadSymbol(symbol));
    }
    foreach (var task in resultTasks)
    {
        var result = await task;
        results.Add(result);
    }
    return results;
}
```

하지만, 태스크들이 시작한 순서대로 끝난다는 보장은 없다. 이 알고리즘은 완료된 태스크들이 오래 걸리는 다른 작업이 끝날 때까지 큐에서 대기해야 하므로 매우 비효율적이다.

이 코드를 개선하기 위해 Task.WhenAny()를 사용해볼 수도 있을 것이다. 이를 적용한 코드는 다음과 같다.

```
public static async Task<IEnumerable<StockResult>>
    ReadStockTicker(IEnumerable<string> symbols)
{
    var resultTasks = new List<Task<StockResult>>();
    var results = new List<StockResult>();
    foreach (var symbol in symbols)
    {
        resultTasks.Add(ReadSymbol(symbol));
    }
    while (resultTasks.Any())
    {
        // 루프를 반복할 때마다 새로운 태스크를 만든다.
        // 처리 효율이 너무 떨어진다.
        Task<StockResult> finishedTask = await
        Task.WhenAny(resultTasks);
        var result = await finishedTask;
        resultTasks.Remove(finishedTask);
        results.Add(result);
```

```
    }
    var first = await Task.WhenAny(resultTasks);
    return await first;
}
```

코드의 주석에도 썼지만, 이 방법은 원하는 결과를 얻기에는 부적합하다. Task.WhenAny()를 호출할 때마다 새로운 태스크를 생성하기 때문이다. 이 알고리즘은 관리해야 할 태스크가 늘어날수록 더 많은 자원이 필요하므로 효율이 급격히 떨어진다.

대안으로 생각할 수 있는 것이 TaskCompletionSource 클래스다. TaskCompletion Source는 결과를 생성하기 위해 나중에 조작할 태스크 객체를 반환할 수 있게 해준다. 사실상, 모든 메서드의 결과를 비동기적으로 생성할 수 있는 것이다. 이 전략은 주로 출발지source 태스크(들)와 목적지destination 태스크(들) 사이에 길을 연결하는 데 쓰인다. 먼저 시작 태스크가 완료될 때 실행될 코드를 작성한다. 이 코드는 출발지 태스크가 완료되기를 기다린 후, TaskCompletionSource를 이용해 목적지 태스크를 갱신한다.

다음 예제에서는 출발지 태스크의 배열을 갖고 있다고 가정한다. 먼저 목적지 TaskComple tionSource 객체들의 배열을 생성한다. 각 태스크가 끝나면 TaskCompletionSource를 사용해서 목적지 태스크 중 하나를 갱신한다. 코드는 다음과 같다.

```
public static Task<T>[] OrderByCompletion<T>(
    this IEnumerable<Task<T>> tasks)
{
    // 여러 번 열거되기 때문에 리스트에 복사한다.
    var sourceTasks = tasks.ToList();

    // 출발지 태스크와 목적지 태스크를 할당한다.
    // 각 목적지 태스크는 각 TaskCompletionSource와 연결된다.
    var completionSources =
        new TaskCompletionSource<T>[sourceTasks.Count];
    var outputTasks = new Task<T>[completionSources.Length];
    for (int i = 0; i < completionSources.Length; i++)
    {
        completionSources[i] = new TaskCompletionSource<T>();
        outputTasks[i] = completionSources[i].Task;
    }

    // 첫 번째 마법
```

```
// 각 태스크가 가지고 있는 컨티뉴에이션은
// 자신의 결과를 completionSources 배열의 다음 위치에 저장한다.
int nextTaskIndex = -1;
Action<Task<T>> continuation = completed =>
{
    var bucket = completionSources
        [Interlocked.Increment(ref nextTaskIndex)];
    if (completed.IsCompleted)
        bucket.TrySetResult(completed.Result);
};



// 두 번째 마법
// 각 입력 태스크에 컨티뉴에이션을 설정하여 결과 태스크와 연결한다.
// 각 태스크가 끝나면 다음 빈 공간을 사용한다.
foreach (var inputTask in sourceTasks)
{
    inputTask.ContinueWith(continuation,
        CancellationToken.None,
        TaskContinuationOptions.ExecuteSynchronously,
        TaskScheduler.Default);
}

    return outputTasks;
}
```

이 코드에는 꽤 많은 내용이 담겨 있다. 하나씩 살펴보자. 먼저 TaskCompletionSource 객체의 배열을 할당한다. 그 다음은 각 시작 태스크가 완료되면 실행해야 할 컨티뉴에이션 코드를 정의한다. 이 컨티뉴에이션 코드는 목적지 TaskCompletionSource 객체들의 다음 슬롯을 완료되었다고 설정한다. 다음 빈 슬롯을 스레드 안전하게 갱신하기 위해 Interlocked. Increment() 메서드를 이용했다. 마지막으로, 각 태스크 객체가 이 코드를 실행하도록 컨티뉴에이션을 설정한다. 결국 이 메서드는 TaskCompletionSource 객체들의 배열로부터 일련의 태스크들을 반환한다.

호출자는 이제 태스크들이 완료된 순서로 정렬된 목록을 순회할 수 있다. 태스크 10개를 실행하는 일반적인 예를 살펴보자. 태스크가 3, 7, 2, 0, 4, 9, 1, 6, 5, 8 순으로 끝난다고 가정하자. 태스크 3이 끝나면 컨티뉴에이션이 실행돼서 Task 결과를 목적지 배열의 슬롯 0에 배치한다. 다음은 태스크 7이 끝나면 그 결과를 슬롯 1에 배치한다. 태스크 2의 결과는 슬롯 2에 배치하는 식으로 태스크 8이 끝나서 결과를 슬롯 9에 배치할 때까지 반복한다(그림 3.1 참조).

그림 3.1 태스크 순서는 완료된 순서다.

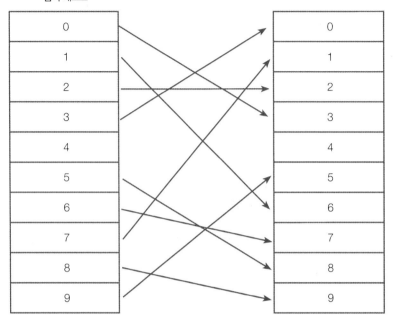

앞의 코드를 확장해서 오류 상태로 끝난 태스크를 처리할 수 있게 만들어보자. 컨티뉴에이션 부분만 수정하면 된다.

```
// 첫 번째 마법
// 각 태스크가 가지고 있는 컨티뉴에이션은
// 자신의 결과를 completionSources 배열의 다음 위치에 저장한다.
int nextTaskIndex = -1;
Action<Task<T>> continuation = completed =>
{
    var bucket = completionSources
        [Interlocked.Increment(ref nextTaskIndex)];
    if (completed.IsCompleted)
        bucket.TrySetResult(completed.Result);
    else if (completed.IsFaulted)
        bucket.TrySetException(completed.Exception);
};
```

태스크를 다루고, 태스크가 완료되거나 오류가 생겼을 때 취할 액션을 정의하기 위한 다양한 API가 존재한다. 이런 API를 사용하면 비동기 코드의 결과가 준비됐을 때 처리하는 고급 알고리즘을 쉽게 구성할 수 있다. Task 라이브러리에서 찾을 수 있는 이런 확장 기능을 이용하면 태스크가 끝난 시점에 취할 수 있는 액션을 지정할 수 있다. 또한 매우 비효율적인 코드를 가독성 높은 코드로 수정할 수 있다.

아이템 33: 태스크 취소 프로토콜 구현을 고려하라

태스크 기반 비동기 프로그래밍 모델task asynchronous programming model은 진행을 취소하거나 보고하기 위한 표준 API를 제공한다. 이 API는 필수는 아니지만, 비동기 작업이 진행 상황을 효과적으로 보고하거나 작업을 취소하기 위해서는 올바르게 구현돼야 한다.

내부적으로 수행해야 하는 작업이 취소를 지원하지 않을 수 있으므로, 작업을 취소할 수 없는 비동기 태스크도 있다. 취소할 수 없는 작업임에도 불구하고, 취소가 가능함을 뜻하는 오버로드 메서드를 제공해서는 안 된다. 호출자가 (실상은 아무 효과도 없음에도) 취소 프로토콜을 구현하기 위해 추가 작업을 할지도 모를 일이기 때문이다.

진행 상황 보고도 마찬가지다. 프로그래밍 모델상으로 진행 상황을 보고해야 하더라도, API가 실제로 진행 상황을 보고할 수 있을 때만 이 기능을 구현해야 한다. 비동기 작업이 얼마나 진행됐는지 정확히 보고할 수 없는 경우라면 관련 오버로드를 구현하지 말아야 한다. 예를 들어 웹 요청을 생각해보자. 응답을 받기까지는 웹 요청이 제대로 전달됐는지, 얼마나 처리됐는지 등 어떤 정보도 네트워크 스택으로부터 받지 못한다. 응답을 받은 후에야 태스크가 완료될 것이기 때문이다. 이처럼 웹 요청에서는 진행 보고가 아무런 의미가 없다.

복잡한 처리를 위해 연속된 5개의 웹 요청을 서로 다른 서비스에 각기 전달하는 상황이라면 조금 다를 수 있다. 예를 들어 다음의 과정을 거쳐 급여를 지급하는 API를 작성한다고 해보자.

1. 임직원 목록과 임직원별 근무 시간을 알려주는 웹 서비스를 호출한다.
2. 세금을 계산해 신고하는 웹 서비스를 호출한다.
3. 급여명세서를 생성해서 임직원에게 이메일로 전송하는 웹 서비스를 호출한다.
4. 급여를 송금하는 웹 서비스를 호출한다.
5. 급여 지급을 마감하는 웹 서비스를 호출한다.

이 5개의 서비스가 20%씩의 작업을 수행한다고 가정하고, 각 단계가 끝날 때마다 프로그램의 진행 상황을 보고하기 위해 보고용 오버로드를 구현할 수 있다. 그뿐만 아니라 취소 API도 구현할 수 있다. 네 번째 과정(급여 송금)이 시작되기 전이라면 급여 처리를 취소할 수 있다. 하지만 돈이 송금된 후에는 더 이상 취소가 불가능하다.

이 예제에서 지원해야 하는 다른 오버로드들을 살펴보도록 하자. 가장 단순한 형태부터 시작하자. 취소와 진행 보고를 지원하지 않는 경우다.

```csharp
public async Task RunPayroll(DateTime payrollPeriod)
{
    // Step 1: 근무 시간과 급여 계산
    var payrollData = await RetrieveEmployeePayrollDataFor(payrollPeriod);

    // Step 2: 세금 계산 및 신고
    var taxReporting = new Dictionary<EmployeePayrollData, TaxWithholding>();
    foreach (var employee in payrollData)
    {
        var taxWithholding = await RetrieveTaxData(employee);
        taxReporting.Add(employee, taxWithholding);
    }

    // Step 3: 급여명세서 생성 및 이메일 전송
    var paystubs = new List<Task>();
    foreach (var payrollItem in taxReporting)
    {
        var payrollTask = GeneratePayrollDocument(
            payrollItem.Key, payrollItem.Value);
        var emailTask = payrollTask.ContinueWith(
            paystub => EmailPaystub(payrollItem.Key.Email, paystub.Result));
        paystubs.Add(emailTask);
    }
    await Task.WhenAll(paystubs);

    // Step 4: 급여 송금
    var depositTasks = new List<Task>();
    foreach (var payrollItem in taxReporting)
    {
        depositTasks.Add(MakeDeposit(payrollItem.Key,
        payrollItem.Value));
    }
    await Task.WhenAll(depositTasks);
```

```
    // Step 5: 급여 지급 기간 마감
    await ClosePayrollPeriod(payrollPeriod);
}
```

이제 진행 보고를 위한 오버로드를 추가해보자.

```
public async Task RunPayroll2(DateTime payrollPeriod,
    IProgress<(int, string)> progress)
{
    progress?.Report((0, "Starting Payroll"));

    // Step 1: 근무 시간과 급여 계산
    var payrollData = await RetrieveEmployeePayrollDataFor(payrollPeriod);
    progress?.Report((20, "Retrieved employees and hours"));

    // Step 2: 세금 계산 및 신고
    var taxReporting = new Dictionary<EmployeePayrollData, TaxWithholding>();
    foreach (var employee in payrollData)
    {
        var taxWithholding = await RetrieveTaxData(employee);
        taxReporting.Add(employee, taxWithholding);
    }
    progress?.Report((40, "Calculated Withholding"));

    // Step 3: 급여명세서 생성 및 이메일 전송
    var paystubs = new List<Task>();
    foreach (var payrollItem in taxReporting)
    {
        var payrollTask = GeneratePayrollDocument(
            payrollItem.Key, payrollItem.Value);
        var emailTask = payrollTask.ContinueWith(
            paystub => EmailPaystub(payrollItem.Key.Email, paystub.Result));
        paystubs.Add(emailTask);
    }
    await Task.WhenAll(paystubs);
    progress?.Report((60, "Emailed Paystubs"));

    // Step 4: 급여 송금
    var depositTasks = new List<Task>();
    foreach (var payrollItem in taxReporting)
    {
        depositTasks.Add(MakeDeposit(payrollItem.Key, payrollItem.Value));
    }
```

```
    await Task.WhenAll(depositTasks);
    progress?.Report((80, "Deposited pay"));

    // Step 5: 급여 지급 기간 마감
    await ClosePayrollPeriod(payrollPeriod);
    progress?.Report((100, "complete"));
}
```

호출자는 이 메서드를 다음과 같이 사용할 수 있다.

```
public class ProgressReporter :
    IProgress<(int percent, string message)>
{
    public void Report((int percent, string message) value)
    {
        WriteLine($"{value.percent} completed: {value.message}");
    }
}

await generator.RunPayroll(DateTime.Now, new ProgressReporter());
```

진행 보고가 준비됐으니 이제 취소 처리를 구현할 차례다. 다음 코드는 취소 처리만 구현하고
진행 보고 기능은 없는 상태다.

```
public async Task RunPayroll(DateTime payrollPeriod,
    CancellationToken cancellationToken)
{
    // Step 1: 근무 시간과 급여 계산
    var payrollData = await RetrieveEmployeePayrollDataFor(payrollPeriod);
    cancellationToken.ThrowIfCancellationRequested();

    // Step 2: 세금 계산 및 신고
    var taxReporting = new Dictionary<EmployeePayrollData, TaxWithholding>();
    foreach (var employee in payrollData)
    {
        var taxWithholding = await RetrieveTaxData(employee);
        taxReporting.Add(employee, taxWithholding);
    }
    cancellationToken.ThrowIfCancellationRequested();

    // Step 3: 급여명세서 생성 및 이메일 전송
```

```
        var paystubs = new List<Task>();
        foreach (var payrollItem in taxReporting)
        {
            var payrollTask = GeneratePayrollDocument(
                payrollItem.Key, payrollItem.Value);
            var emailTask = payrollTask.ContinueWith(
                paystub => EmailPaystub(payrollItem.Key.Email, paystub.Result));
            paystubs.Add(emailTask);
        }
        await Task.WhenAll(paystubs);
        cancellationToken.ThrowIfCancellationRequested();

        // Step 4: 급여 송금
        var depositTasks = new List<Task>();
        foreach (var payrollItem in taxReporting)
        {
            depositTasks.Add(MakeDeposit(payrollItem.Key,
            payrollItem.Value));
        }
        await Task.WhenAll(depositTasks);

        // Step 5: 급여 지급 기간 마감
        await ClosePayrollPeriod(payrollPeriod);
    }
```

호출자는 이 메서드를 다음과 같이 사용할 수 있다.

```
var cts = new CancellationTokenSource();
generator.RunPayroll(DateTime.Now, cts.Token);
// 취소
cts.Cancel();
```

호출자는 CancellationTokenSource를 사용해서 취소를 요청한다. TaskCompletion Source 때처럼(**아이템 32: 비동기 작업은 태스크 객체를 사용해 구성하라** 참조) 이 클래스는 취소를 요청하는 코드와 취소를 지원하는 코드 사이를 중개한다.

이제 작업이 완료되지 않았음을 알리는 TaskCancelledException을 던져서 취소 처리를 보고하는 부분을 살펴보자. 취소된 태스크는 오류 태스크로 간주되므로, async void 메서드(**아이템 28: async void 메서드는 절대 작성하지 말라** 참조)내에서는 취소 처리를 지원할 수 없다. 만에 하나 그런 시도를 한다면 취소된 태스크가 UnhandledException 핸들러를 호출하게 된다.

마지막으로 보고와 취소 처리를 합쳐보자.

```csharp
public Task RunPayroll(DateTime payrollPeriod) =>
    RunPayroll(payrollPeriod, new CancellationToken(), null);

public Task RunPayroll(DateTime payrollPeriod,
    CancellationToken cancellationToken) =>
        RunPayroll(payrollPeriod, cancellationToken, null);

public Task RunPayroll(DateTime payrollPeriod,
    IProgress<(int, string)> progress) =>
        RunPayroll(payrollPeriod, new CancellationToken(), progress);

public async Task RunPayroll(DateTime payrollPeriod,
    CancellationToken cancellationToken,
    IProgress<(int, string)> progress)
{
    progress?.Report((0, "Starting Payroll"));

    // Step 1: 근무 시간과 급여 계산
    var payrollData = await RetrieveEmployeePayrollDataFor(payrollPeriod);
    cancellationToken.ThrowIfCancellationRequested();
    progress?.Report((20, "Retrieved employees and hours"));

    // Step 2: 세금 계산 및 신고
    var taxReporting = new Dictionary<EmployeePayrollData, TaxWithholding>();
    foreach (var employee in payrollData)
    {
        var taxWithholding = await RetrieveTaxData(employee);
        taxReporting.Add(employee, taxWithholding);
    }
    cancellationToken.ThrowIfCancellationRequested();
    progress?.Report((40, "Calculated Withholding"));

    // Step 3: 급여명세서 생성 및 이메일 전송
    var paystubs = new List<Task>();
    foreach (var payrollItem in taxReporting)
    {
        var payrollTask = GeneratePayrollDocument(
            payrollItem.Key, payrollItem.Value);
        var emailTask = payrollTask.ContinueWith(
            paystub => EmailPaystub(payrollItem.Key.Email, paystub.Result));
        paystubs.Add(emailTask);
    }
```

```
    await Task.WhenAll(paystubs);
    cancellationToken.ThrowIfCancellationRequested();
    progress?.Report((60, "Emailed Paystubs"));

    // Step 4: 급여 송금
    var depositTasks = new List<Task>();
    foreach (var payrollItem in taxReporting)
    {
        depositTasks.Add(MakeDeposit(payrollItem.Key, payrollItem.Value));
    }
    await Task.WhenAll(depositTasks);
    progress?.Report((80, "Deposited pay"));

    // Step 5: 급여 지급 기간 마감
    await ClosePayrollPeriod(payrollPeriod);
    cancellationToken.ThrowIfCancellationRequested();
    progress?.Report((100, "complete"));
}
```

모든 공통 코드를 하나의 메서드로 변경한 것에 주목하자. 진행 상황은 요청이 있을 때만 보고
된다. 취소 토큰은 취소 처리를 지원하지 않는 모든 오버로드 메서드를 위해 생성하였다. 하지
만 이 오버로드 메서드들은 절대로 취소 요청을 하지 않는다.

태스크 기반 비동기 프로그래밍 모델이 비동기 작업을 시작, 취소, 감시하는 다양한 기능을 지
원하는 것을 살펴보았다. 이 프로토콜을 이용하면 비동기 작업의 능력을 십분 발휘하는 비동기
API를 설계할 수 있다. 이 프로토콜들을 효과적으로 지원할 수만 있다면 가능한 둘 중 하나 또
는 둘 다 모두를 지원하는 것이 좋다. 더불어 지원이 어렵다면 아예 구현하지 않는 편이 낫다.
호출자에게 혼란만 줄 뿐이다.

아이템 34: 비동기 메서드의 반환값을 캐시하는 경우 ValueTask⟨T⟩를 사용하라

태스크 기반 비동기 프로그래밍 모델을 다룬 앞 아이템에서는 비동기 코드의 반환 타입으로
Task나 Task⟨T⟩를 사용했다. 이 둘은 비동기 작업에 사용되는 가장 일반적인 반환 타입이
다. 하지만 때에 따라 Task 타입 때문에 성능이 떨어지기도 한다. 비동기 호출을 빽빽한 루프

나 자주 호출되는 코드에서 사용하면, 비동기 메서드용으로 Task 인스턴스를 생성하고 사용하는 비용이 부담될 수 있다. C# 7이후부터는 비동기 메서드의 반환 타입으로 Task나 Task〈T〉를 사용하도록 강제하지 않는다. 대신 async 한정자를 사용하는 메서드라면 대기(Awaiter) 패턴을 따르는 타입을 반환하길 요구한다. 이 패턴은 GetAwaiter() 메서드를 제공해야 하며, 이 메서드는 INotifyCompletion과 ICriticalNotifyCompletion 인터페이스를 구현한 객체를 반환한다. GetAwaiter() 메서드를 확장 메서드로 제공할 수도 있다.

최신 .NET Framework에서는 ValueTask〈T〉라는 새로운 타입을 제공하는데 이는 기존 Task보다 효율이 더 높다. 이 타입은 값 타입이어서 추가로 메모리를 할당할 필요가 없다(회수 비용을 줄여준다). ValueTask〈T〉 타입은 비동기 메서드의 결과를 캐시해 놓고 나중에 사용할 경우 최고의 효율을 보여준다.

다음과 같이 날씨 데이터를 확인하는 메서드를 생각해보자.

```
public async Task<IEnumerable<WeatherData>>
    RetrieveHistoricalData(DateTime start, DateTime end)
{
    var observationDate = this.startDate;
    var results = new List<WeatherData>();
    while (observationDate < this.endDate)
    {
        var observation = await RetrieveObservationData(observationDate);
        results.Add(observation);
        observationDate += TimeSpan.FromDays(1);
    }
    return results;
}
```

이 메서드는 매 호출 시마다 네트워크로 요청을 보내도록 구현되었다. 만약 이 메서드가 날씨를 분 단위로 표시하는 스마트폰용 위젯에 사용됐다면 그 앱의 효율은 몹시 나쁠 것이다. 날씨 정보는 분 단위로 갱신되지 않기 때문이다. 이제 요청 결과를 5분 동안 캐시해보자. Task를 사용하면 다음처럼 구현할 수 있다.

```
private List<WeatherData> recentObservations = new List<WeatherData>();
private DateTime lastReading;
public async Task<IEnumerable<WeatherData>> RetrieveHistoricalData()
{
```

```
        if (DateTime.Now - lastReading > TimeSpan.FromMinutes(5))
        {
            recentObservations = new List<WeatherData>();
            var observationDate = this.startDate;
            while (observationDate < this.endDate)
            {
                var observation = await RetrieveObservationData(observationDate);
                recentObservations.Add(observation);
                observationDate += TimeSpan.FromDays(1);
            }
            lastReading = DateTime.Now;
        }
        return recentObservations;
    }
```

많은 경우 이 정도로만 수정해도 충분히 성능이 개선된다. 이 코드에서는 네트워크 지연 시간이 가장 큰 병목이었기 때문이다.

이제 이 코드가 메모리 제약이 아주 심한 환경에서 실행된다고 해보자. 이 경우 메서드가 호출될 때마다 새로운 객체가 할당되는 것은 피해야 한다. 이럴 때 사용하는 것이 바로 ValueTask 타입이다. 다음은 ValueTask를 사용해 수정한 코드다.

```
public ValueTask<IEnumerable<WeatherData>> RetrieveHistoricalData()
{
    if (DateTime.Now - lastReading > TimeSpan.FromMinutes(5))
    {
        return new ValueTask<IEnumerable<WeatherData>>(recentObservations);
    }
    else
    {
        async Task<IEnumerable<WeatherData>> loadCache()
        {
            recentObservations = new List<WeatherData>();
            var observationDate = this.startDate;
            while (observationDate < this.endDate)
            {
                var observation = await
                    RetrieveObservationData(observationDate);
                recentObservations.Add(observation);
                observationDate += TimeSpan.FromDays(1);
            }
```

```
            lastReading = DateTime.Now;
            return recentObservations;
        }
        return new ValueTask<IEnumerable<WeatherData>>(loadCache());
    }
}
```

이 메서드에는 ValueTask를 적용할 때 고려해야 할 중요한 관용구들이 포함돼 있다. 첫째, 이 메서드는 비동기 메서드가 아니며, 대신 ValueTask를 반환한다. 비동기 작업을 하는 중첩 함수는 async 한정자에 의존한다. 캐시가 유효하다면 이 프로그램은 상태머신 관리나 객체 할당을 추가로 하지 않는다는 뜻이다. 둘째, ValueTask는 Task를 인수로 받는 생성자를 제공한다. 이를 통해 대기 작업을 내부적으로 처리한다.

ValueTask 타입은 태스크 객체를 생성하기 위한 작업이 수행 성능의 병목으로 밝혀졌을 때 사용할 수 있는 최적화 수단이다. 대부분의 비동기 메서드에는 여전히 Task 타입이 가장 적절하다. 메모리 할당이 성능의 병목이 되지 않는다면 Task와 Task〈T〉를 사용하는 것이 좋다. 기존 코드를 ValueTask를 사용하도록 수정하는 것은 어렵지 않으니, 이를 이용했을 때 성능상의 득이 있다고 판단되면, 그때 수정하면 된다.

CHAPTER 4

병렬 처리

병렬 알고리즘을 작성하는 것은 비동기 알고리즘을 작성하는 것과는 또 다르다. CPU 중심 작업을 병렬화 것은 매우 어렵다. 그리고 사용하는 도구도 다르다. 태스크 기반 비동기 프로그래밍 모델도 병렬 CPU 알고리즘에 쓰일 수 있지만 대부분은 더 나은 해법이 존재한다.

이 장에서는 병렬 프로그래밍을 쉽게 작성하도록 도와주는 다양한 라이브러리와 도구를 소개한다. 여전히 쉽지는 않지만 적절한 도구를 사용하면 그렇지 않을 때보다 훨씬 낫다.

아이템 35: PLINQ가 병렬 알고리즘을 구현하는 방법을 이해하라

병렬 프로그래밍이 루프에 AsParallel()을 추가하기만 되는 정도로 쉽다고 말하고 싶지만 안타깝게도 그렇지 않다. 그런데도 PLINQ를 사용하면 프로그램이 멀티코어를 쉽게 활용할 수 있는 것은 분명하다. 멀티코어 프로그래밍은 꽤 난도가 높지만, PLINQ를 사용하면 훨씬 수월해진다.

우선, 데이터 접근이 언제 동기화돼야 하는지는 이해해야 한다. 또한 ParallelEnumerable에 선언된 병렬 버전과 순차 버전 메서드의 효과를 측정해야 한다. LINQ 쿼리와 연관된 메서드 중 일부는 간단히 병렬화할 수 있지만, 개별 요소들을 반드시 순차적으로 접근해야만 하는 메서드도 있다. 그 외에도 (OrderBy처럼) 전체 시퀀스를 모두 필요로 하는 메서드도 있다.

PLINQ를 사용하는 예를 몇 가지 보면서 어떤 작업에 적절하고 어떤 함정이 있는지 알아보자. 이번 아이템에서 다루는 모든 예제와 논의는 LINQ to Objects를 사용한다. ParallelEnumerable 클래스는 이름에서 알 수 있듯 '열거 가능한enumerable' 것을 호출한다. '쿼리 가능한queryable' 것을 호출하는 것이 아니니 유의하자. PLINQ는 LINQ to SQL이나 Entity Framework 알고리즘을 병렬화하는 데 별 도움이 안 된다. 하지만 이것이 PLINQ의 실질적인 한계라고 말할 수는 없다. 왜냐하면 LINQ to SQL이나 Entity Framework조차도 쿼리를 병렬로 실행하기 위해서 병렬화된 데이터베이스 엔진을 사용하기 때문이다.

다음 코드는 메서드 호출 구문을 사용해서 150보다 작은 수에 대해 n!을 계산하는 간단한 쿼리다. 입력 데이터는 정수로 구성된다.

```
var nums = data.Where(m => m < 150).
    Select(n => Factorial(n));
```

쿼리의 첫 번째 메서드로 AsParallel()을 추가하면 병렬 쿼리로 만들 수 있다.

```
var numsParallel = data.AsParallel().
    Where(m => m < 150).Select(n => Factorial(n));
```

물론 같은 일을 쿼리 구문으로도 나타낼 수 있다.

```
var nums = from n in data
           where n < 150
           select Factorial(n);
```

쿼리 구문에서는 데이터 시퀀스에 AsParallel()을 추가하면 병렬화된다.

```
var numsParallel = from n in data.AsParallel()
                   where n < 150
                   select Factorial(n);
```

결과는 메서드 호출 버전과 같다.

첫 번째 예제는 매우 단순하지만 PLINQ 전반에 걸쳐 사용되는 매우 중요한 개념을 몇 가지 보여준다. AsParallel()은 쿼리 표현식을 병렬로 실행하고자 호출하는 메서드다. AsParallel()

을 호출하면, 이어서 수행하는 연산을 여러 스레드를 사용해서 여러 코어에서 실행한다. AsParallel()은 IEnumerable()이 아닌 IParallelEnumerable()을 반환한다. PLINQ는 IParallelEnumerable에 대한 확장 메서드 형태로 구현됐다. 이 메서드들의 원형은 IEnumerable에 대한 확장 메서드를 제공하는 Enumerable 클래스의 것들과 거의 동일하다. 이런 이유로, 매개변수와 반환값을 단순히 IEnumerable에서 IParallelEnumerable로 대체하기만 하면 된다. 이 방식의 장점은 모든 LINQ 제공자가 따르는 패턴을 PLINQ도 그대로 따른다는 것이다(PLINQ를 배우기 쉽게 해준다). 즉, LINQ에 대해 알고 있는 지식의 대부분을 PLINQ에서도 그대로 사용할 수 있다.

물론 말처럼 그리 간단하지만은 않다. 앞서 본 쿼리는 PLINQ를 적용하기가 쉽다. 공유되는 데이터가 없으며 결과의 순서도 중요하지 않기 때문이다. 이런 특성을 가진 작업은 코더 수가 많아지면 비례해서 처리 속도가 빨라진다. PLINQ에서 최고의 성능을 끌어내기 위해, 병렬 테스크 라이브러리 함수를 제어하는 메서드들을 가지고 있으며, 이 메서드들은 IParallelEnumerable 통해 사용할 수 있다.

모든 병렬 쿼리는 분할partitioning 과정부터 시작한다. PLINQ는 입력 요소를 분할한 후, 쿼리를 실행하기 위해 생성한 태스크들에 분할된 요소들을 분배해야 한다. 분할은 PLINQ의 가장 중요한 기능이다. 분할의 방식에는 어떤 것이 있으며, PLINQ가 그중 하나를 어떻게 선택하는지 그리고 각각의 방식이 어떻게 동작하는지를 이해하는 것은 매우 중요하다.

먼저 고려해야 할 부분은 분할에 많은 시간을 사용하지 못하게 하는 것이다. 잘못하면 PLINQ 라이브러리가 분할에 너무 많은 시간을 소비하고, 실제 작업에는 너무 작은 시간을 쓰게 된다. PLINQ는 입력 소스와 쿼리의 종류에 따라 다음 네 가지 분할 중 하나를 사용한다.

- 범위 분할range partitioning
- 덩어리 분할chunk Partitioning
- 줄 단위 분할striped partitioning
- 해시 분할hash partitioning

가장 단순한 알고리즘은 범위 분할이다. 입력값의 범위를 태스크 수로 나누고, 나눈 집합을 각 태스크에 할당하는 것이다. 예를 들어 1,000개의 입력값을 쿼드 코어에서 실행한다면 범위를 4분할하여 각각 요소가 250개인 집합 4개를 만든다. 범위 분할은 쿼리 소스가 순서 인덱스를 지원하고, 시퀀스에 몇 개의 요소가 있는지 알 수 있는 경우에만 사용할 수 있다. 즉, 범위 분할

이 처리할 수 있는 입력 소스는 List〈T〉, 배열, IList〈T〉 인터페이스를 지원하는 시퀀스 등으로 한정된다.

덩어리 분할 알고리즘은 태스크가 추가 작업을 요구할 때마다 입력값의 덩어리, 즉 청크chunk를 할당하는 방식이다. 덩어리 분할 알고리즘은 구현 방식이 계속 변하고 있어서 이 책에서는 현재 구현된 알고리즘을 깊이 다루지는 않을 것이다. 전체 입력 시퀀스의 크기가 크지 않을 수 있으므로, 최초에는 청크의 크기를 작게 시작한다. 그래야 작은 입력 시퀀스 전체를 태스크 하나에 할당해 버리는 사태를 방지할 수 있다. 작업을 계속하면서 청크 크기를 점차로 늘려나간다. 스레드의 오버헤드를 최소화하면서 동시에 처리량을 최대화하기 위한 전략이다. 또한 청크의 크기는 쿼리가 소비하는 시간과 where절에 의해서 제외는 요소의 개수에 따라서도 달라질 수 있다. 최종 목적은 모든 태스크가 거의 동시에 끝나도록 하여 전체적인 처리량을 최대로 높이는 것이다.

나머지 두 분할 방식은 특정 쿼리 연산에 최적화돼 있다. 줄 단위 분할은 범위 분할의 특수한 형태로, 시퀀스에서 첫 번째 요소를 찾아내는 처리하는 방법을 최적화한다. 각각의 작업 스레드는 N개의 요소를 건너뛴 후 그다음 M개의 요소를 처리한다. M개를 다 처리한 후에는 다시 N개를 건너뛴다. 줄 단위 알고리즘은 줄무늬를 그리는 상황을 상상하면 이해하기 쉽다. 작업 태스크가 4개 있다면 첫 번째 태스크가 인덱스 0, 4, 8, 12를 처리하고 두 번째 태스크가 1, 5, 9, 13을 처리하는 식이다. 줄 단위 분할은 TakeWhile()과 SkipWhile()을 구현할 때 동기화를 전혀 쓰지 않는다. 또한 각 작업 스레드가 다음 처리 항목으로 이동할 때도 단순한 연산이면 충분하다.

해시 분할은 Join, GroupJoin, GroupBy, Distinct, Except, Union, Intersect를 사용하는 쿼리를 위해 특별히 설계된 알고리즘이다. 이 쿼리들은 비교적 무거운 연산이므로 이처럼 특별한 분할 알고리즘을 사용하면 병렬화 성능을 크게 개선할 수 있다. 해시 분할은 같은 해시 코드를 생성하는 항목을 같은 태스크가 처리하도록 하여 쿼리를 수행하는 태스크 사이의 상호작용을 최소화한다.

분할 알고리즘과 별개로, PLINQ는 태스크를 병렬화하기 위해 3개의 알고리즘을 사용하는데, 파이프라이닝pipelining, 스톱앤고stop and go, 역열거형inverted enumeration이 있다. 기본적으로 사용되는 파이프라이닝부터 알아보자.

파이프라이닝에서는 하나의 스레드가 순회 과정(foreach 블록이나 쿼리 시퀀스)을 처리한다.

시퀀스의 각 요소에 대한 쿼리를 수행할 때에는 여러 개의 스레드를 이용한다. 시퀀스에서 새로운 요소가 요청될 때마다 다른 스레드가 이를 처리한다. 파이프라이닝 모드에서 PLINQ가 사용하는 스레드 수는 일반적으로 코어 수와 같다(극심한 CPU 중심 작업 쿼리를 위해). 앞서 본 계승factorial 연산의 예라면 듀얼 코어 장비에서는 2개의 스레드를 사용하게 된다. 즉, 첫 번째 스레드가 첫 번째 항목을 시퀀스에서 추출한 후 처리하면, 바로 다음에 두 번째 스레드가 두 번째 항목을 요청해서 처리한다. 작업을 마친 스레드는 곧바로 세 번째 항목을 가져와 처리한다. 전체 시퀀스를 다 처리할 때까지 두 스레드 모두 쿼리 항목을 처리하느라 바쁘게 움직인다. 코어가 더 많은 장비라면 더 많은 항목을 병렬로 처리할 수 있다.

예를 들어 16 코어 장비라면 첫 16개의 항목이 16개의 스레드에 의해 바로 처리될 것이다(스레드 각각이 서로 다른 코어에서 실행될 것이다). 물론 쉽게 설명하기 위해 상황을 단순화했다. 실제로는 순회 과정을 처리하는 스레드도 존재한다. 즉, 파이프라이닝은 '코어 수 + 1'개의 스레드를 생성한다. 대부분의 경우 순회 과정을 담당하는 스레드는 대부분의 시간 동안 대기상태일 것이기 때문에 별도의 스레드로 생성하는 것이 좋다.

스톱앤고 알고리즘에서는 순회를 시작한 스레드가 쿼리 표현식을 수행하는 나머지 스레드와 조인join한다. 이 방법은 ToList()나 ToArray()를 사용해서 쿼리 결과를 즉각 반환해야 할 경우에 사용된다. 그 외에도 PLINQ가 정렬 연산(order나 sort)처럼, 작업을 이어나가기 전에 전체 결과가 필요할 때 사용된다. 다음 두 쿼리는 스톱앤고 알고리즘을 사용한다.

```
var stopAndGoArray = (from n in data.AsParallel()
                      where n < 150
                      select Factorial(n)).ToArray();
var stopAndGoList = (from n in data.AsParallel()
                     where n < 150
                     select Factorial(n)).ToList();
```

스톱앤고 방식은 메모리를 많이 사용하게 되지만 속도는 조금밖에 개선되지 않는 경우가 종종 있다. 앞의 예에서는 쿼리식을 실행하기 전에 전체 쿼리가 우선 구성된다. 스톱앤고 알고리즘을 사용해서 각 부분을 먼저 처리한 후 다른 쿼리를 사용해 최종 결과를 얻는 방식보다는 여전히 전체 쿼리를 먼저 구성하기를 원할 것이다. 사실 스톱앤고 방식이 초래하는 오버헤드로 인해 성능상의 이점마저 잠식할 수도 있다. 대부분의 경우에는 전체 쿼리를 하나의 연산으로 처리하는 것이 바람직하다.

병렬 태스크 라이브러리가 사용하는 마지막 알고리즘은 역열거형이다. 역열거형 알고리즘은 결과를 생성하지는 않고, 모든 쿼리식의 결과에 다른 액션을 취하는 경우 사용된다. 아래 예제는 앞서 살펴본 계승 연산을 수행한 후, 콘솔에 출력하는 액션을 수행하였다.

```
var numsParallel = from n in data.AsParallel()
                   where n < 150
                   select Factorial(n);
foreach (var item in numsParallel)
    Console.WriteLine(item);
```

LINQ to Objects (비병렬) 쿼리는 지연 평가lazy evaluation 된다. 즉, 각 값은 요청될 때만 생성된다. 쿼리의 결과를 처리할 때에 (약간 다른) 병렬 실행 모델을 사용할 수도 있는데 이때 필요한 것이 바로 역열거형 모델이다.

```
var nums2 = from n in data.AsParallel()
            where n < 150
            select Factorial(n);
nums2.ForAll(item => Console.WriteLine(item));
```

역열거형은 스톱앤고보다 메모리를 적게 사용하며 결과에 대해 병렬 액션을 수행할 수 있다. ForAll()을 사용하고 싶다면 쿼리에 AsParallel()을 사용해야 함을 기억하자. ForAll()은 스톱앤고보다 메모리를 적게 사용한다. 몇몇 경우에는 쿼리 결과에 대하여 수행되어야 하는 액션의 작업량에 따라 역열거형이 가장 빠른 열거형 방식이 될 수도 있다.

모든 LINQ 쿼리는 지연 실행 방식이다. 쿼리를 미리 만들어 두되, 결과를 요청하면 그때 실행되는 방식이다. LINQ to Objects는 한 단계 더 나간다. 사용자가 항목을 요청하면 그 항목에 대한 쿼리만 실행한다. PLINQ의 방식은 다르다. LINQ to SQL이나 Entity Framework와 비슷한데, 이 모델들은 첫 번째 항목을 요청하면 전체 시퀀스에 대한 결과가 생성된다. PLINQ는 이 모델에 가깝지만, 이 모델이 반드시 좋다고 볼 수만은 없다. PLINQ가 쿼리를 실행하는 방식을 잘못 이해하면 필요 이상의 리소스를 사용하고, LINQ to Objects 쿼리보다 더 느린 병렬 쿼리를 만들 가능성이 있다.

두 방식의 차이를 보기 위해서, 비교적 간단한 쿼리를 통해 AsParallel()을 추가함에 따라 실행 모델에 어떤 영향을 주는지 확인해보겠다. 두 모델 모두 검증된 것이며 동일한 결과를 생성한다. LINQ의 규칙은 결과가 '어떻게(how)' 생성되는지가 아니라, 결과가 '무엇(what)'이냐에 집중한다. 알고리즘의 쿼리 절이 부수 작용을 일으키는 경우에만 '어떻게'에서 차이가 생길 것이다.

다음 쿼리는 두 모델의 차이를 보여주기 위한 것이다.

```
var answers = from n in Enumerable.Range(0, 300)
              where n.SomeTest()
              select n.SomeProjection();
```

SomeTest()와 SomeProject() 메서드를 계측하여 각각 언제 호출되는지 알아보자.

```
public static bool SomeTest(this int inputValue)
{
    Console.WriteLine($"testing element: {inputValue}");
    return inputValue % 10 == 0;
}
public static string SomeProjection(this int input)
{
    Console.WriteLine($"projecting an element: {input}");
    return $"Delivered {input} at {DateTime.Now:T}";
}
```

마지막으로 단순한 foreach 루프 대신 IEnumerator〈string〉 멤버를 사용해서 결과를 순회해보자. 이제 시퀀스가 어떻게 생성되고(병렬로), 어떻게 순회되는지(순회 루프) 더욱 정확히 살펴볼 수 있을 것이다(실제 운영 코드라면 개인적으로는 다르게 구현할 것이다).

```
var answers = from n in Enumerable.Range(0, 300)
              where n.SomeTest()
              select n.SomeProjection();
```

표준 LINQ to Objects를 사용하면 다음과 같은 결과를 보게 된다.

```
About to start iterating
testing element: 0
projecting an element: 0
called MoveNext
```

```
Delivered 0 at 1:46:08 PM
testing element: 1
testing element: 2
testing element: 3
testing element: 4
testing element: 5
testing element: 6
testing element: 7
testing element: 8
testing element: 9
testing element: 10
projecting an element: 10
called MoveNext
Delivered 10 at 1:46:08 PM
testing element: 11
testing element: 12
testing element: 13
testing element: 14
testing element: 15
testing element: 16
testing element: 17
testing element: 18
testing element: 19
testing element: 20
projecting an element: 20
called MoveNext
Delivered 20 at 1:46:08 PM
testing element: 21
testing element: 22
testing element: 23
testing element: 24
testing element: 25
testing element: 26
testing element: 27
testing element: 28
testing element: 29
testing element: 30
projecting an element: 30
```

이 쿼리는 열거형의 MoveNext()가 호출되기 전까지는 실행되지 않는다. MoveNext()가 처음 호출되면 결과 시퀀스(이 쿼리에서는 하나의 element에서 발생)의 첫 번째 요소를 가져오기 위해서 충분한 수의 요소에 대해 쿼리를 실행한다.

다음번에 MoveNext()가 호출된 부분을 살펴보면 출력 시퀀스를 통해 출력한 요소 다음부터 처리를 다시 이어감을 알 수 있다. LINQ to Objects를 사용하면 MoveNext()를 호출할 때마다 다음 결과 요소를 만들어내기에 충분한 수의 요소에 대해 쿼리를 수행한다.

쿼리를 병렬로 변경하면 이 규칙도 달라진다.

```
var answers = from n in ParallelEnumerable.Range(0, 300)
              where n.SomeTest()
              select n.SomeProjection();
```

이 쿼리의 결과는 앞의 결과와 매우 다르다. 결과는 실행할 때마다 달라지는데, 그중 하나를 다음과 같이 옮겨보았다.

```
About to start iterating
testing element: 150
projecting an element: 150
testing element: 0
testing element: 151
projecting an element: 0
testing element: 1
testing element: 2
testing element: 3
testing element: 4
testing element: 5
testing element: 6
testing element: 7
testing element: 8
testing element: 9
testing element: 10
projecting an element: 10
testing element: 11
testing element: 12
testing element: 13
testing element: 14
testing element: 15
testing element: 16
testing element: 17
testing element: 18
testing element: 19
testing element: 152
testing element: 153
```

```
testing element: 154
testing element: 155
testing element: 156
testing element: 157
testing element: 20
... 훨씬 많지만 생략...
testing element: 286
testing element: 287
testing element: 288
testing element: 289
testing element: 290
Delivered 130 at 1:50:39 PM
called MoveNext
Delivered 140 at 1:50:39 PM
projecting an element: 290
testing element: 291
testing element: 292
testing element: 293
testing element: 294
testing element: 295
testing element: 296
testing element: 297
testing element: 298
testing element: 299
called MoveNext
Delivered 150 at 1:50:39 PM
called MoveNext
Delivered 160 at 1:50:39 PM
called MoveNext
Delivered 170 at 1:50:39 PM
called MoveNext
Delivered 180 at 1:50:39 PM
called MoveNext
Delivered 190 at 1:50:39 PM
called MoveNext
Delivered 200 at 1:50:39 PM
called MoveNext
Delivered 210 at 1:50:39 PM
called MoveNext
Delivered 220 at 1:50:39 PM
called MoveNext
Delivered 230 at 1:50:39 PM
called MoveNext
Delivered 240 at 1:50:39 PM
```

```
called MoveNext
Delivered 250 at 1:50:39 PM
called MoveNext
Delivered 260 at 1:50:39 PM
called MoveNext
Delivered 270 at 1:50:39 PM
called MoveNext
Delivered 280 at 1:50:39 PM
called MoveNext
Delivered 290 at 1:50:39 PM
```

결과가 얼마나 많이 바뀌었는지 살펴보자. MoveNext()를 처음 호출하자 PLINQ는 결과를 생성하는 데 필요한 모든 스레드를 시작한다. 그 결과 꽤 많은(여기서는 거의 다) 결과 객체를 생성한다. 다음으로 MoveNext()가 호출될 때에는 이미 생성된 요소 이후의 요소를 선택하게 된다. 하지만 특정 입력 요소가 언제 처리되는지는 알 수 없다. 알 수 있는 것은 쿼리의 첫 번째 요소를 요청하자마자 쿼리가 (여러 스레드상에서) 실행되기 시작한다는 것이다.

쿼리 구문을 지원하는 PLINQ의 메서드는 이런 동작이 쿼리의 성능에 어떤 영향을 주는지 알고 있다. Skip()과 Take()를 사용해서 두 번째 페이지에 들어있을 만큼의 결과만을 가져오도록 쿼리를 수정해보자.

```
var answers = (from n in ParallelEnumerable.Range(0, 300)
            where n.SomeTest()
            select n.SomeProjection()).
            Skip(20).Take(20);
```

이 쿼리를 실행하면 LINQ to Objects 때와 똑같은 결과를 얻는다. 300개를 생성하는 것보다 20개를 생성하는 것이 빠르다는 사실을 PLINQ가 알고 있기 때문이다(상황을 단순화해서 설명하고 있지만, PLINQ의 Skip과 Take는 다른 알고리즘보다 순차 알고리즘을 선호하는 경향이 있다).

쿼리를 좀 더 수정해서 PLINQ가 병렬 실행을 사용해 모든 요소를 생성하게 만들어보자. orderby 절만 추가하면 된다.

```
var answers = (from n in ParallelEnumerable.Range(0, 300)
            where n.SomeTest()
```

```
orderby n.ToString().Length
select n.SomeProjection()).
Skip(20).Take(20);
```

orderby의 람다 인수는 컴파일러가 최적화할 수 없는 것이어야 한다(이런 이유로 단순히 n만을 사용하지 않고 n.ToString().Length를 사용했다. Enumerable.Range가 정렬되면서 최적화가 수행될 수 있기 때문이다). 이제 쿼리 엔진이 정렬을 수행하기 전에 결과 시퀀스의 모든 요소를 생성해야 한다. Skip()과 Take() 메서드는 요소들이 제대로 정렬한 후에야 어떤 요소들을 반환할지 알 수 있다. 물론 시퀀스를 순차적으로 생성하는 것보다 여러 스레드를 사용해서 여러 코어에서 결과를 생성하는 쪽이 더 빠르다. PLINQ는 이 사실도 알고 있기 때문에 결과를 생성하기 위해 여러 스레드를 실행한다.

PLINQ는 여러분이 작성한 쿼리를 위한 최적의 구현 방법을 찾아준다. 또한, 최소한의 작업과 시간으로 원하는 결과를 생성해준다. 그런데 이는 PLINQ 쿼리가 일반적인 기대와는 다르게 동작할 수도 있음을 의미하는 것이기도 하다. 결과 시퀀스에서 다음 요소를 가져오려 할 때, LINQ to Objects처럼 해당 요소에 대해서만 쿼리를 수행할 때도 있고, LINQ to SQL이나 Entity Framework처럼 특정 요소만을 요청했음에도 모든 요소에 대하여 쿼리를 수행할 때도 있다. 간혹 두 방식을 혼합하기도 한다. LINQ 쿼리가 어떤 부작용도 만들지 않도록 주의해야 한다. LINQ 쿼리의 부작용은 순차적으로 쿼리를 실행할 때에도 문제가 되지만, 특히 PLINQ 실행 모델에서는 상황이 더욱 심각해진다. 쿼리를 작성할 때에는 근간이 되는 기술에 대하여 상당 수준 이해한 상태에서, 그 특성을 고려하여 쿼리를 작성해야 한다. 그러기 위해서는 각 기술이 어떤 차이가 있는지 잘 이해하고 있어야 한다.

병렬 알고리즘은 암달의 법칙Amdahl's law을 따른다. 즉, 멀티 프로세서를 사용하여 이루어지는 프로그램의 속도 향상은 프로그램 전체에서 순차적으로 처리해야 부분이 얼마나 되는지에 따라 달라진다. ParallelEnumerable의 확장 메서드 또한 예외 없이 이 규칙을 따른다. 메서드의 대부분은 병렬할 수 있지만, 프로그램의 전체적인 속도는 병렬화할 수 없는 부분의 비중에 의해 결정될 수밖에 없다는 것이다. OrderBy와 ThenBy는 분명히 태스크 간 조율이 필요하다. Skip, SkipWhile, Take, TakeWhile은 병렬화 정도에 영향을 준다. 서로 다른 코어에서 실행되는 병렬 태스크는 시작 순서와 상관없이 종료될 수 있다. AsOrdered()와 AsUnordered() 메서드를 사용하면 PLINQ가 결과 시퀀스에서 순서를 지키거나 무시하도록 할 수 있다.

때로는 자신이 만든 알고리즘의 부작용 때문에 병렬화할 수 없는 경우도 있다. ParallelEnumerable.AsSequential() 확장 메서드를 사용하면 병렬 시퀀스를 IEnumerable로 해석해서 순차 실행되도록 강제할 수 있다.

마지막으로 ParallelEnumerable은 PLINQ가 병렬 쿼리를 실행하는 방법을 제어하는 메서드를 제공한다. WithExecutionMode()를 사용하면 병렬 실행되도록 제안할 수 있지만, 오버헤드가 큰 알고리즘이 선택될 수도 있다. 기본적으로는 병렬화했을 때 수행 성능이 개선될 것으로 기대되는 부분만을 병렬 처리한다. WithDegreeOfParallelism()을 사용하면 알고리즘에 사용할 스레드의 수를 제안할 수 있다. 이 설정이 없으면 PLINQ가 현재 장비의 프로세서 수를 기준으로 스레드를 생성한다.

또한 WithMergeOptions()를 사용하면 PLINQ가 쿼리 중에 버퍼링하는 방식을 제어할 수 있다. 일반적으로 PLINQ는 각 스레드가 수행한 결과를 버퍼링하며, 다른 스레드는 이 결과를 활용한다. 물론 결과를 바로 얻기 원하는 경우에는 버퍼링을 비활성화할 수도 있다. 또는 풀 버퍼링full buffering을 요청해 성능을 최대로 끌어올릴 수도 있다(이 경우 지연 시간은 길어진다). 기본 값으로 설정되는 자동 버퍼링은 지연 시간과 성능 사이에서 균형을 맞춘다. 버퍼링은 사실 하나의 힌트에 불과하며 반드시 필요한 것은 아니다(때에 따라서는 PLINQ가 버퍼링 요청을 무시할 수도 있다).

어떤 설정이 가장 적합한지는 알고리즘에 따라 달라진다. 설정을 여러 장비에서 변경해가며 테스트해보면, 어떤 설정이 알고리즘에 도움이 되는지 찾을 수 있을 것이다. 하지만 여러 장비에서 테스트를 해볼 만큼 넉넉하지 않다면 그저 기본 설정을 사용하면 된다.

PLINQ는 병렬 처리를 과거 어느 때보다 쉽게 구현할 수 있게 해준다. 병렬 처리는 PC나 노트북의 코어 수가 늘어나면서 점점 더 중요해지고 있다. 병렬 처리는 여전히 어려운 기술이고 잘못 설계된 알고리즘은 병렬화한다고 해도 성능 향상을 기대할 수 없다. 개발자가 해야 할 일은 병렬화할 수 있는 루프와 작업을 찾는 것이다. 직접 작성한 알고리즘을 병렬화한 후에 그 결과를 측정해보자. 더 나은 성능을 얻기 위해 알고리즘도 수정해보자. 쉽게 병렬화할 수 없는 알고리즘도 있다. 이런 알고리즘이라면 순차 방식을 유지하면 된다.

아이템 36: 예외를 염두에 두고 병렬 알고리즘을 만들라

아이템 35: PLINQ가 병렬 알고리즘을 구현하는 방법을 이해하라에서는 자식 스레드가 잘못 동작할 가능성에 대해서는 고려하지 않았다. 하지만 실제 상황은 그렇지가 못하다. 자식 스레드는 언제든 예외를 일으킬 수 있으며, 그 처리는 개발자의 몫이다. 백그라운드 스레드에서 발생하는 예외는 여러 측면에서 더 복잡하다. 예외는 스레드의 경계를 넘어 다른 스레드로 전달될 수 없다. 호출 스택이 계속 이어질 수 없다는 뜻이다. 예외가 스레드를 시작했던 메서드에까지 다다르면 해당 스레드는 종료된다. 다른 스레드를 호출한 스레드는 발생한 예외를 가져오거나 예외 관련 처리를 할 방법이 없다. 게다가 문제 발생 시 롤백을 지원해야 하는 병렬 알고리즘이라면, 오류가 초래하는 부작용과 더불어 오류를 복원하기 위해 어떤 단계를 수정해야 하는지 이해하기 위해 더 많은 작업을 해야 한다. 모든 알고리즘은 요구사항이 서로 다르므로 병렬 환경에서 예외를 처리하기 위한 한가지 해결책은 존재하지 않는다. 이번 아이템에서 설명하는 내용은 여러분이 처한 상황에서 가장 적합한 전략을 선택해야 할 때 도움이 되는 지침들이다.

먼저 **아이템 31: 불필요한 콘텍스트 마셜링을 피하라**에서 다룬 비동기 다운로드 메서드를 다시 살펴보자. 이 메서드는 아주 간단한 전략을 취하며 부작용도 없다. 따라서 하나의 다운로드가 실패하더라도 다른 웹 서버로부터의 다운로드는 계속할 수 있다. 병렬 작업은 AggregateException 타입을 사용해서 예외를 처리한다. AggregateException은 여러 개의 예외를 담는 컨테이너로, 병렬 연산에서 발생할 수 있는 모든 예외를 InnerExceptions 속성에 담을 수 있다. 예외를 처리하는 방법에는 여러가지가 있을 수 있는데, 먼저 가장 일반적인 경우로, 외부 스레드에서 예외를 유발하는 경우를 살펴보자.

아이템 31: 불필요한 콘텍스트 마셜링을 피하라에서 본 RunAsync() 메서드는 둘 이상의 병렬 작업을 동시에 수행하고 싶을 때 사용할 수 있다. 결과적으로 여러분이 캐치한 AggregateException에는 InnerExceptions 컬렉션이 담겨 있고, 그 안에 다시 여러 개의 AggregateException이 또 다시 담겨 있는 상황이 발생한다. 병렬 연산이 많아질수록 이 같은 반복 중첩도 깊어진다. 병렬 연산이 구성되는 방식으로 인해 예외를 포함하는 최종 컬렉션에는 최초 발생한 예외의 복사본이 여러 번에 걸쳐 담겨 있을 수 있다. 다음은 오류가 발생하는 경우에 대비하기 위해 RunAysnc() 호출을 수정한 예이다.

```
try
{
    urls.RunAsync(
        url => startDownload(url),
        task => finishDownload(task.AsyncState.ToString(), task.Result));
}
catch (AggregateException problems)
{
    ReportAggregateError(problems);
}
private static void ReportAggregateError(AggregateException aggregate)
{
    foreach (var exception in aggregate.InnerExceptions)
        if (exception is AggregateException agEx)
            ReportAggregateError(agEx);
        else
            Console.WriteLine(exception.Message);
}
```

ReportAggregateError 메서드는 AggregateException이 아닌 모든 예외의 메시지를 출력한다. 물론 이렇게 되면 예상한 예외이든 그렇지 않은 모든 예외를 삼켜버린다는 부작용을 낳는다. 이 부작용은 상당히 위험하다. 복구할 수 있는 예외는 처리하되 그렇지 못한 예외는 다시 던지는 것이 이상적이다.

예제에서는 재귀적인 컬렉션이 많아서 유틸리티 메서드를 두는 것도 좋을 것 같다. 이 경우 어떤 예외가 예상되고, 이를 어떻게 처리할 것인지, 그리고 어떤 예외는 기대하지 않는지 잘 알고 있어야 올바르게 메서드를 작성할 수 있을 것이다. 개발자는 이 메서드가 예상할 수 있는 예외의 타입과 그 각각의 예외를 어떻게 처리할지를 담은 코드를 전달해야 한다. 이를 위해 예외 타입과 그 타입을 처리할 Action〈T〉 람다 표현식으로 구성된 딕셔너리를 전달하면 된다. 만약 핸들러가 InnerExceptions 컬렉션에 있는 예외를 모두 처리할 수 없다면 무언가 다른 잘못이 있는 게 분명하다. 따라서 원래 발생하였던 예외를 다시 던져야 한다. 다음은 이에 맞추어 RunAsync() 호출 부분을 수정한 코드다.

```
try
{
    urls.RunAsync(
        url => startDownload(url),
```

```
        task => finishDownload(task.AsyncState.ToString(), task.Result));
}
catch (AggregateException problems)
{
    var handlers = new Dictionary<Type, Action<Exception>>();
    handlers.Add(typeof(WebException),
        ex => Console.WriteLine(ex.Message));
    if (!HandleAggregateError(problems, handlers))
        throw;
}
```

HandleAggregateError() 메서드는 재귀적으로 모든 예외를 확인한다. 이 메서드는 예상했던 예외라면 그에 대한 핸들러를 호출하고, 그렇지 않다면 false를 반환한다. 이는 aggregate에 포함된 예외를 제대로 처리할 수 없음을 의미한다.

```
private static bool HandleAggregateError(
    AggregateException aggregate,
    Dictionary<Type, Action<Exception>> exceptionHandlers)
{
    foreach (var exception in aggregate.InnerExceptions)
    {
        if (exception is AggregateException agEx)
        {
            if (!HandleAggregateError(agEx, exceptionHandlers))
            {
                return false;
            }
            else
            {
                continue;
            }
        }
        else if (exceptionHandlers.ContainsKey(exception.GetType()))
        {
            exceptionHandlers[exception.GetType()](exception);
        }
        else
            return false;
    }
    return true;
}
```

이 코드에서 AggregateException 예외가 발생하면, 자식 예외들을 재귀적으로 평가한다. 만약 다른 종류의 예외를 만나면 딕셔너리에서 해당 예외를 처리할 수 있는 핸들러가 있는지 찾아본다. 적당한 Action〈〉 핸들러가 등록돼 있다면 그 핸들러를 호출하고 그렇지 않다면 즉시 false를 반환해서 해당 예외는 처리하지 않기로 결정한다.

핸들러가 등록되지 않은 예외를 던지지 않고, 원본 AggregateException을 던지는 이유가 궁금할 것이다. 그 이유는 컬렉션에 담긴 예외 중 하나만 던지면 중요한 정보를 상당수 놓칠 수 있기 때문이다. InnerExceptions는 다수의 예외를 저장할 수 있으며, 예상하지 못한 예외 여러 개가 포함되어 있을 수도 있다. 따라서 전체 컬렉션을 반환하지 않으면 이런 정보의 대부분을 잃게 될 위험이 있다. 대부분의 경우 AggregateException의 InnerExceptions 컬렉션은 단 하나의 예외를 담곤 하지만, 예외가 하나뿐인 상황만 고려해서 코드를 작성할 수는 없는 노릇이다. 막상 필요한 순간에 추가 정보를 얻을 수 없기 때문이다.

이 방식은 썩 깔끔하지 못한 느낌이다. 예외가 백그라운드 작업을 수행하는 태스크를 떠나지 못하게 하면 더 낫지 않을까? 실제로 거의 모든 경우에 이 방식이 더 나은 결과를 보여준다. 하지만 이를 위해서 백그라운드 태스크가 수행하는 코드를 수정해서, 예외가 절대 해당 태스크를 벗어나지 못하게 해야 한다. TaskCompletionSource〈〉 클래스를 사용하는 경우에는 TrySetException()를 호출해서는 안 되고, 그 대신 태스크의 완료 상황을 나타내기 위해서 TrySetResult()를 어떻게든 호출해야 한다. 이처럼 동작하게 만들려면 startDownload() 메서드를 다음과 같이 수행해야 한다. 물론 앞서 언급한 것처럼 모든 예외를 캐치하는 것이 아니라 복원할 수 있는 예외만 캐치해야 한다. 아래 예에서는 원격 호스트를 사용할 수 없음을 뜻하는 WebException 예외를 처리하는 방법을 더불어 보여준다. 더 심각한 문제일 수 있는 다른 예외가 발생하면, TrySetException()을 호출하여 예외를 설정하고 모든 작업을 중지한다. 다음 코드는 startDownload() 메서드를 나타냈다.

```
private static Task<byte[]> startDownload(string url)
{
    var tcs = new TaskCompletionSource<byte[]>(url);
    var wc = new WebClient();
    wc.DownloadDataCompleted += (sender, e) =>
    {
        if (e.UserState == tcs)
        {
            if (e.Cancelled)
```

```
                tcs.TrySetCancelled();
            else if (e.Error != null)
            {
                if (e.Error is WebException)
                    tcs.TrySetResult(new byte[0]);
                else
                    tcs.TrySetException(e.Error);
            }
            else
                tcs.TrySetResult(e.Result);
        }
    };
    wc.DownloadDataAsync(new Uri(url), tcs);
    return tcs.Task;
}
```

WebException이 발생하면 0바이트를 읽었다는 사실을 결과로 반환한다. 반면 다른 예외가 발생하면 일반적인 방법으로 예외를 설정한다. 따라서 이 방법을 사용하더라도 AggregateExpception 예외에 여전히 대응해야 한다. 이런 예외들을 치명적인 오류^{fatal error}로 분리하여 처리하고 백그라운드 태스크에서는 다른 오류만 처리하게 하는 방법도 있다. 어떤 경우든 AggregateException은 다른 예외와는 다르다는 것을 알고 있어야 한다.

LINQ 구문을 사용하는 경우 백그라운드 태스크에서 또 다른 문제가 발생할 수 있다. **아이템 35: PLINQ가 병렬 알고리즘을 구현하는 방법을 이해하라**에서 다룬 세 가지 병렬 알고리즘을 떠올려 보자. 모든 경우에 PLINQ를 사용하면 지연 평가를 수행한다. 그리고 이러한 변화는 PLINQ 알고리즘에서 예외를 어떻게 처리하는지에 관한 방법에 커다란 영향을 미쳤다. 일반적으로 쿼리는 다른 코드가 해당 쿼리의 결과를 요청할 때 비로소 실행된다. 하지만 PLINQ로 작업할 때는 그렇지 않다. 백그라운드 스레드들이 실행되어 결과를 생성하며, 다른 태스크가 최종 결과 시퀀스를 생성한다. 이 방식은 (지연 평가와 대비되는) 적극적 평가^{eager evaluation}와는 거리가 있다. 쿼리 결과가 바로 생성되지는 않지만, 해당 결과를 생성하는 백그라운드 스레드는 스케줄러의 허락이 떨어지면 바로 작업을 시작한다(즉시는 아니지만 매우 빨리 시작한다). 개별 요소들을 처리하는 단계에서 예외가 발생할 수 있으며, 이는 곧 예외 처리 코드를 변경해야 함을 뜻하는 것이기도 하다. 전형적인 LINQ 쿼리에서는 쿼리 결과를 사용하는 코드 주변만을 try/catch 블록으로 감싸되 LINQ 쿼리식을 정의하는 코드 주변은 감쌀 필요가 없었다.

```
var nums = from n in data
           where n < 150
           select Factorial(n);
try
{
    foreach (var item in nums)
        Console.WriteLine(item);
}
catch (InvalidOperationException inv)
{
    // 생략
}
```

하지만 PLINQ를 사용하려면 쿼리를 정의하는 부분도 try/catch 블록으로 감싸야 한다. 물론 PLINQ를 사용하는 경우라면, 원래 예상되는 예외가 아니라 AggregateException을 잡아야 한다. 파이프라이닝, 스톱앤고, 역열거형 알고리즘 중 어느 것을 사용하든 마찬가지다. AggregateException 예외를 잡아야 함에는 변함이 없다.

예외는 어떤 알고리즘에서건 처리하기가 쉽지 않으며 병렬 작업에서 더욱 복잡해진다. 태스크 병렬 라이브러리Task Parallel Library는 AggregateException 클래스를 사용해서 병렬 알고리즘의 어딘가에서 발생하는 모든 예외를 저장한다. 백그라운드 스레드 중 하나라도 예외를 던지면 다른 백그라운드 연산도 모두 중지된다. 최선의 대책은 병렬 태스크를 실행하는 코드에서 절대 예외를 던지지 않게 하는 것이다. 하지만 그렇게 한다고 해도 예상하지 못한 예외가 어딘가에서 발생할 수 있다. 따라서 모든 백그라운드 작업을 시작한 제어 스레드는 반드시 AggregateException을 처리해야 한다.

아이템 37: 스레드를 생성하지 말고 스레드 풀을 사용하라

한 애플리케이션에서 스레드를 몇 개나 만들어야 최적인지는 파악하기 어렵다. 한 가지 분명한 것은 지금 애플리케이션을 수행하는 기기의 코어 수가 6개월 후면 달라질 수 있다는 것이다. 게다가 CLR이 가비지 컬렉터 같은 자체 기능을 위해 생성하는 스레드 수는 우리가 통제할 수 없다. ASP.NET이나 REST 서비스 같은 서버 애플리케이션에서는 각각의 요청이 다른 스레드에서 처리된다. 이런 현실 때문에 애플리케이션이나 클래스 라이브러리 개발자가 특정 시스템에 적합한 최적의 스레드 수를 찾기란 매우 어렵다.

하지만 .NET의 스레드 풀은 특정 시스템의 스레드 수를 최적화할 때 필요한 모든 정보를 지니고 있다. 그뿐만 아니라 해당 장비에서 처리하기에 너무 많은 태스크나 스레드를 생성하면 스레드 풀이 새로운 백그라운드 스레드를 사용할 수 있을 때까지 추가 요청들을 대기시킨다. 게다가 Task 기반 라이브러리는 Task.Run()으로 태스크를 수행하면 이 스레드 풀을 활용한다.

.NET의 스레드 풀은 스레드 리소스 관리를 위해 필요한 다양한 처리를 여러분을 대신해서 수행하는데, 이를 통해 애플리케이션이 백그라운드 태스크를 반복 실행하거나, 태스크가 스레드와 지속해서 상호작용하지 않는 경우에 성능을 향상시킨다.

애플리케이션 코드에서 직접 스레드를 만들어서는 안 된다. 그 대신 태스크 병렬 라이브러리 (TPL: Task Parallel Library)처럼 스레드와 스레드 풀을 알아서 관리해주는 라이브러리를 사용하는 것이 좋다.

이 책에서는 스레드 풀을 구현하는 방법에 대해서는 자세히 다루지 않는다. 스레드 풀을 사용하는 목적이 복잡한 문제들을 프레임워크에 위임하는 것이기 때문이다. 하지만 이에 대해서 간단히 이야기하자면, 스레드 풀 안의 스레드 수는 가용 스레드의 개수를 최대화하고, 할당 후 사용되지 않은 리소스의 개수를 최소화하는 방식으로 조율된다. 작업할 항목을 큐에 넣으면, 가용 스레드가 있는 경우 스레드 프로시저가 바로 수행된다. 사용한 스레드를 빠르게 작업에 할당하는 것이 스레드 풀의 역할이다. 핵심은 '요청을 던지고 잊으라fire the request and forget it' 정도로 요약할 수 있다.

또한 스레드 풀은 태스크의 생명 주기를 자동으로 관리해준다. 태스크가 종료되더라도 스레드는 제거되지 않으며, 대신 다른 태스크를 처리할 수 있도록 준비 상태가 된다. 이렇게 준비된 스레드는 스레드 풀에 의해 새로운 태스크를 배정받는다. 새로운 태스크가 이전 태스크와 같을 필요는 없다. 태스크를 할당받은 스레드는 어떤 메서드라도 실행할 수 있으며, 사용자는 수행해야 할 메서드를 Task.Run()에 넘겨주기만 하면 된다. 이제 스레드 풀이 해낭 메서드를 알아서 잘 관리해준다.

스레드 풀의 활성 태스크 수는 시스템이 관리한다. 스레드 풀은 가용한 시스템 리소스에 기초해 태스크를 시작한다. 만약 시스템이 리소스를 거의 다 소비한 상태라면 스레드 풀은 새로운 태스크를 시작하지 않는다. 반대로 시스템 리소스에 여유가 많다면 스레드 풀에서 추가 태스크를 바로 실행한다. 즉, 스레드 풀이 알아서 부하를 분산하기 때문에 부하 분산 로직을 직접 작성할 필요가 없다.

최적의 스레드 수는 해당 장비의 코어 수와 같다고 생각할지도 모르겠다. 이러한 방법이 최악의 전략은 아니지만 너무 단순한 생각이라, 대부분의 상황에서 최선의 해법이 되지 못한다. 대기 시간, CPU 외의 다른 리소스의 경합 상태, 통제권 밖의 프로세스 등이 모두 최적의 스레드 수를 찾는 데 영향을 준다. 스레드를 너무 적게 만들면 코어가 유휴 상태로 놀게 돼서 최고의 성능을 발휘하지 못한다. 반대로 너무 많이 만들면 스레드 스케줄링에 너무 많은 시간을 소비하여 실제로 작업을 수행하는 시간이 줄어든다.

제곱근 계산 알고리즘의 하나인 헤론Heron of Alexandria의 공식을 예로 들어 최적의 스레드 수를 찾는 일반적인 지침을 설명해보겠다. 다시 말하지만, 모든 알고리즘은 고유한 특성이 있으므로 이 지침은 특수한 상황에서의 이야기일 뿐이다. 이 예의 경우 핵심 알고리즘이 매우 단순하고 다른 스레드와 상호작용하지 않는다.

헤론의 공식은 특정 숫자의 제곱근의 근삿값을 설정하는 것부터 시작한다. 가장 간단한 방법은 1부터 시작하는 것이다. 다음 단계의 근삿값은 현재 근삿값과 원래 값을 근삿값으로 나눈 것의 평균이다. 예를 들어 10의 제곱근을 구하려면 1이 첫 번째 근삿값이 되고, 다음 근삿값은 (1 + (10/1)) / 2 = 5.5가 된다. 이 과정을 값이 수렴할 때까지 반복하는 것이다. 코드로는 다음과 같다.

```
public static class Hero
{
    public static double FindRoot(double number)
    {
        double previousError = double.MaxValue;
        double guess = 1;
        double error = Math.Abs(guess * guess - number);
        while (previousError / error > 1.000001)
        {
            guess = (number / guess + guess) / 2.0;
            previousError = error;
            error = Math.Abs(guess * guess - number);
        }
        return guess;
    }
}
```

스레드 풀 버전의 성능을 스레드를 직접 생성한 버전 및 싱글스레드 버전과 비교하기 위해서 이 알고리즘을 반복 계산하는 테스트 코드를 작성했다.

```csharp
private static double OneThread()
{
    Stopwatch start = new Stopwatch();
    double answer;
    start.Start();
    for (int i = LowerBound; i < UpperBound; i++)
        answer = Hero.FindRoot(i);
    start.Stop();
    return start.ElapsedMilliseconds;
}
private static async Task<double> TaskLibrary(int numTasks)
{
    var itemsPerTask = (UpperBound - LowerBound) / numTasks + 1;
    double answer;
    List<Task> tasks = new List<Task>(numTasks);
    Stopwatch start = new Stopwatch();
    start.Start();
    for (int i = LowerBound; i < UpperBound; i += itemsPerTask)
    {
        tasks.Add(Task.Run(() =>
        {
            for (int j = i; j < i + itemsPerTask; j++)
                answer = Hero.FindRoot(j);
        }));
    }
    await Task.WhenAll(tasks);
    start.Stop();
    return start.ElapsedMilliseconds;
}
private static double ThreadPoolThreads(int numThreads)
{
    Stopwatch start = new Stopwatch();
    using (AutoResetEvent e = new AutoResetEvent(false))
    {
        int workerThreads = numThreads;
        double answer;
        start.Start();
        for (int thread = 0; thread < numThreads; thread++)
            System.Threading.ThreadPool.QueueUserWorkItem(
```

```
                    (x) =>
                    {
                        for (int i = LowerBound; i < UpperBound; i++)
                            if (i % numThreads == thread)
                                answer = Hero.FindRoot(i);
                        if (Interlocked.Decrement(ref workerThreads) == 0)
                            e.Set();
                    });
            e.WaitOne();
            start.Stop();
            return start.ElapsedMilliseconds;
        }
    }
    private static double ManualThreads(int numThreads)
    {
        Stopwatch start = new Stopwatch();
        using (AutoResetEvent e = new AutoResetEvent(false))
        {
            int workerThreads = numThreads;
            double answer;
            start.Start();
            for (int thread = 0; thread < numThreads; thread++)
            {
                System.Threading.Thread t = new Thread(
                    () =>
                    {
                        for (int i = LowerBound; i < UpperBound; i++)
                            if (i % numThreads == thread)
                                answer = Hero.FindRoot(i);
                        if (Interlocked.Decrement(ref workerThreads) == 0)
                            e.Set();
                    });
                t.Start();
            }
            e.WaitOne();
            start.Stop();
            return start.ElapsedMilliseconds;
        }
    }
```

메인 프로그램은 하나의 단일 스레드 버전과 두 개의 각기 다른 멀티 스레드 버전의 계산 시간을 생성하는데, 그 결과를 비교해보면 새로운 스레드를 추가할 때의 효과를 확인할 수 있다. [그림 4.1]은 그 결과를 그래프로 보여준다.

그림 4.1 System.Threading.Thread를 사용하는 단일 스레드 버전과 System.Threading.ThreadPool. QueueUserWorkItem()을 사용하는 멀티스레드 버전 사이의 처리 시간 비교. Y축은 쿼드 코어 노트북에서 100,000 번 계산하는 시간을 밀리초 단위로 표시했다.

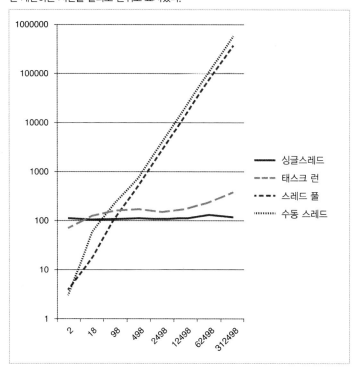

이 예에서 몇 가지 배울 것이 있다. 첫 번째, 수동으로 스레드를 생성하는 작업은 스레드 풀이나 Task 기반의 구현체보다 오버헤드가 훨씬 크다. 스레드가 10개가 넘어가면 멀티스레딩 자체가 주요 병목이 된다.

대기 시간이 길지 않은 알고리즘임에도 이런 문제가 발생하는 것은 바람직하지 않다. Task 기반 라이브러리는 오버헤드가 일정하다. 스레드 수가 적을 때는 느리지만 요청한 태스크 수가 늘어날수록 다른 알고리즘보다 스레드 수를 더 잘 관리하는 모습을 볼 수 있다.

스레드 풀을 사용할 때 오버헤드가 작업 시간보다 커지지 않게 하려면 큐에 작업을 40개 이상은 쌓아둬야 했다(쿼드코어 랩톱의 경우). 코어 수가 더 많은 서버급 장비라면 더 많은 스레드를 효율적으로 처리할 수 있을 것이다. 보통은 코어 수보다 스레드를 더 많이 생성하는 편이 낫다. 정확한 숫자는 애플리케이션의 종류와 애플리케이션의 스레드가 리소스를 얻기까지 대기해야 하는 시간에 따라 크게 다르다.

스레드를 수동으로 생성하는 것보다 스레드 풀의 성능이 더 좋은 데는 두 가지 요인이 크게 작용한다. 첫째, 스레드 풀은 작업을 수행할 준비가 된 스레드를 재사용한다. 스레드를 수동으로 생성하면 작업마다 새로운 스레드를 만들어야 한다. 이처럼 스레드를 생성하고 폐기하는 비용이 .NET 스레드 풀의 관리 비용보다 비싼 것이다.

둘째, 스레드 풀이 활성 스레드의 개수를 자동으로 관리한다. 스레드를 너무 많이 만들면 시스템은 충분한 리소스가 확보될 때까지 일부 태스크를 큐에 대기시킨다. QueueUserWorkItem()은 스레드 풀에서 가용한 스레드에 작업을 할당하는 식으로 스레드 리소스를 관리한다. 만약 스레드 풀의 모든 스레드가 바쁜 상태라면 가용 상태의 스레드가 생길 때까지 태스크를 큐에 대기시킨다.

코어 수가 많아지면 많아질수록 멀티스레드 프로그램을 만들 가능성이 커진다. WCF, ASP.NET, .NET remoting 등을 이용해서 서버 애플리케이션을 개발하고 있다면 이미 멀티스레드 프로그램을 만들고 있는 것이다. 이런 .NET 서브시스템들은 스레드 자원을 스레드 풀로 관리한다. 따라서 우리도 같은 방식을 따르는 것이 좋다. 스레드 풀을 이용하면 오버헤드를 줄여주어 결과적으로는 높은 성능을 보여준다. 뿐만 아니라 .NET 스레드 풀은 여러분이 애플리케이션 수준에서 스레드를 관리하는 것보다 활성 스레드의 수를 더 효율적으로 관리해준다.

아이템 38: 스레드 간 커뮤니케이션에는 BackgroundWorker를 사용하라

아이템 37: 스레드를 생성하지 말고 스레드 풀을 사용하라에서는 ThreadPool.QueueUserWorkItem()을 이용해서 다수의 백그라운드 태스크를 실행하는 예를 살펴봤다. 이 메서드는 스레드 관리 문제의 대부분을 프레임워크와 운영체제에 위임하기 때문에 사용하기 쉽다. 이 메서드에는 간단히 재사용할 수 있는 기능이 많아 백그라운드 스레드로 실행할 작업이 있을 때 멋진 도구가 되어줄 것이다.

물론 QueueUserWorkItem()은 여러분이 몇몇 규칙을 준수하고 있다고 가정한다. 만약 그러한 규칙을 지키기 어렵다면 QueueUserWorkItem()를 사용할 때 추가로 해야 할 작업이 오히려 더 늘어날 수도 있다. 그런 경우에는 System.Threading.Thread를 사용해서 직접 스레드를 만들기보다 System.ComponentModel.BackgroundWorker를 사용하는 것이 좋다. BackgroundWorker 클래스는 ThreadPool을 이용하도록 만들어졌고 스레드 간 커뮤니케이션을 위한 다양한 기능을 제공한다.

QueueUserWorkItem()를 사용할 때 가장 중요한 문제 한 가지를 꼽으라면, WaitCallBack에서 발생하는 예외를 처리해야 한다는 것이다. WaitCallBack은 백그라운드 스레드에서 작업을 수행하는 메서드다. 만약 이 메서드가 예외를 던지면, 애플리케이션이 종료된다. 해당 백그라운드 스레드 하나만 종료되는 것이 아니라 '전체 애플리케이션이 종료'된다는 뜻이다. 다른 백그라운드 스레드 API도 마찬가지로 애플리케이션 전체를 종료시키지만, QueueUserWorkItem에는 오류를 보고해주는 기능이 없다는 점이 다르다.

또한, QueueUserWorkItem()은 백그라운드 스레드와 포그라운드 스레드 간 커뮤니케이션을 위한 기능을 전혀 제공하지 않는다. 즉, 작업 완료 감지, 진행 상태 추적, 일시정지, 취소 등의 기능을 제공하지 않는다. 이런 기능이 필요하다면 QueueUserWorkItem()의 기능을 활용해 만든 BackgroundWorker 컴포넌트를 사용해야 한다.

BackgroundWorker는 UI 작업을 돕기 위해서 System.ComponetModel.Component 클래스를 기반으로 만들어진 컴포넌트다. 사실 BackgroundWorker는 UI를 포함하지 않은 경우에도 꽤 유용하다. 필자가 BackgroundWorker를 사용한 대부분의 경우도 Form 클래스가 아니었다.

BackgroundWorker를 가장 간단하게 사용하는 방법은 델리게이트 원형과 일치하는 메서드를 생성해서 BackgroundWorker의 DoWork 이벤트에 연결하는 것이다. 그러고 나서 BackgroundWorker의 RunWorkerAsync() 메서드를 호출하면 된다.

```csharp
BackgroundWorker backgroundWorkerExample = new BackgroundWorker();
backgroundWorkerExample.DoWork += (sender, doWorkEventArgs) =>
{
    // 작업 내용은 생략
};
backgroundWorkerExample.RunWorkerAsync();
```

이 패턴에서는 BackgroundWorker가 ThreadPool.QueueUserWorkItem()과 완전히 같은 기능을 한다. BackgroundWorker 클래스는 ThreadPool을 사용해서 백그라운드 태스

크를 실행하며, 내부적으로는 QueueUserWorkItem()을 사용한다.

BackgroundWorker의 강점은 이미 여러 상황을 고려해서 구현된 프레임워크로부터 파생되었다는 것이다. BackgroundWorker는 포그라운드 스레드와 백그라운드 스레드 사이의 커뮤니케이션을 위해 이벤트를 사용한다. 포그라운드 스레드가 요청을 보내면 BackgroundWorker가 백그라운드 스레드 상에서 DoWork 이벤트를 발생시킨다. 그러면 DoWork 이벤트 핸들러가 주어진 매개변수를 읽어 작업을 시작한다.

백그라운드 스레드가 작업을 끝내면(DoWork 이벤트 핸들러에 정의된 대로 종료되면), 이번에는 BackgroundWorker가 포그라운드 스레드에 RunWorkerCompleted 이벤트를 발생시킨다(그림 4.2). 이제 포그라운드 스레드는 백그라운드 스레드가 완료된 후의 후속 처리를 진행할 수 있다.

그림 4.2 BackgroundWorker 클래스는 작업 완료를 포그라운드 스레드에 정의된 이벤트 핸들러에 알린다. 완료 이벤트를 처리하기 위한 이벤트 핸들러를 등록하였다면 DoWork 델리게이트의 실행이 끝난 후에 BackgroundWorker가 해당 이벤트를 발생시킨다.

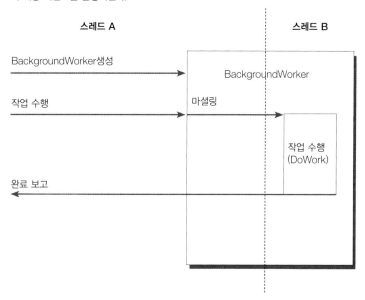

BackgroundWorker가 발생시키는 이벤트 외에도, 속성을 이용하면 포그라운드 스레드와 백그라운드 스레드가 상호작용하는 방법을 제어할 수 있다. WorkerSupportsCancellation 속성은 BackgroundWorker에게 백그라운드 스레드가 연산을 중단하고 끝내는 방법을 알고

있다는 사실을 알린다. WorkerReportsProgress 속성은 BackgroundWorker에게 작업자가 진행 상태를 정기적으로 포그라운드 스레드에게 보고한다는 사실을 알린다(그림 4.3). 그뿐만 아니라 BackgroundWorker는 포그라운드 스레드의 취소 요청을 백그라운드 스레드로 전달할 수 있으며, 백그라운드 스레드는 CancellationPending 플래그를 확인해서 진행 중이던 작업을 중단할 수 있다.

그림 4.3 BackgroundWorker 클래스는 현재 태스크의 취소 요청, 진행 상태 보고, 완료 보고, 오류 보고 등을 위한 다수의 이벤트를 지원한다. BackgroundWorker는 이런 상호작용에 필요한 규약protocol을 정의하고 관련 이벤트를 발생시킨다. 진행 상황을 보고하려면 백그라운드 스레드는 BackgroundWorker에 정의된 이벤트를 발생시켜야 한다. 포그라운드 태스크의 코드는 이런 추가 이벤트를 요청해야 하며, 관련 이벤트 핸들러를 등록해야 한다.

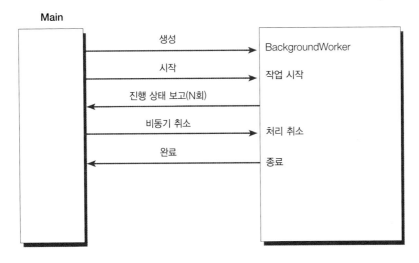

마지막으로 BackgroundWorker는 백그라운드 스레드에서 발생한 예외를 보고하는 방법도 제공한다. **아이템 36: 예외를 염두에 두고 병렬 알고리즘을 만들라**에서 예외가 서로 다른 스레드 사이에는 전달되지 못한다고 설명했다. 즉, 백그라운드 스레드에서 예외가 발생하고 해당 스레드가 이 예외를 잡지 못한다면 스레드는 종료될 수도 있으며, 심한 경우에는 백그라운드 스레드가 종료됐음을 포그라운드 스레드가 모를 수도 있다. BackgroundWorker는 백그라운드 스레드가 예외를 던지면, 이 예외를 RunWorkerCompleted 이벤트의 매개변수인 RunWorkerCompletedEventArgs 인수의 Error 속성에 전달하여 이 문제를 해결한다. 백그라운드 스레드는 단순히 작업을 중단하면 되고, 포그라운드 스레드가 RunWorkerCompleted 이벤트 핸들러에서 이 예외를 처리하면 된다.

앞에서 필자는 Form 클래스 이외의 다른 클래스에서도 BackgroundWorker를 사용하곤 한다고 이야기했다. 서비스나 웹 서비스 같이 윈도우 폼^{Window Form} 애플리케이션이 아닌 경우에도 이 방법을 사용할 수 있다. 괜찮은 방법이긴 하지만 몇 가지 주의할 점이 있다. BackgroundWorker가 윈도우 폼 애플리케이션에서 수행되고 있으며, 폼이 보여지고^{visible} 있는 상태라면 ProgressChanged와 RunWorkerCompleted 이벤트는 마셜링 콘트롤과 Control.BeginInvoke()를 통해 GUI 스레드로 마셜링된다(**아이템 39: XAML 환경에서의 스레드 간 호출을 이해하라** 참조). 그 외의 경우에는 단순히 스레드 풀 내의 가용 스레드가 사용된다. 이 경우 이벤트의 전달 순서에 영향을 줄 수 있다.

BackgroundWorker는 QueueWorkItem()을 기반으로 만들어졌으므로 다수의 백그라운드 작업 요청을 처리할 때에도 BackgroundWorker를 사용할 수 있다. 우선 BackgroundWorker의 IsBusy 속성을 확인해 BackgroundWorker가 태스크를 실행 중인지 알아내야 한다. 여러 백그라운드 태스크가 동시에 실행돼야 한다면 BackgroundWorker 객체를 여러 개 생성하면 된다. 모든 객체가 같은 스레드 풀을 공유하므로 QueueUserWorkItem을 사용할 때처럼 여러 태스크가 수행될 수 있다. 단, 이벤트 핸들러에서 이벤트 송신자^{sender}를 잘 확인해야 한다. 이렇게만 하면 백그라운드 스레드와 포그라운드 스레드가 정확히 상호작용할 수 있을 것이다.

BackgroundWorker는 백그라운드 태스크를 만들 때 필요한 다양한 패턴을 지원한다. 이러한 기능을 잘 활용하면, 코드를 재사용할 수 있을 뿐 아니라 다양한 패턴을 수용할 수 있다. 더불어, 포그라운드와 백그라운드 스레드 간의 통신 규약을 직접 설계하지 않아도 된다.

아이템 39: XAML 환경에서 스레드 간 호출을 이해하라

윈도우 컨트롤은 COM^{component object Model}의 단일 스레드 아파트먼트^{single threaded apartment}(STA) 모델에 기반을 둔다. 이는 윈도우 컨트롤의 근간이 모두 단일 아파트먼트 스레드를 이용하기 때문이다. 그리고 컨트롤의 대다수는 메시지 펌프^{message pump}를 이용하여 다양한 작업을 처리한다. STA 모델에서는 반드시 컨트롤을 생성한 스레드가 해당 컨트롤이 제공하는 기능을 호출해야 한다. 그리고 Invoke()(BeginInvoke()와 EndInvoke() 포함)는 메서드 호출 작업을 적절한 스레드로 마셜링해준다. 윈도우 컨트롤과 윈도우 폼 컨트롤의 핵심 코드는 매우 유사하므로 여기서는 윈도우 폼 API에 중점을 두고 설명할 것이다. 호출 규칙에 차이가 있는 경우에는 두 가지를 모두 언급할 것이다. 이 모델을 완전히 내 것으로 만들려면 꽤나 복잡한 코드가 필요하지만, 설명을 잘 따라온다면 이해하는 데 큰 어려움은 없을 것이다.

먼저, 이벤트 핸들러를 좀 더 쉽게 작성하고자 할 때, 개발자들이 해야 할 일을 상당히 줄여줄 수 있는 간단한 제네릭 코드를 작성해보려고 한다. 잘 알려진 바와 같이, 익명 델리게이트를 사용하면 특정 상황에서만 수행되는 짧은 메서드를 손쉽게 표현할 수 있다. 하지만 안타깝게도 익명 델리게이트는 Control.Invoke()처럼 System.Delegate 타입을 매개변수로 취하는 메서드에서는 직접 사용할 수 없다. 아래에 윈도우 컨트롤의 예를 나타내었다.

```
private void UpdateTime()
{
    Action action = () => textBlock1.Text = DateTime.Now.ToString();
    if (System.Threading.Thread.CurrentThread !=
        textBlock1.Dispatcher.Thread)
    {
        textBlock1.Dispatcher.Invoke
            (System.Windows.Threading.DispatcherPriority.Normal, action);
    }
    else
    {
        action();
    }
}
```

윈도우 폼에서는 마셜링을 수행하기 위해 Control.Invoke()를 사용할 수 있다.

```
private void OnTick(object sender, EventArgs e)
{
    Action action = () =>
        toolStripStatusLabel1.Text =
        DateTime.Now.ToLongTimeString();
    if (this.InvokeRequired)
        this.Invoke(action);
    else
        action();
}
```

하지만, 이와 같은 코드를 작성하면 이벤트 핸들러의 실제 로직을 더 모호하게 만들 뿐이어서, 코드의 가독성을 떨어뜨릴 뿐 아니라 관리하기도 어렵다. 게다가 System.Delegate 타입으로 인수를 전달하기 위해서 어쩔 수 없이 델리게이트를 따로 생성하였다.

약간의 제네릭 코딩으로 이를 단순화할 수 있다. 다음의 XAMLContorlExtension 클래스는 (매개변수를 최대 2개까지 받는) 델리게이트를 호출하기 위한 용도로 사용할 수 있는 확장 메서드를 담고 있다. 매개변수가 더 많이 필요하다면 오버로딩 메서드를 추가하면 된다. 이 메서드의 용도는 델리게이트를 이용하여 델리게이트의 대상 메서드를 직접 호출하거나 혹은 디스패처dispatcher가 제공하는 마셜링을 통해 딜레게이트의 대상 메서드를 호출한다.

```csharp
public static class XAMLControlExtensions
{
    public static void InvokeIfNeeded(
        this System.Windows.Threading.DispatcherObject ctl,
        Action doit,
        System.Windows.Threading.DispatcherPriority priority)
    {
        if (System.Threading.Thread.CurrentThread != ctl.Dispatcher.Thread)
        {
            ctl.Dispatcher.Invoke(priority, doit);
        }
        else
        {
            doit();
        }
    }
    public static void InvokeIfNeeded<T>(
        this System.Windows.Threading.DispatcherObject ctl,
        Action<T> doit,
        T args,
        System.Windows.Threading.DispatcherPriority priority)
    {
        if (System.Threading.Thread.CurrentThread != ctl.Dispatcher.Thread)
        {
            ctl.Dispatcher.Invoke(priority, doit, args);
        }
            else
        {
            doit(args);
        }
```

```
        }
    }
```

윈도우 폼 컨트롤용으로도 비슷한 기능을 수행하는 확장 메서드를 작성할 수 있다.

```
public static class ControlExtensions
{
    public static void InvokeIfNeeded(this Control ctl, Action doit)
    {
        if (ctl.IsHandleCreated == false)
            doit();
        else if (ctl.InvokeRequired)
            ctl.Invoke(doit);
        else
            doit();
    }
    public static void InvokeIfNeeded<T>(this Control ctl,
        Action<T> doit, T args)
    {
        if (ctl.IsHandleCreated == false)
            throw new InvalidOperationException(
                "Window handle for ctl has not been created");
        else if (ctl.InvokeRequired)
            ctl.Invoke(doit, args);
        else
            doit(args);
    }
    // 매개변수 3, 4개용 오버로드는 생략했다.
    public static void InvokeAsync(this Control ctl, Action doit)
    {
        ctl.BeginInvoke(doit);
    }
    public static void InvokeAsync<T>(this Control ctl, Action<T> doit, T args)
    {
        ctl.BeginInvoke(doit, args);
    }
}
```

이제 InvokeIfNeeded()를 활용하면, 멀티스레드 환경에서도 이벤트 핸들러를 좀 더 쉽게 작성할 수 있다.

```
private void OnTick(object sender, EventArgs e)
{
    this.InvokeAsync(() => toolStripStatusLabel1.Text =
        DateTime.Now.ToLongTimeString());
}
```

WPF 버전에는 InvokeRequired 속성이 없으므로, 현재 스레드와 컨트롤을 다루는 스레드를 비교한다. DispatcherObject는 WPF 컨트롤의 베이스 클래스로, 해당 컨트롤을 다루는 스레드에게 작업을 전달하는 역할을 수행한다. WPF에서는 이벤트 핸들러의 우선순위를 지정할 수 있다는 점에도 주목하자. 이는 WPF 애플리케이션이 2개의 UI 스레드를 사용하기 때문인데, 둘 중 하나는 UI 렌더링 파이프라인을 처리한다. 따라서 UI가 애니메이션이나 다른 동작을 끊김없이 랜더링할 수 있다. 이를 활용하면 중요한 작업(렌더링 또는 특정 백그라운드 이벤트 처리)의 우선순위를 높일 수 있다.

앞의 예제 코드는 몇 가지 장점을 보여준다. 우선 익명 델리게이트를 별도로 정의한 후 사용할 필요가 없으므로, 이벤트 핸들러의 로직을 쉽게 읽어 낼 수 있다. 따라서 Dispatcher를 반복적으로 사용하는 이전 코드보다 훨씬 가독성이 좋고 관리도 수월하다. WPFControlExtensions에서 정의하는 제네릭 메서드 내에서 InvokeRequired의 값을 확인하거나, 스레드 식별 등의 작업을 수행하기 때문에 이러한 과정을 전혀 신경 쓸 필요가 없다. 싱글 스레드 애플리케이션에서는 이 코드가 그리 유용하지 않겠지만, 추후 멀티 스레드를 사용할 것으로 생각되는 코드에서는 꽤나 유용하게 써먹을 수 있다. 이런 이유로 필자도 이 코드를 자주 사용하는 편이다.

이 코드를 모든 이벤트 핸들러에 적용하기 전에 우선 InvokeRequired가 무슨 일을 하는지 더 자세히 살펴보자. 이 값을 얻어오는 것이 무료는 아닐 테니 아무 곳에나 사용하는 것은 적절치 않다. InvokeRequired는 현재 코드가 컨트롤을 생성한 스레드에서 실행 중인지, 아니면 다른 스레드에서 실행 중인지(즉, 마셜링이 필요한지) 알려준다. 이 속성은 비교적 단순하게 구현되어 있는데, 현재 스레드의 ID를 컨트롤을 생성한 스레드의 ID와 비교한다. 두 값이 같으면 Invoke()를 호출할 필요가 없고, 그렇지 않다면 반드시 Invoke()를 사용해야 한다. 이러한 비교는 매우 빠르게 수행될 것이다.

하지만 아주 특이한 경우도 있다. 확인하려는 컨트롤이 아직 생성되지 않았다면 어떨까? 부모 컨트롤은 생성됐지만 현재 컨트롤은 아직 인스턴스화되는 중이라면 어떨까? 이 경우에는 해당 콘트롤을 나타내는 C# 객체는 존재하지만 이 콘트롤이 가지는 윈도우 핸들은 null일 것이다. 이렇게 되면 비교할 대상이 없으므로, 프레임워크가 개입하여 이 문제를 해결해준다. 하지만 이 과정을 수행하려면 시간이 좀 걸린다. 프레임워크는 부모 컨트롤들의 트리를 따라가면서 생성된 컨트롤이 있는지 확인한다. 생성된 윈도우를 찾으면 그 윈도우를 마셜링 윈도우로 사용한다. 부모 컨트롤이 자식 컨트롤의 생성을 책임질 것이므로 이는 비교적 안전한 방법이라고 할 수 있다. 이 방법은 자식 컨트롤이 프레임워크가 찾은 부모 컨트롤과 같은 스레드에서 생성될 것이기 때문에 가능한 방법이다. 부모 컨트롤을 찾았다면 이제 프레임워크는 앞에서 설명한 확인 과정을 다시 거친다. 즉, 컨트롤을 생성한 스레드의 ID와 현재 코드를 수행 중인 스레드의 ID를 비교한다.

만약, 프레임워크가 부모 윈도우를 찾지 못하면, 대안이 될 만한 다른 윈도우를 다시 찾아 나선다. 계층 구조상에 윈도우가 존재하지 않으므로, 프레임워크는 파킹 윈도우^{parking window}를 찾아본다. 파킹 윈도우란 Win32 API에서 일부 비정상적으로 보이는 작업을 수행할 수밖에 없는 상황을 다루기 위한 매커니즘이다. 비정상적인 동작이란, 간단히 설명하면 Win32 윈도우를 파괴한 후 재생성해야 하는 경우를 의미하는데, 예를 들어 윈도우의 특정 스타일을 수정하면, 그 윈도우를 삭제했다가 다시 생성해야 하는 경우가 있다. 이 때 파킹 윈도우는 부모 윈도우를 삭제하고 재생성하는 동안 자식 윈도우를 임시로 저장해두는 공간이다. 계층 구조상에 윈도우가 존재하지 않으므로, UI 스레드를 찾을 수 있는 유일한 방법이 파킹 윈도우를 살펴보는 것이다.

WPF에서는 Dispatcher 클래스를 사용해서 이런 작업의 일부를 단순화했다. 각 스레드는 디스패처를 지니고 있는데, 각 컨트롤에게 디스패처를 요청하면 WPF 라이브러리는 해당 스레드가 디스패처를 가지고 있는지 확인한다. 디스패처가 있다면 이를 반환하고, 디스패처가 존재하지 않는다면 새로운 디스패처 객체를 생성한 후, 컨트롤과 스레드를 연동한다.

이와 같은 일련의 과정에도 불구하고, 파킹 윈도우에서조차 적절한 윈도우를 찾지 못하면 UI 스레드를 찾는 과정은 실패한다. 이 경우 InvokeRequired는 false를 반환하며, 해당 호출을 다른 스레드로 마셜링할 필요가 없다고 알려준다. 이 결과는 잘못될 가능성이 있어서 다소 위험하지만, 프레임워크로써는 최선을 다한 결과이다. 결과적으로 윈도우 핸들을 필요로 하는 메서드 호출은 실패할 것이다. 윈도우가 없는데 이를 이용하려 했기 때문이다. 물론 마셜링도 실패할 것이다. 프레임워크가 컨트롤을 찾을 수 없다면 현재 스레드에서의 메서드 호출을 UI 스레드로 마셜링할 수 없다. 이런 상황에서 프레임워크는 즉시 실패를 반환하기보다는, 실패할 가능성을 미루는 쪽을 선택했다. 다행히도 이런 상황은 매우 드물게 발생하며, 실제로는 WPF

의 Dispatcher 내에 이런 상황을 대비하기 위한 코드가 들어있다.

InvokeRequired에 대해 지금까지 배운 것을 정리해보자. 컨트롤이 생성된 후라면 InvokeRequired는 충분히 빠르며 항상 안전하게 동작한다. 하지만 대상 컨트롤이 아직 생성되지 않았다면 적절한 윈도우를 찾기 위해서 훨씬 많은 시간을 소비하게 된다. 여러 가지 과정을 거쳐 적절한 윈도우를 찾으려고 시도하였으나 결국 적절한 윈도우를 찾지 못했다면, 많은 시간을 소비할 뿐만 아니라 틀린 결과를 반환할 수도 있다. 이처럼 Control.InvokeRequired를 사용하는 데는 비용이 들지만 그렇다고 불필요하게 Control.Invoke()를 매번 호출하는 것보다는 여전히 장점이 많다. WPF는 일부 극단적인 상황에 대해서조차 최적화가 되어 있어 윈도우 폼에 비해서는 효율적으로 동작하는 편이다.

다음으로 Control.Invoke()가 하는 일을 살펴보자(Control.Invoke()는 사실 많은 일을 하기 때문에 여기서는 매우 함축적으로 설명할 것이다). 먼저, 컨트롤을 생성한 스레드와 동일한 스레드가 Invoke()를 호출했다고 가정해보자. 이 경우에 프레임워크는 단순히 호출 측에서 전달한 델리게이트 메서드를 호출해준다. InvokeRequired가 false를 반환함에도 Control.Invoke()를 호출하는 건 불필요한 추가 작업을 하는 꼴이지만 여전히 안전한 방식이다.

흥미로운 경우는 InvokeRequired가 false를 반환해서, 반드시 Invoke()를 호출해야 할 때 발생한다. Control.Invoke()는 대상 컨트롤의 큐에 메시지를 전달하는 방식으로 스레드를 넘나드는 델리게이트 호출을 다룬다. 우선, 비공개 구조체를 만들어서 델리게이트를 호출할 때 필요한 모든 것(모든 매개변수, 콜스택 참조, 델리게이트 대상 등)을 저장한다. 매개변수가 변경되지 않도록, 델리게이트를 호출하기 전에 매개변수의 값을 복사해두기도 한다(멀티스레드 세상에 있다는 것을 잊지 말자).

이제, 이 생성된 구조체를 특정 큐에 저장한 후 대상 컨트롤에 메시지를 전달한다. UI 스레드는 메시지를 수신하고, 큐에 저장된 구조체를 가져와서 델리게이트를 수행한다. 이 과정에서 Control.Invoke()는 스핀 대기spin-wait와 슬립sleep을 반복한다. 이 과정에서 중요한 타이밍 이슈가 발생할 수 있다. 대상 컨트롤이 메시지를 받으면 매번 하나씩 처리하지 않고, 지금까지 큐에 저장된 모든 델리게이트를 가져와서 처리한다. 항상 동기 버전의 Control.Invoke()만을 사용한다면 별다른 부작용이 발생하지 않겠지만, Control.Invoke()와 Control.BeginInvoke()를 섞어 사용하면 이 둘이 사뭇 다르게 동작한다는 것을 확인할 수 있을 것이다. 이 이야기는 이번 아이템의 마지막 부분에서 다시 한번 다룰 테니, 지금은 컨트롤의

WndProc()가 삽입된 메시지의 종류와 상관없이 메시지를 단번에 처리한다는 것 정도만 이해하고 넘어가자.

다음으로, WPF에서는 비동기 연산의 우선순위를 지정할 수 있어서 세부적인 제어가 가능한 부분이 있다. 구체적으로는 디스패처가 메시지를 큐에 저장하는 방식을 지시할 수 있다. 저장 방식에는 (1) 시스템이나 애플리케이션의 상황에 기반한 순위, (2) 일반적인 순위, (3) 높은 우선 순위가 있다.

당연한 이야기지만, 델리게이트도 예외를 던질 수 있으며 예외는 스레드의 경계를 넘어갈 수 없다. 컨트롤은 사용자가 전달한 델리게이트를 호출하는 부분을 try/catch 블록으로 감싸 모든 예외를 잡아낸다. 예외가 발생하면 이를 구조체에 복사하고, UI 스레드가 작업을 모두 마친 후에 작업자 스레드에게 전달하여 이를 처리할 수 있도록 한다.

UI 스레드가 작업을 완료하고 나면, Control.Invoke()는 UI 스레드로 전달한 델리게이트가 예외를 일으켰는지 확인한다. 예외가 발생한 적이 있다면 Invoke()는 백그라운드 스레드로 예외를 다시 던진다. 만약 예외가 발생한 적이 없다면 통상의 절차를 계속 수행한다. 지금까지 알아본 바와 같이 겨우 메서드 하나를 호출하기 위해 이처럼 많은 일이 보이지 않게 수행된다.

Control.Invoke()는 마셜링된 델리게이트 호출 작업이 완료될 때까지 백그라운드 스레드를 정지시킨다. 그래서 멀티스레드 환경임에도 동기적으로 동작하는 것처럼 보인다.

하지만 때로는 이런 동작이 애플리케이션이 요구하는 방식이 아닐 수도 있다. 예를 들어 작업 스레드가 진행 상황을 업데이트하는 경우라면, UI가 갱신될 때까지 동기식으로 기다리기보단 다른 작업을 수행하는 편이 나을 것이다. 이런 상황에서는 BeginInvoke()를 사용해야 한다. 이 메서드는 Control.Invoke()와 거의 같은 일을 하지만, 메시지를 대상 컨트롤에 보낸 후, 델리게이트를 호출하고 작업이 완료될 때까지 기다리지 않고 즉시 반환된다. BeginInvoke() 는 이후 처리될 작업을 위해 메시지를 저장하기만 하고, 호출한 스레드를 바로 재개시킨다. 몇몇 제네릭 비동기 메서드를 적절히 확장 메서드로 작성해두면, 스레드를 넘나드는 UI 작업을 손쉽게 비동기로 수행할 수 있다. ControlExtensions 클래스를 만들고, 몇 가지 메서드를 추가해보자. 앞서 살펴본 것에 비해서는 얻는 게 적지만 일관성을 유지할 수 있다는 장점이 있다.

```
public static void QueueInvoke(this Control ctl, Action doit)
{
    ctl.BeginInvoke(doit);
```

```
    }
    public static void QueueInvoke<T>(this Control ctl, Action<T> doit, T args)
    {
        ctl.BeginInvoke(doit, args);
    }
```

QueueInvoke() 메서드는 InvokeRequired를 검사하지 않는다. 왜냐하면 이 코드를 설사 UI 스레드에서 실행하고 있다 하더라도, 비동기적으로 델리게이트 메서드를 호출하고 싶을 것이기 때문이다. BeginInvoke()가 이처럼 동작한다. Control.Invoke()은 메시지를 보내면 그 즉시 대상 컨트롤이 메시지 큐를 확인한 후, 해당 메시지를 처리한다. 만약 BeginInvoke()가 UI 스레드에서 호출된다면 요청한 작업은 동기적으로 수행된다. 차례차례 액션을 수행할 뿐이다.

지금까지 BeginInvoke()가 반환하는 Async 결과는 애써 무시하고 지나갔다. 실제로 UI 작업이 값을 반환하는 경우는 매우 드물기 때문에 비동기로 처리하기가 훨씬 쉽다. 단순히 BeginInvoke()를 호출하고 언젠가 전달한 델리게이트가 호출되기를 기다리기만 하면 된다. 참고로 델리게이트는 방어적으로 코딩해야 한다. 스레드 사이의 마셜링 과정에서 예외들이 묻혀 버릴 수 있기 때문이다.

이번 아이템을 끝내기 전에 앞에서 언급한 WndProc()를 다시 한번 살펴보고 넘어가도록 하겠다. WndProc()가 Invoke 메시지를 받으면 WndProc()는 큐에 있는 모든 델리게이트를 처리한다고 설명했다. 요청한 작업이 정확히 순서를 지켜서 처리되길 바라고 Invoke()와 BeginInvoke()를 혼용해야 하는 상황이라면 타이밍 문제가 발생할 수 있다. Control.BeginInvoke() 혹은 Control.Invoke()만을 이용한 경우라면 전달한 델리게이트는 늘 순서대로 수행된다. 하지만 BeginInvoke()를 이용하여 델리게이트를 큐에 삽입한 이후 Control.Invoke()를 통해서 또 다른 델리게이트를 전달하였다면, Control.Invoke()를 통해서 전달한 델리게이트를 수행한 후, 이전에 BeginInvoke()가 삽입하였던 델리게이트도 모두 꺼내어 호출한다. 델리게이트가 '나중에 언젠가' 처리된다고 말하는 것은 '언제' 정확히 수행될지를 제어할 수 없다는 뜻이다. 델리게이트를 '지금' 처리한다는 것은 현재 수행할 델리게이트뿐 아니라, 애플리케이션이 앞서 삽입하였던 모든 비동기 델리게이트도 처리한다는 의미다. 잠재적으로는 BeginInvoke()를 이용하여 큐에 삽입한 델리게이트가 Invoke()를 통해 전달한 델리게이트보다 먼저 수행될 수도 있다. 따라서 방어적으로 코딩해서 Control.Invoke()

가 호출된 시점의 상태에 의존하지 말고 델리게이트 내부에서 프로그램 상태를 다시 확인하는 식으로 코드를 작성해야 한다.

아주 간단한 예로, 앞서의 핸들러를 다음처럼 수정하면 추가한 텍스트가 잘 출력되지 않는다.

```
private void OnTick(object sender, EventArgs e)
{
    this.InvokeAsync(() => toolStripStatusLabel1.Text =
        DateTime.Now.ToLongTimeString());
    toolStripStatusLabel1.Text += " And set more stuff";
}
```

이 코드가 첫 번째로 수행하려는 UI 작업은 (즉시 적용되지 않고) 메시지 큐에 저장된다. 이제 다음 작업을 수행하면 UI를 즉각 업데이트 하겠지만, 앞서 큐에 삽입된 델리게이트가 곧 수행될 것이기 때문이다.

Invoke()와 InvokeRequired는 내부적으로 꽤 많은 작업을 수행한다. 이 모든 작업이 필요한 이유는 윈도우 폼 컨트롤이 싱글스레드 아파트 모델로 만들어졌기 때문이다. 새로운 WPF 라이브러리에도 과거의 동작 방식을 그대로 유지하고 있다. 즉, 모든 .NET Framework 코드의 밑바탕에는 여전히 Win32 API와 윈도우 메시지가 움직이고 있는 것이다. 이런 메시지 전달과 스레드 마셜링은 예측하지 못한 결과를 초래할 수 있다. 따라서 이런 메서드들이 무슨 작업을 수행하며, 어떻게 동작하는지를 충분히 이해하고 있어야 한다.

아이템 40: 동기화에는 lock()을 최우선으로 사용하라

스레드들은 서로 통신할 수 있어야 한다. 즉, 같은 애플리케이션에 속한 스레드들은 데이터를 안전하게 주고받을 수 있는 수단이 있어야 한다. 공유 데이터에 대하여 동기화가 제대로 이뤄지지 않으면 데이터 무결성 오류의 온상이 될 수 있기 때문이다. 무결성 오류로 인한 잠재적 문제를 피하려면 모든 공유 데이터의 상태가 일관되게 유지되고 있음을 확신할 수 있어야 하고, 그렇게 하려면 동기화 요소synchronization primitive를 사용해서 공유 데이터에 대한 접근을 제어해야 한다. 동기화 요소는 특정 스레드가 임계 영역critical section 내에서 연산을 수행하는 동안 다른 스레드로부터 이를 보호하는 역할을 수행한다.

.NET 기본 클래스 라이브러리^{Base Class Library}(BCL)는 공유 데이터에 대한 접근을 안전하게 동기화해주는 다양한 기능들을 제공하는데, 그중 두 개는 C#에서 조금 특별히 다뤄진다. 이 두 개는 바로 Monitor.Enter()와 Monitor.Exit()다. Monitor.Enter()와 Monitor.Exit()는 임계 영역을 설정하는 역할을 담당한다. 임계 영역이란 보편적인 동기화 기술이므로, C# 언어 설계자는 lock() 구문을 사용해서 이 메서드를 호출할 수 있도록 했다. 이러한 설계 의도에 맞춰 동기화가 필요할 때에는 항상 lock()을 최우선으로 사용하자.

이렇게 하는 이유는 단순하다. 컴파일러는 실수하는 법이 없지만 사람은 종종 실수를 하기 때문이다. C#에는 멀티스레드 프로그램에서 동기화를 올바르게 제어할 수 있도록 lock 키워드가 추가되었다. lock()은 Monitor.Enter()와 Monitor.Exit()를 올바르게 사용했을 때와 유사한 코드를 생성해주며, 예외로부터 안전한^{exception-safe} 코드를 만들어 주기도 한다.

그런데, 두 가지 조건 하에서는 lock()이 제공할 수 없는 기능을 Monitor가 제공해준다. 우선 lock()은 정적^{lexical scope}으로 범위를 구성할 수밖에 없다. 즉 lock()을 이용하는 경우에는 임계 영역으로 진입하는 부분과, 임계 영역에서 빠져 나오는 부분을 동적으로 구성할 수가 없다. 예를 들어 특정 메서드 안에서 임계 영역으로 진입한 후, 같은 메서드 내에서 정의한 람다 표현식 내부에서 임계 영역을 빠져나가는 등의 작업을 수행할 수 없다(**아이템 42: 잠긴 영역에서는 외부 코드 호출을 삼가라** 참조). 두 번째로 Monitor.Enter()는 타임아웃을 지원한다(이번 아이템 후반부에 자세히 다룬다).

lock() 문을 사용하면 모든 참조 타입을 잠글 수 있다.

```csharp
public int TotalValue
{
    get
    {
        lock (syncHandle) { return total; }
    }
}
public void IncrementTotal()
{
    lock (syncHandle) { total++; }
}
```

lock은 특정 객체에 대한 배타적인 모니터를 획득한 후, 락을 해제하기 전까지 다른 스레드가 그 객체에 접근하지 못하게 한다. lock()을 사용한 앞의 코드를 Monitor.Enter()와 Monitor.Exit()를 사용한 코드로 바꾸어 보면 다음과 같다.

```csharp
public void IncrementTotal()
{
    object tmpObject = syncHandle;
    System.Threading.Monitor.Enter(tmpObject);
    try
    {
        total++;
    }
    finally
    {
        System.Threading.Monitor.Exit(tmpObject);
    }
}
```

lock()은 사용자가 저지르곤 하는 일반적인 실수를 줄여주는 다양한 검증 기능을 수행한다. 예를 들어 우선 잠글 타입이 (값 타입이 아니라) 참조 타입인지 확인한다. Monitor.Enter() 메서드는 이런 안전 장치를 갖고 있지 않다. 다음 코드는 컴파일되지 않는다.

```csharp
public void IncrementTotal()
{
    lock (total) // 컴파일 오류: 값 타입은 잠글 수 없다.
    {
        total++;
    }
}
```

하지만 다음처럼 바꾸면 버리면 컴파일이 된다.

```csharp
public void IncrementTotal()
{
    // total을 직접 잠그는 것이 아니라
    // total을 박싱한 객체를 잠근다.
    Monitor.Enter(total);
    try
    {
        total++;
```

```
    }
    finally
    {
        // 예외를 던질 수도 있다.
        // total을 박싱한 객체의 락을 해제한다.
        Monitor.Exit(total);
    }
}
```

Monitor.Enter()의 원형을 살펴보면 매개변수로 System.Object 타입을 취하기 때문에 앞의 코드는 문제없이 컴파일된다. 하지만 Monitor.Enter()에는 total을 박싱한 객체를 전달한다. 이로 인해 Monitor.Enter()는 total을 박싱한 객체를 잠그게 되는데, 이 부분이 바로 첫번째 버그가 숨어 있는 곳이다. 예를 들어 1번 스레드가 IncrementTotal()에 들어와 락을 얻는다고 하자. 이제 total을 증가시키는 와중에 2번 스레드가 IncrementTotal()에 진입했다고 가정하자. 이제 2번 스레드도 락을 얻는 데 성공할 것이다. 이는 total을 박싱한 또 다른 객체에 대한 락이다. 1번 스레드가 total 값을 박싱한 객체를 잠그고 2번 스레드도 total 값을 지닌 또 다른 객체를 잠그는 것이다. 코드량만 늘었을 뿐 동기화는 이뤄지지 않는다.

이제 두 번째 버그가 드러난다. 두 스레드 중 하나가 total의 락을 해제하려고 하면 Monitor.Exit() 메서드가 SynchronizationLockException을 던진다. Monitor.Exit()가 해제하려는 락 객체와 Monitor.Enter()에서 얻은 락 객체가 다르기 때문이다. Monitor.Exit()도 Monitor.Enter()와 같이 System.Object을 받기 때문에 total의 값을 또다시 박싱하는 것이다. 따라서 Monitor.Exit()가 실패하고 예외를 던진다.

똑똑한 독자라면 다음 코드처럼 시도해볼 것이다.

```
public void IncrementTotal()
{
    // 역시 동작하지 않는다.
    object lockHandle = total;
    Monitor.Enter(lockHandle);
    try
    {
        total++;
    }
    finally
    {
```

```
            Monitor.Exit(lockHandle);
        }
    }
```

이번 코드는 예외를 던지지 않지만 그렇다고 동기화에 성공하는 것도 아니다. IncrementTotal()을 호출할 때마다 새로운 박싱 객체가 만들어지며, 이렇게 만들어진 객체의 락을 얻게 된다. 결국 모든 스레드가 락을 획득하는 데 성공하지만, 그 락은 공유되지 않으므로 결국 total은 일관성을 잃게 된다.

lock() 문은 그 외에도 다른 미묘한 오류도 막아준다. Enter()와 Exit()는 따로 호출해야 하므로 서로 다른 객체의 락을 가져오거나 해제하는 실수를 저지르기 쉽다. 이런 실수를 하면 여지없이 SynchronizationLockException이 발생한다. 둘 이상의 동기화 객체를 동시에 사용하는 경우라면, 하나의 스레드에서 2개의 락을 얻은 후 임계 영역을 나오면서 엉뚱한 락을 해제할 수도 있다.

lock() 문은 또한 (사람이라면 깜빡하기 쉬운) 예외로부터 안전한 코드를 자동으로 만들어준다. 또한 lock()은 대상 객체를 한 번만 평가하므로, Monitor.Enter()와 Monitor.Exit()보다 효율적인 코드를 생성해준다. 이런 여러 가지 이유로 C#으로 프로그램을 작성할 때에는 동기화가 필요할 때 lock()문을 최우선으로 고려해야 한다.

하지만 lock()이 Monitor.Enter()와 동일한 MSIL을 생성한다는 점 때문에 한 가지 제약이 생긴다. Monitor.Enter()는 락을 얻을 때까지 영원히 대기하기 때문에 교착상태에 빠질 수 있다. 큰 규모의 기업 시스템에서는 중요한 리소스에 접근할 때 더욱 방어적일 필요가 있다. Monitor.TryEnter()을 이용하면 타임아웃을 설정할 수 있어서 중요 리소스에 접근할 수 없을 때 다른 방법을 시도할 수 있다.

```
public void IncrementTotal()
{
    if (!Monitor.TryEnter(syncHandle, 1000)) // 1초간 대기
        throw new PreciousResourceException
            ("Could not enter critical section");
    try
    {
        total++;
    }
    finally
```

```
        {
            Monitor.Exit(syncHandle);
        }
    }
```

이 기법을 래핑하면 편리한 제네릭 클래스를 만들 수 있다.

```
public sealed class LockHolder<T> : IDisposable
    where T : class
{
    private T handle;
    private bool holdsLock;
    public LockHolder(T handle, int milliSecondTimeout)
    {
        this.handle = handle;
        holdsLock = System.Threading.Monitor.TryEnter(
            handle, milliSecondTimeout);
    }
    public bool LockSuccessful
    {
        get { return holdsLock; }
    }
    public void Dispose()
    {
        if (holdsLock)
            System.Threading.Monitor.Exit(handle);
        // 두 번 해제하지 말라.
        holdsLock = false;
    }
}
```

이 클래스는 다음과 같이 사용할 수 있다.

```
object lockHandle = new object();
using (LockHolder<object> lockObj = new LockHolder<object>(lockHandle, 1000))
{
    if (lockObj.LockSuccessful)
    {
        // 작업 내용은 생략
    }
}
// 여기는 Dispose가 호출된다.
```

C# 팀은 Monitor.Enter()와 Monitor.Exit()를 암묵적으로 사용하는 lock() 문을 추가했다. 이 방식이 가장 자주 사용하게 될 동기화 기술이라고 판단했기 때문이다. 컴파일러가 여러 가지 검증을 올바르게 수행해주므로 동기화 코드를 작성하기도 비교적 쉬워졌다. lock() 문은 C#의 언어 명세에 포함되어 있으면서 부작용의 순차성을 보장하는 유일한 요소다. 따라서 lock()은 C# 애플리케이션에서 스레드 간 동기화를 구현하는 데 있어 최선의 선택이다.

하지만 동기화가 필요한 곳에 꼭 lock()만을 써야 하는 것은 아니다. 사실 수치 타입에 접근하거나 참조를 변경할 때는 System.Threading.Interlocked 클래스를 사용해서 동기화하는 것이 낫다. 이 클래스는 객체에 대한 단일 연산을 동기화하기 위한 것으로, 공유 데이터에 접근할 때 사용할 수 있는 다양한 메서드를 지원한다. 이를 이용하면 다른 스레드가 해당 위치에 접근하기 전에 연산을 끝낼 수 있다. 그뿐만 아니라 공유 데이터로 작업할 때 발생할 수 있는 문제를 해결하는 데도 도움을 준다.

다음과 같은 메서드가 있다고 하자.

```
public void IncrementTotal() => total++;
```

메서드를 이렇게 작성하면 다른 스레드가 끼어들어 데이터의 일관성을 망칠 수 있다. 증가 연산은 기계어로는 복수의 명령어로 이뤄진다. 먼저 메인 메모리에서 total의 값을 가져와서 CPU의 레지스터에 저장해야 한다. 그런 다음 이 레지스터의 값을 증가시키고, 마지막으로 증가한 값을 메인 메모리의 적절한 위치에 다시 저장해야 한다. 만약 두 번째 스레드가 첫 번째 스레드가 시작된 직후에 값을 읽어 온다면, 메인 메모리로부터 값을 가져올 것이기 때문에 아직 수정된 새로운 값이 저장되기 전일 수 있다. 이렇게 되면 데이터 불일치가 발생한다.

두 스레드가 번갈아 가며 IncrementTotal()을 호출하는 상황을 가정해보자. A 스레드가 total에서 값 5를 읽는다. 이때 B 스레드가 활성 스레드가 된다. B 스레드도 total에서 값 5를 읽은 후 1을 증가시켜 6을 저장한다. 이때 다시 활성 스레드가 A 스레드로 바뀐다. A 스레드는 레지스터에 있는 값을 6으로 증가시켜 다시 total에 저장한다. 결과적으로 IncrementTotal()은 두 번 호출되지만(두 스레드에 의해 각각 1번씩), 예상치 않게 끼어든 처리로 인해 1만 증가한다. 이런 오류는 발견하기 어렵다. 끼어들기가 우연히 안 좋은 시점에 이뤄질 때만 발생하기 때문이다.

이 경우 역시 lock()을 사용해도 되지만 더 간단한 방법이 있다. Interlocked 클래스는 이 문제를 해결하는 간단한 메서드를 제공하는데, 바로 Interlocked.Increment()다. 앞의 IncrementTotal() 메서드를 다음과 같이 수정하면 증가 연산이 방해받지 않고 항상 올바르게 수행된다.

```
public void IncrementTotal() =>
    System.Threading.Interlocked.Increment(ref total);
```

Interlocked 클래스는 다른 내장 데이터 타입용 메서드들도 제공한다. Interlocked. Decrement()는 값을 감소시킨다. Interlocked.Exchange()는 값을 새로운 값으로 바꾼 후 바꾸기 전의 값을 반환한다. 이 메서드는 상태를 새로 설정한 후, 이전 상태를 반환할 때 유용하다. 예를 들어 리소스에 마지막으로 접근한 사용자의 ID를 저장하고 싶다고 하자. Interlocked.Exchange()를 호출해서 현재 사용자의 ID를 저장하고, 동시에 이전 사용자의 ID를 추출하는 식이다.

마지막으로 CompareExchange() 메서드가 있다. 이 메서드는 공유 데이터의 일부를 읽어서 비교하는 값과 같은 경우에만 값을 갱신한다. 같지 않다면 아무런 일도 하지 않는다. 어떤 경우든 CompareExchange()는 해당 위치의 이전 값을 반환한다. **아이템 41: 락은 가능한 한 좁은 범위에 적용하라**에서는 CompareExchange()를 사용해서 클래스 내에 private 락 객체를 만드는 법을 설명한다.

Interlocked 클래스와 lock() 외에도 동기화 요소는 더 많이 있다. Monitor 클래스에는 소비자/생산자^{consumer/producer}를 설계할 때 유용한 Pulse()와 Wait()와 같은 메서드를 제공한다. 또한 수많은 스레드가 사용하는 공유 자원이지만, 그중 공유 자원의 값을 수정하는 스레드는 소수인 상황에서 유용하게 사용할 수 있는 ReaderWriterLockSlim 클래스도 있다. 이 클래스는 이전 버전인 ReaderWriterLock을 개선한 것이니, 새로 개발하는 경우에는 ReaderWriterLockSlim을 이용하자.

(단일 연산을 포함한) 대부분의 동기화 문제는 Interlocked가 제공하는 기능을 활용하면 해결할 수 있다. 그렇지 않은 경우라면 가정 먼저 떠올려야 하는 것이 lock()이다. 특수한 목적의 락 기능이 필요할 때만 그 이외의 다른 방법을 고려하자.

아이템 41: 락은 가능한 한 좁은 범위에 적용하라

동시성 프로그램을 작성할 때 동기화 요소는 가능한 좁게 사용해야 한다. 애플리케이션에 동기화 요소를 사용하는 곳이 많으면 많을수록 교착상태와 락 유실 등의 동시성 프로그래밍 문제를 피하기 어려워진다. 살펴봐야 할 곳이 늘어나면 문제를 놓치기 쉬워진다.

객체 지향 프로그래밍에서 상태를 private 멤버 변수로 관리해서 찾아봐야 할 범위를 최소화하듯이(제거할 수는 없다), 동시성 프로그램에서도 동기화에 필요한 객체를 좁게 사용해야 한다.

가장 자주 사용되는 잠금 기법이 어떤 관점에서는 가장 나쁜 선택인 경우가 있다. lock(this)와 lock(typeof(MyType))이 그러한 예인데, 두 기법 모두 외부 접근이 가능한 인스턴스를 사용해 락을 획득하기 때문이다.

다음과 같은 코드가 있다고 해보자.

```
public class LockingExample
{
    public void MyMethod()
    {
        lock (this)
        {
            // 생략
        }
    }
    // 생략
}
```

이제 한 클라이언트가 무언가를 잠궈야 할 상황이 되어 다음과 같은 코드를 작성했다고 하자.

```
LockingExample x = new LockingExample();
lock (x)
    x.MyMethod();
```

이런 락 전략은 교착상태에 빠지기 쉽다. 클라이언트 코드는 LockingExample 객체로 락을 확보하였다. 그런데 MyMethod()의 내부에서는 똑같은 객체로 또 다른 락을 얻으려고 한다. 여기까지는 아직 문제가 없다. 하지만 어느 날 프로그램의 전혀 다른 부분에서 다른 스레드가

LockingExample 객체에 대한 락을 획득해 버릴 수 있다. 이러면 교착상태가 발생하게 된다. 그런데 이 경우 도대체 어디에서 락을 요청했는지 찾기가 매우 어렵다. 프로그램의 어느 부분에서든 락을 요청할 수 있기 때문이다.

이 문제를 방지하려면 락 전략을 수정해야 한다. 세 가지 전략을 생각해볼 수 있다.

첫째, 메서드 전체를 보호해야 한다면 MethodImplAttribute를 사용해서 메서드 전체를 보호한다. 물론 가장 드물게 사용하는 전략이다.

```
[MethodImpl(MethodImplOptions.Synchronized)]
public void IncrementTotal()
{
    total++;
}
```

둘째, 개발자에게 현재 타입이나 현재 객체에만 락을 걸도록 의무화할 수 있다. 즉, 모두가 lock(this)나 lock(MyType)을 사용하도록 권장하는 방법이다. 모두가 이러한 가이드를 준수한다면 성공할 수 있는 전략이지만, 전 세계의 모든 클라이언트가 현재 객체나 현재 타입 외에는 락을 걸 수 없음을 이해하고 가이드를 따라야 한다. 따라서 강제하기가 사실상 불가능하므로 성공할 수 없는 전략이다.

마지막 세 번째가 최선의 선택으로, 객체의 공유 리소스를 보호하기 위한 핸들을 만드는 것이다. 이 핸들을 private 멤버 변수로 만들어 해당 타입의 외부에서 접근할 수 없도록 만든다. 이 방식에서는 동기화에 사용된 객체가 private이므로 외부에서는 접근할 수 없다. 이 방식을 사용하면 락을 지역화할 수 있다.

이 전략을 실제로 구현하려면 System.Object 변수를 만들어서 동기화 핸들로 사용하면 된다. 그런 다음 클래스의 어떤 멤버든 공유 자원에 대한 접근을 제한하려 할 때, 이 핸들에 대한 락을 획득하도록 하면 된다. 동기화 핸들은 주의해서 만들어야 한다. 스레드가 잘못된 시점에 엇갈려서 메모리에 접근할 수 있으므로 동기화 핸들의 복사본이 만들어져서는 안 된다. Interlocked 클래스의 CompareExchange() 메서드는 값을 확인해서 필요할 때만 교체하므로, 이 메서드를 사용하면 동기화 핸들이 단 하나만 할당되게 할 수 있다.

다음은 이런 문제를 해결해주는 가장 간단한 코드다.

```csharp
private object syncHandle = new object();
public void IncrementTotal()
{
    lock (syncHandle)
    {
        // 생략
    }
}
```

락이 필요한 경우가 매우 드물다면, 실제로 필요할 시점에 맞추어 동기화 객체를 생성하는 방법도 있다. 이런 경우에는 동기화 핸들을 다음처럼 생성하면 된다.

```csharp
private object syncHandle;
private object GetSyncHandle()
{
    System.Threading.Interlocked.CompareExchange(
        ref syncHandle, new object(), null);
    return syncHandle;
}
public void AnotherMethod()
{
    lock (GetSyncHandle())
    {
        // 생략
    }
}
```

syncHandle 객체는 클래스의 공유 리소스에 접근하는 것을 제어하기 위해 사용된다. private 메서드인 GetSyncHandle()은 동기화 대상으로 사용할 단일 객체를 반환한다. CompareExchange()는, 이 메서드를 호출하는 동안 다른 스레드가 끼어들 수 없으며, 단 하나만 객체만 생성하기 위해서 사용되었다. CompareExchange()는 syncHandle이 null인지 확인하여 null이면 새로운 객체를 생성한 후, syncHandle에 할당한다.

지금까지는 인스턴스 메서드에서 사용할 수 있는 동기화에 대해서 이야기했다. 그렇다면 정적 메서드는 어떨까? 같은 기술을 적용할 수 있지만, 대신 정적인 동기화 핸들을 만들어야 한다. 이렇게 하면 클래스의 모든 인스턴스가 오직 하나의 동기화 핸들을 공유하게 된다.

물론 락을 메서드보다 더 작은 범위내에서만 사용하도록 할 수도 있다. 예를 들어 메서드 안 (또는 속성 접근자나 인덱서 안)의 코드 중 일부만 동기화 블록으로 만드는 것이다. 어떤 경우라도 락을 거는 범위는 최소화해야 한다.

```
public void YetAnotherMethod()
{
    DoStuffThatIsNotSynchronized();
    int val = RetrieveValue();
    lock (GetSyncHandle())
    {
        // 생략
    }
    DoSomeFinalStuff();
}
```

람다 표현식 안에서 락을 생성하거나 사용할 때는 더욱 주의해야 한다. C# 컴파일러는 람다 표현식 주변에 클로저closure를 생성한다. 이 메커니즘이 C# 3.0부터 지원한 지연 실행 모델deferred execution model과 결합하여 개발자가 락을 해제할 정적 범위를 결정하기 어렵게 만든다. 결과적으로 이 방식은 교착상태를 일으킬 가능성을 키운다. 개발자는 코드가 보호되는 범위 안에 있는지 판단하지 못할 수 있다.

락을 더 효율적으로 사용할 수 있는 지침 몇 가지를 더 소개하겠다. 클래스 안에서 서로 다른 값을 위해 여러 개의 동기화 핸들이 필요하다면, 그 클래스를 여러 클래스로 분할해야 한다는 강력한 신호다. 즉, 현재 클래스가 너무 많은 기능을 하려고 한다는 뜻이다. 접근을 통제해야 할 변수가 몇 개 있는데 각 변수에 각기 다른 락을 사용해야 한다면 해당 클래스를 서로 다른 역할을 수행하는 여러 개의 클래스로 분할해야 한다. 만약 여러 개의 타입을 하나의 유닛으로 볼 수 있다면 동기화를 제어하기가 훨씬 수월하다. 이 경우 동기화 핸들을 하나만 이용해도 공유 리소스를 보호할 수 있다.

어떤 호출자도 볼 수 없는 private 필드를 락으로 사용하라. 외부에 노출된 객체는 후보가 될 수 없다. 노출된 객체를 락으로 사용하려면 모든 개발자가 항상, 영원히 같은 방식을 준수해야 하지만 이는 불가능하므로, 클라이언트 코드가 쉽게 교착상태에 빠지게 된다.

아이템 42: 잠긴 영역에서는 외부 코드 호출을 삼가라

락을 걸지 않으면 문제가 발생하고, 그래서 락을 걸기 시작하면 이번에는 교착상태에 빠지는 문제가 튀어나온다. 교착상태는 첫 번째 스레드가 두 번째 스레드가 종료될 때까지 대기하고 있는 상태에서, 두 번째 스레드가 다시 첫 번째 스레드가 종료될 때를 기다리는 상황을 말한다. .NET Framework에서는 스레드 간 호출이 동기식 호출을 흉내 내는 방식으로 마셜링되는 특수한 경우가 있다. 이 경우 두 스레드가 사용하는 리소스에 락이 걸려 있으면 두 개의 스레드가 교착상태에 빠질 수 있다(**아이템 39: XAML 환경에서의 스레드 간 호출을 이해하라**에서 이런 상황을 보여준다).

이 문제를 해결하기 위한 가장 간단한 방법 하나는 이미 배웠다. **아이템 40: 동기화에는 lock()을 최우선으로 사용하라**에서 private 데이터 멤버를 락으로 사용해 애플리케이션에서 락의 보호를 받는 코드를 지역화하는 방법을 설명했다. 추가적으로 교착상태를 일으키는 상황이 더 있다. 보호받는 코드에서 외부 코드^{unknown code}를 호출하는 경우, 다른 스레드가 애플리케이션을 교착상태에 빠트릴 가능성이 있다.

예를 들어 백그라운드 연산을 위해 다음과 같은 코드를 작성했다고 하자.

```
public class WorkerClass
{
    public event EventHandler<EventArgs> RaiseProgress;
    private object syncHandle = new object();
    public void DoWork()
    {
        for (int count = 0; count < 100; count++)
        {
            lock (syncHandle)
            {
                System.Threading.Thread.Sleep(100);
                progressCounter++;
                RaiseProgress?.Invoke(this, EventArgs.Empty);
            }
        }
    }
    private int progressCounter = 0;
    public int Progress
    {
        get
```

```
        {
            lock (syncHandle)
                return progressCounter;
        }
    }
}
```

RaiseProgress 이벤트는 갱신된 상태를 모든 리스너에 알린다. 어떤 리스너든 이 이벤트에 등록할 수 있음을 염두에 두자. 멀티스레드 프로그램에서의 전형적인 이벤트 핸들러는 다음처럼 생겼다.

```
static void engine_RaiseProgress(object sender, EventArgs e)
{
    WorkerClass engine = sender as WorkerClass;
    if (engine != null)
        Console.WriteLine(engine.Progress);
}
```

지금까지 모든 것이 정상적으로 동작하였다면 운이 좋았던 것뿐이다. 이벤트 핸들러가 백그라운드 스레드의 콘텍스트에서 실행되었기 때문에 문제가 없었던 것이다.

이제 이 애플리케이션이 윈도우 폼 애플리케이션이라고 가정해보자. 그러면 이벤트 핸들러를 UI 스레드(**아이템 38: 스레드 간 커뮤니케이션에는 BackgroundWorker를 사용하라** 참조)로 다시 마셜링해야 한다. 필요하다면 Control.Invoke()를 통해서 수행해야 할 델리게이트를 UI 스레드로 마셜링한다. 그뿐만 아니라 Control.Invoke()는 수행해야 할 델리게이트가 끝날 때까지 원본 스레드를 블록시킨다. 아무 문제가 없을 것 같다. 이제 전혀 다른 스레드에서 작업이 진행되지만 그 또한 문제가 없다.

두 번째의 중요한 액션이 전체 프로세스를 교착상태에 빠뜨린다. 이벤트 핸들러가 수행되면 상세한 상태 정보를 얻기 위해서 engine 객체에 다시 접근하게 된다. 이미 락이 잠긴 상태이므로, 다른 스레드가 Progress 접근자를 통해서 다시 락을 잠그려고 시도하면 교착상태에 빠지게 된다.

Progress 접근자가 내부적으로 동기화 핸들을 잠그는 것이 이 객체를 지역적으로만 살펴보면 아무런 문제가 없어 보이지만 실상은 그렇지 않다. 이미 백그라운드 스레드가 잠근 핸들을 UI 스레드가 다시 잠그려고 하기 때문이다. 백그라운드 스레드는 동기화 핸들을 잠근 상태로 이벤트 핸들러가 반환될 때까지 중지된 상태다. 즉, 교착상태에 빠진 것이다.

[표 4.1]은 이 문제를 디버깅하기 어려운 이유를 보여주는 콜스택의 모습이다. 지금 시나리오에서는 첫 번째 잠금과 두 번째 잠금 사이에 8개의 메서드가 존재한다. 더 심각한 것은 프레임워크 내부 코드에서도 스레드 간 끼어들기가 발생하는데, 이 부분은 볼 수조차 없다.

표 4.1 윈도우 화면을 갱신하기 위해 백그라운드 스레드와 포그라운드 스레드 사이의 동작을 마셜링하는 콜스택

메서드	스레드
DoWork	백그라운드 스레드
RaiseProgress	백그라운드 스레드
OnUpdateProgress	백그라운드 스레드
engine_RaiseProgress	백그라운드 스레드
Control.Invoke	백그라운드 스레드
UpdateUI	UI 스레드
Progress (속성 접근)	UI 스레드(교착상태)

근본적인 문제는 락을 다시 획득하려고 했다는 사실이다. 통제권 밖의 코드가 어떤 동작을 행할지 알 수 없으므로, 보호된 영역에서 콜백을 호출하는 일은 피해야 한다. 앞의 예에서라면 상황보고 이벤트는 보호된 영역 밖에서 발생시켜야 한다.

```
public void DoWork()
{
    for (int count = 0; count < 100; count++)
    {
        lock (syncHandle)
        {
            System.Threading.Thread.Sleep(100);
            progressCounter++;
        }
        RaiseProgress?.Invoke(this, EventArgs.Empty);
    }
}
```

문제가 무엇인지 보았으니, 이제는 외부 코드를 호출하는 부분이 어떻게 침투하는지를 살펴볼 차례다. 외부에서 접근할 수 있는 이벤트를 발생시키는 것은 분명히 콜백이다. 매개변수로 전달됐거나 public API를 통해 설정된 델리게이트를 호출하는 것도 콜백이다. 매개변수로 전달

된 람다 표현식을 호출하는 것도 외부 코드를 호출하는 것일 수 있다(『Effective C#(3판)』**아이템 7: 델리게이트를 이용하여 콜백을 표현하라** 참조).

앞서 나열한 외부 코드의 근원지는 비교적 찾기 쉽다. 하지만 대부분의 클래스에 숨어 있는 외부 코드의 근원지인 가상 메서드는 찾기가 쉽지 않다. 여러분이 호출하는 가상 메서드는 파생 클래스가 재정의한 것일지 모른다. 그리고 이 파생 클래스는 여러분이 만든 상위 클래스에 정의된 public 혹은 protected 메서드를 모두 호출할 수 있다.

어떤 식으로 외부 코드가 관여하든 그 패턴은 모두 유사하다. 여러분의 클래스가 락을 얻고, 동기화된 영역 안에서 여러분의 제어권 밖에 있는 코드를 호출하는 식이다. 이렇게 호출된 코드는 어떤 경로를 거치든 종국에는 (심지어는 다른 스레드를 통해) 여러분의 클래스로 돌아온다. 이처럼 제어 흐름이 외부 코드로 흐르게 되면, 어떤 사악한 일을 도모하더라도 막을 방법이 없다. 대신, 이런 상황이 발생하지 않도록 사전에 차단해야 한다. 보호된 영역 내에서는 절대 외부 코드를 호출하지 말자.

CHAPTER 5

동적 프로그래밍

정적 타이핑static typing과 동적 타이핑dynamic typing에는 각각의 장점 있다. 동적 타이핑은 개발 시간을 줄여주고 다른 종류의 시스템 간 상호운용성을 높여준다. 반면 정적 타이핑은 컴파일러가 오류를 쉽게 발견할 수 있어서 런타임 검사가 간소화되며 이는 성능 향상으로 이어진다. C#은 정적 타이핑 언어이며 이후에도 이 사실은 변하지 않을 것이다. 하지만 동적 방식이 더 효율적인 상황에 대응하기 위해서 C#에도 동적 기능을 추가하였다. 이 덕분에 필요에 따라 동적 타이핑과 정적 타이핑을 바꿔가며 사용할 수 있다. 하지만 정적 타이핑용 기능이 더 풍부하다는 것은 C# 코드의 대부분이 정적 타이핑될 것임을 의미하기도 한다. 이 장에서는 동적 프로그래밍 시의 문제와 이 문제를 효율적으로 해결하는 기법을 다룬다.

아이템 43: 동적 타이핑의 장단점을 이해하라

C#이 동적 타이핑을 지원하는 이유는 다른 세계와 연결해주는 다리를 만들어주기 위해서다. 동적 프로그래밍을 장려하는 의미가 아니라, 정적 타이핑으로 강하게 결합된 C#과 동적 타이핑 모델을 사용하는 환경 사이를 자연스럽게 오갈 수 있도록 하기 위한 것이다.

물론 동적 타이핑을 다른 환경과의 상호운용에만 사용해야 한다는 의미는 아니다. C#의 타입을 동적 객체로 강제 변환해서 동적 객체처럼 사용할 수도 있다. 세상 모든 것이 그러하듯 C# 객체를 동적 객체로 처리하는 것도 장단점을 모두 갖고 있다. 예제를 통해 확인해보자.

C#의 제네릭에서는 System.Object에 정의되지 않은 메서드에 접근하려면 제약 조건을 지정해야 한다는 한계가 있다. 이 제약 조건은 베이스 클래스나 인터페이스 집합의 형태이거나 혹은 참조 타입, 값 타입, 매개변수 없는 public 생성자의 형태를 제시되어야 한다. 특정 메서드를 사용하도록 제약 조건을 지정할 수는 없다. 이런 한계로 인해, +와 같은 특정 연산자에 의존하는 제네릭 메서드를 만드는 것이 매우 어렵다. 이 문제는 동적 호출로 어느 정도 해결할 수 있다. 런타임에 사용할 수 있는 멤버라면 언제든 동적으로 호출할 수 있다.

다음은 2개의 dynamic 객체를 더하는 메서드로, 이 타입들을 처리할 수 있는 + 연산자가 런타임에서 존재한다면 문제없이 동작한다.

```
public static dynamic Add(dynamic left, dynamic right)
{
    return left + right;
}
```

이 예는 필자가 동적 타이핑에 대해 논의하고 싶은 첫 번째 주제이므로 좀 더 자세히 살펴보자. dynamic 타입은 '런타임에 바인딩되는 System.Object'라고 볼 수 있다. 따라서 컴파일타임에 dynamic 타입의 변수는 System.Object에 정의된 메서드만 가지고 있다. 컴파일러는 이제 동작 호출 시에 수행될 코드를 추가해주는데, 이 코드를 통해서 여타의 모든 멤버에 접근할 수 있다. 이 코드는 런타임 시 객체의 타입을 확인하고, 수행할 메서드가 지원되는지 확인한다 **(아이템 45: 데이터 주도 동적 타입에는 DynamicObject나 IDynamicMetaObjectProvider를 사용하라**의 동적 객체 구현 참고). 이 방식을 종종 덕 타이핑duck typing이라고 부르는데, 만약 어떤 새가 오리처럼 걷고 오리처럼 꽥꽥거리면 그 새는 오리라고 판단하는 것이다.* 이를 위해 특별히 인터페이스를 선언하거나, 컴파일타임 타입 연산을 제공할 필요도 없다. 필요한 멤버가 런타임에 존재하는 한 이 방식은 잘 작동한다.

예를 들어 앞의 예에서는 동적으로 호출하는 측에서 두 입력 객체의 런타임 타입이 접근 가능한 + 연산자가 있는지 확인한다. 다음의 세 가지 호출 모두 제대로 결과를 반환한다.

```
dynamic answer = Add(5, 5);
answer = Add(5.5, 7.3);
answer = Add(5, 12.3);
```

★ 역자주_ 즉, 어떤 객체의 변수 및 메서드를 보고 해당 객체의 타입을 정하는 방식이다.

answer가 동적 객체로 선언돼야 하는 것에 주의하자. 동적 호출이므로 컴파일러는 반환값의 타입을 알 수 없다. 이 타입은 런타임에 결정되며, 반환값의 타입을 런타임에 결정하는 유일한 방법은 동적 객체로 만드는 것뿐이다. 반환값의 정적 타입은 dynamic이며 런타임 타입은 런타임에 결정된다.

물론 이 동적 Add 메서드가 수치 타입만 다룰 수 있는 것은 아니다. 문자열도 더할 수 있다(문자열에도 + 연산자가 정의돼 있다).

```
dynamic label = Add("Here is ", "a label");
```

날짜에 기간을 더하는 연산도 가능하다.

```
dynamic tomorrow = Add(DateTime.Now, TimeSpan.FromDays(1));
```

+ 연산자를 사용할 수 있는 한 동적 버전의 Add는 어디서든 제대로 동작한다.

지금까지 설명한 동적 타입의 매력이 동적 프로그래밍을 적극 활용하고 싶은 욕구를 불러일으켰을지 모르겠다. 하지만 동적 프로그래밍에는 장점만큼이나 단점도 존재한다. 동적 타입은 타입 안정성을 고려하지 않으며, 이 때문에 컴파일러가 도와줄 수 있는 범위가 한정적이다. 타입 해석에 오류가 있더라도 런타임에서야 발견할 수 있다.

피연산자(this를 포함) 중 하나라도 동적이면 연산 결과도 동적이 된다. 어느 시점에 되면 동적 객체를 대부분의 C# 코드가 사용하는 정적 타입 체계의 품으로 끌어안아야 할 때가 온다. 이때 필요한 것이 형변환cast 또는 변환 연산conversion이다.

```
dynamic answer = Add(5, 12.3);
int value = (int)answer;
string stringLabel = System.Convert.ToString(answer);
```

형변환은 동적 객체의 실제 타입이 목표 타입과 같거나, 목표 타입으로 형변환될 수 있을 때만 성공한다. 따라서 강한 타입을 할당하려면 동적 연산의 결과가 올바른 타입인지 알고 있어야 한다. 그렇지 않으면 런타임에 형변환이 실패해서 예외를 던진다.

동적 타이핑은 런타임에 타입에 대한 지식 없이 메서드를 수행해야 하는 경우에 유용하다. 컴파일타임에 타입을 알고 있다면 람다 표현식과 함수형 프로그래밍을 사용한 해법을 사용할 수 있다. Add 메서드를 람다 표현식을 사용해 만들면 다음과 같이 코드를 작성할 수 있다.

```
public static TResult Add<T1, T2, TResult>(T1 left, T2 right,
    Func<T1, T2, TResult> AddMethod)
{
    return AddMethod(left, right);
}
```

모든 호출자가 정확한 메서드를 제공해야 한다. 앞서 본 코드들은 모두 이 방식으로 다시 구현할 수 있다.

```
var lambdaAnswer = Add(5, 5, (a, b) => a + b);
var lambdaAnswer2 = Add(5.5, 7.3, (a, b) => a + b);
var lambdaAnswer3 = Add(5, 12.3, (a, b) => a + b);
var lambdaLabel = Add("Here is ", "a label", (a, b) => a + b);
dynamic tomorrow = Add(DateTime.Now, TimeSpan.FromDays(1));
var finalLabel = Add("something", 3, (a, b) => a + b.ToString());
```

마지막 메서드에서 int를 string으로 형변환한 것을 볼 수 있다. 여기 쓰인 모든 람다 표현식은 일반 메서드로도 얼마든지 바꿀 수 있어서 조금 이상해 보이기도 한다. 불행히도 이 해법이 동작하는 방식이 그러하다. 타입을 추론할 수 있는 곳이라면 람다 표현식을 제공해야 한다. 즉, 개발자의 입장에서는 동일한 코드를 매번 반복해서 작성해야 한다는 뜻이기도 하다. 하지만 컴파일러의 입장에서는 그 각각이 서로 다른 코드이다. Add를 구현하기 위해 Add 메서드를 정의하는 것은 우스워 보인다. 실제로는, 단순히 코드를 수행할 수 없어서, 람다 표현식을 사용할 수밖에 없는 메서드의 경우에만 이 같은 기법을 사용하는 것이 좋다. 예를 들어 .NET 라이브러리의 Enumerable.Aggregate()가 이 기법을 사용한다. Aggregate()는 전체 시퀀스를 순회하면서, 각각의 항목을 모두 더해서 하나의 결과를 만든다(덧셈이 아닌 다른 연산을 하기도 한다).

```
var accumulatedTotal = Enumerable.Aggregate(sequence, (a, b) => a + b);
```

여전히 코드를 반복해서 작성하고 있다는 느낌을 지울 수 있다. 이런 반복을 줄이는 방법으로 표현식 트리expression tree가 있다. 표현식 트리는 런타임에 코드를 구성하는 또 다른 방법이다. System.Linq.Expression 클래스와 그 파생 클래스는 표현식 트리를 만드는 API를 제공한다.

이후 표현식 트리를 람다 표현식으로 변환한 후 델리게이트로 컴파일할 수 있다. 예를 들어 다음 코드는 동일한 타입의 매개 변수 두 개와 반환값을 취하는 Add 메서드를 만들고 실행한다.

```
// 초보자의 코드. 향상된 버전을 만들기 위해 참고할 것
public static T AddExpression<T>(T left, T right)
{
    ParameterExpression leftOperand = Expression.Parameter(typeof(T), "left");
    ParameterExpression rightOperand = Expression.Parameter(typeof(T), "right");
    BinaryExpression body = Expression.Add(leftOperand, rightOperand);
    Expression<Func<T, T, T>> adder =
        Expression.Lambda<Func<T, T, T>>(body, leftOperand, rightOperand);
    Func<T, T, T> theDelegate = adder.Compile();
    return theDelegate(left, right);
}
```

여기서 재미난 작업들은 타입 정보와 관련해서 이루어지므로 var를 사용하지 않고(필자는 실무에서도 명확성을 위해 이렇게 한다), 모두 구체적인 타입을 이용하여 코드를 작성하였다.

처음 두 줄은 매개변수 표현식을 만든다. 이름은 "left", "right"로 짓고 타입은 둘 다 T로 설정했다. 다음 줄은 두 매개변수를 사용하는 Add 표현식을 생성한다. Add 표현식은 BinaryExpression에서 파생된다. 다른 이항 연산자용 표현식도 비슷하게 만들 수 있다.

다음은 표현식 body와 2개의 매개변수를 이용해 람다 표현식을 만든다. 마지막으로 이 람다 표현식을 컴파일해서 Func〈T, T, T〉 델리게이트를 만든다. 컴파일된 후에는 이 델리게이트를 실행해서 결과를 반환할 수 있다. 물론 일반 메서드를 호출하듯 호출할 수도 있다.

```
int sum = AddExpression(5, 7);
```

이 예의 주석에서도 언급했듯이 이것은 초보자의 코드이니, 그대로 복사해서 업무용 프로그램에 적용해서는 안 된다. 이 코드에는 두 가지 문제가 있기 때문이다.

첫 번째, 앞서 작성한 Add() 메서드는 동작하기는 하지만, 제대로 실행되지 않는 상황이 더 많다. Add() 메서드는 타입이 다른 매개변수를 받을 수 있어야 한다. int와 double 혹은 DateTime과 TimeSpan 등이 그 예다. 위에서 작성한 메서드는 이런 조합을 수용하지 못한다. 이 문제를 해결하려면 메서드에 제네릭 타입 매개변수를 두 개 더 추가해야 한다. 그러면 왼쪽과 오른쪽 피연산자의 타입을 다르게 지정할 수 있다. 이제 지역변수들을 var로 변경해보

자. 이렇게 하면 타입 정보가 감춰지지만 메서드의 로직은 좀 더 명확해진다.

```csharp
// 조금 나아졌다.
public static TResult AddExpression<T1, T2, TResult>(T1 left, T2 right)
{
    var leftOperand = Expression.Parameter(typeof(T1), "left");
    var rightOperand = Expression.Parameter(typeof(T2), "right");
    var body = Expression.Add(leftOperand, rightOperand);
    var adder = Expression.Lambda<Func<T1, T2, TResult>>(
        body, leftOperand, rightOperand);

    return adder.Compile()(left, right);
}
```

이 메서드는 앞의 예와 매우 유사하다. 하지만 왼쪽과 오른쪽 피연산자의 타입이 달라도 호출할 수 있다. 이 메서드의 단점은 호출할 때마다 3개의 타입 매개변수를 모두 지정해야 한다는 것이다.

```csharp
int sum2 = AddExpression<int, int, int>(5, 7);
```

하지만 3개의 매개변수 타입을 모두 지정해줌으로써 매개변수 타입 다르더라도, 표현식이 제대로 동작한다.

```csharp
DateTime nextWeek = AddExpression<DateTime, TimeSpan, DateTime>(
    DateTime.Now, TimeSpan.FromDays(7))
```

아직 한 가지 문제가 더 남아있다. AddExpression() 메서드가 호출될 때마다 코드가 해당 표현식을 델리게이트로 매번 컴파일한다. 이는 매우 비효율적이다. 특히 같은 표현식을 반복해서 실행하는 경우에는 더 그렇다. 표현식 컴파일은 무거운 작업이므로 이후 호출을 위해서 컴파일된 델리게이트를 캐시하는 것이 좋다. 다음은 이 문제를 해결한 첫 번째 예이다.

```csharp
// 실행은 되지만 제약이 많다.
public static class BinaryOperator<T1, T2, TResult>
{
    static Func<T1, T2, TResult> compiledExpression;

    public static TResult Add(T1 left, T2 right)
```

```
    {
        if (compiledExpression == null)
            createFunc();

        return compiledExpression(left, right);
    }

    private static void createFunc()
    {
        var leftOperand = Expression.Parameter(typeof(T1), "left");
        var rightOperand = Expression.Parameter(typeof(T2), "right");
        var body = Expression.Add(leftOperand, rightOperand);
        var adder = Expression.Lambda<Func<T1, T2, TResult>>(
            body, leftOperand, rightOperand);
        compiledExpression = adder.Compile();
    }
}
```

표현식과 동적 타이핑 중 어떤 것을 선택할지를 논의해보자. 선택은 상황에 따라 다르지만, 일반적으로 표현식을 사용하면 런타임 계산이 더 간단하므로 대부분의 환경에서 더 빠르게 수행된다. 하지만 동적 호출보다 역동성이 떨어진다. 동적 호출에 대해서 다시 떠올려보면 int와 double, short와 float 등 매개변수 타입이 달라도 C#의 문법을 준수하기만 한다면 문제될 것이 없다. 심지어 문자열과 숫자를 더할 수도 있다. 이런 시나리오를 표현식으로 구현하려고 하면, 동적 호출을 올바르게 썼음에도 InvalidOperationExpception을 던질 것이다. 형변환이 가능한 경우라도 표현식에서는 형변환 처리를 람다 표현식과 결합하기가 어렵다. 동적 호출이 더 많은 일을 수행할 수 있고, 더 많은 타입을 지원한다.

예를 들어 AddExpression을 수정해서 다른 타입의 인스턴스들을 더하고 적절한 형변환을 할 수 있도록 만든다고 해보자. 표현식을 만드는 코드에 단순히 매개변수 타입을 결과 타입으로 변경하는 코드를 추가할 수 있다. 수정한 코드는 다음과 같다.

```
// 하나의 문제를 해결하면 다른 문제가 발생한다.
public static TResult AddExpressionWithConversion
    <T1, T2, TResult>(T1 left, T2 right)
{
    var leftOperand = Expression.Parameter(typeof(T1), "left");
    Expression convertedLeft = leftOperand;
    if (typeof(T1) != typeof(TResult))
```

```
    {
        convertedLeft = Expression.Convert(leftOperand, typeof(TResult));
    }
    var rightOperand = Expression.Parameter(typeof(T2), "right");
    Expression convertedRight = rightOperand;
    if (typeof(T2) != typeof(TResult))
    {
        convertedRight = Expression.Convert(rightOperand,
            typeof(TResult));
    }
    var body = Expression.Add(convertedLeft, convertedRight);
    var adder = Expression.Lambda<Func<T1, T2, TResult>>(
        body, leftOperand, rightOperand);
    return adder.Compile()(left, right);
}
```

이 방법은 double과 int를 더하거나, double과 string을 더해 string을 반환하는 등 형변환이 필요한 모든 문제를 해결해준다. 하지만 매개변수의 타입과 원하는 결과의 타입이 완전히 다른 경우는 제대로 처리하지 못한다. 특히 DateTime에 TimeSpan을 더할 수 없다. 훨씬 많은 코드를 추가하면 이 문제를 해결할 수 있을지 모르겠다. 하지만 그렇게 하면 C#의 동적 디스패치 처리 코드와 거의 비슷해질 것이다. 이런 번거로운 일을 하는 대신 그냥 동적 타이핑을 사용하면 간단하게 해결된다.

피연산자와 결과의 타입이 같다면 표현식 버전을 사용해야 한다. 이렇게 하면 매개변수의 타입을 추론해주기 때문에, 타입을 잘못 사용할 가능성이 작아져서 런타임 시에 오류가 발생할 가능성도 줄어든다. 다음 버전은 런타임 디스패치 구현에 표현식을 사용하려 할 때 필자가 추천하는 방식이다.

```
public static class BinaryOperators<T>
{
    static Func<T, T, T> compiledExpression;

    public static T Add(T left, T right)
    {
        if (compiledExpression == null)
            createFunc();

        return compiledExpression(left, right);
    }
```

```
private static void createFunc()
{
    var leftOperand = Expression.Parameter(typeof(T), "left");
    var rightOperand = Expression.Parameter(typeof(T), "right");
    var body = Expression.Add(leftOperand, rightOperand);
    var adder = Expression.Lambda<Func<T, T, T>>(
        body, leftOperand, rightOperand);
    compiledExpression = adder.Compile();
}
```

Add를 호출할 때 여전히 타입 매개변수 하나를 지정하도록 하였다. 이렇게 하면 컴파일러가 메서드 호출 측에서 적절한 형변환을 수행하도록 코드를 생성해준다.

동적 타이핑과 런타임 표현식 구축은 성능에 어느 정도 영향을 준다. 다른 동적 타입 시스템과 마찬가지로 동적 타입을 사용하면 컴파일러가 수행하는 타입 확인 과정을 수행하지 않으므로, 런타임에 더 많은 작업을 할 수밖에 없다. 즉, 컴파일러는 모든 타입 확인을 런타임에 수행하도록 코드를 생성한다. 이 성능비용을 너무 확대해석할 필요는 없다. C# 컴파일러가 아주 효율적인 코드를 생성하기 때문이다. 대부분의 경우 동적 타이핑을 사용하는 편이 리플렉션reflection이나 늦은 바인딩을 사용하는 것보다 빠르다. 그렇다고 해서 런타임에 추가로 소비되는 시간이 0이 아니라는 사실은 분명하다. 정적 타이핑으로 해결할 수 있는 문제라면 정적 타이핑이 분명히 더 효율적이다.

모든 타입을 개발자가 통제할 수 있고, 동적 프로그래밍 대신 인터페이스를 만들 수 있다면 그 편이 더 나은 방법이다. 인터페이스를 정의하고 이를 사용하도록 프로그래밍하고, 해당 인터페이스가 정의한 동작을 해야 하는 타입은 모두 그 인터페이스를 구현하도록 한다. C#의 타입 시스템은 이렇게 코드를 작성할 때 타입 오류의 발생 가능성이 작다. 게다가 발생 가능성이 없는 오류를 고려할 필요가 없으므로 더 효율적인 코드를 생성할 수 있다.

대부분의 경우에 람다 표현식을 사용하는 제네릭 API를 만들어 두고, 호출 측에서 동적으로 수행할 코드를 정의할 수 있도록 할 수 있다.

두 번째 방법은 표현식을 사용하는 것이다. 타입 간 변환이 비교적 적을 때 적합한 방법이다. 어떤 표현식을 만들지를 제어할 수 있어서 런타임 시 수행할 작업량을 조절할 수 있다.

동적 타이핑을 사용하면, 이를 떠받치는 하부 구조가 런타임 시 수행해야 하는 작업량을 전혀 고려하지 않고, 모든 가능성을 지원하는 방향으로 동작한다.

이번 아이템의 도입부에서 제시한 Add() 메서드는 사실 전혀 실용적이지 않다. Add()는
.NET 클래스 라이브러리에 이미 정의돼 있는 수많은 타입과 함께 수행될 수 있어야 하기 때
문이다. 그렇다고 옛날처럼 모든 타입에 대하여 IAdd 인터페이스를 만들 수도 없는 노릇이다.
게다가 모든 외부 라이브러리가 여러분의 인터페이스를 따른다고 보장할 수도 없다. 특정 멤버
가 존재하는 경우에만 올바르게 동작하는 메서드를 만드는 가장 좋은 방법은 동적 메서드를 만
들어서 사용해야 하는 멤버를 런타임에 선택하도록 하는 것이다. C#이 제공하는 동적 시스템
은 적합한 구현체를 찾아서 사용하며, 더 나은 성능을 위해 캐시를 사용한다. 이 방식은 순수한
정적 타이핑 방식보다는 느리지만, 표현식 트리를 파싱하는 것보다는 훨씬 쉽다.

아이템 44: 제네릭 타입 매개변수의 런타임 타입을 활용하려면 동적 타이핑을 사용하라

System.Linq.Cast⟨T⟩는 시퀀스에 있는 모든 객체를 T로 강제 변환하려 한다. 이 동작은 프
레임워크 차원에서 이루어지는데, IEnumerable의 시퀀스에 대하여(IEnumerable⟨T⟩가
아니라) LINQ 쿼리를 수행할 수 있도록 해준다. Cast⟨T⟩는 제네릭 메서드로, T타입으로 타
입 변환이 가능하기만 하다면 어떤 타입이든 사용할 수 있다. 하지만 Cast⟨T⟩의 한계에 대해
서 제대로 알지 못하면 예상대로 동작하지 않을 것이고, Cast⟨T⟩가 제대로 동작하지 않는다
고 오해할 수도 있다. 이제부터 내부적인 동작 방식과 제약 사항을 자세히 살펴보자. 이를 이해
해야 제대로 동작하는 코드를 작성할 수 있다.

이 문제의 원인은 CAST⟨T⟩를 MSIL로 컴파일 할때, T가 System.Object에서 파생된 매니
지드 타입이라는 것 외에는 다른 점을 전혀 고려하지 않는 데 있다. 이런 이유로 이 메서드는
System.Object에 정의된 기능만을 사용해서 동작한다. 다음 클래스를 보자.

```
public class MyType
{
    public String StringMember { get; set; }

    public static implicit operator String(MyType aString)
        => aString.StringMember;
```

```
    public static implicit operator MyType(String aString)
        => new MyType { StringMember = aString };
}
```

아이템 11: API에서 변환 연산자 사용을 피하라에서 변환 연산자가 나쁜 이유를 설명했다. 하지만 이 문제를 해결하는 데는 여전히 사용자 정의 변환 연산자가 핵심 역할을 한다. 다음과 같은 코드가 있다고 해보자(GetSomeStrings()는 문자열의 시퀀스를 반환한다).

```
var answer1 = GetSomeStrings().Cast<MyType>();
try
{
    foreach (var v in answer1)
        WriteLine(v);
}
catch (InvalidCastException)
{
    WriteLine("Cast Failed!");
}
```

아마도 이처럼 코드를 작성하면 MyType에 정의된 암묵적 변환 연산자를 사용해서 GetSomeStrings().Cast⟨MyType⟩()이 각 문자열을 MyType으로 변환해줄 것으로 생각했을 것이다. 하지만 잘못된 추측이다. 결과적으로 InvalidCastException이 발생한다.

앞의 코드는 쿼리 표현식을 사용하는 다음 코드와 유사하게 동작한다.

```
var answer2 = from MyType v in GetSomeStrings()
              select v;
try
{
    foreach (var v in answer2)
        WriteLine(v);
}
catch (InvalidCastException)
{
    WriteLine("Cast failed again");
}
```

범위 변수 자리는 컴파일러에 의해 Cast⟨MyType⟩ 호출하는 코드로 바뀐다. 다시

InvalidCastException이 발생한다.

다음 코드는 앞의 코드가 실행되도록 재구성한 것이다.

```
var answer3 = from v in GetSomeStrings()
              select (MyType)v;
foreach (var v in answer3)
    WriteLine(v);
```

차이가 뭘까? 실행되지 않은 앞의 두 버전은 Cast⟨T⟩()를 사용했고, 실행되는 버전은 Select()의 인수로 쓰인 람다 표현식에서 형변환을 사용했다. Cast⟨T⟩는 인수의 런타임 타입에서 제공하는 사용자 정의 변환 함수에는 접근할 수 없다. 단순히 참조 변환reference conversion 과 박싱 변환boxing conversion만 가능하다. 참조 변환은 is 연산자가 성공하면 성공한다(『Effective C#(3판)』 **아이템 3: 캐스트보다는 is, as가 좋다** 참조). 박싱 변환은 값 타입을 참조 타입으로 변환하거나 그 반대로 변환한다(『Effective C#(3판)』 **아이템 9: 박싱과 언박싱을 최소화하라** 참조). Cast⟨T⟩는 T가 System.Object에 정의된 멤버만 가지고 있다고 가정하므로 사용자 정의 변환 함수에는 접근할 수 없다. System.Object에 사용자 정의 변환 함수를 포함할 수는 없는 노릇이다. Select⟨T⟩를 사용한 버전은 Select()가 사용하는 람다 표현식이 입력 매개변수로 문자열을 취하기 때문에 성공한다. String을 MyType으로 변환하는 사용자 정의 변환 함수가 정의되어 있기 때문이다.

나는 변환 연산자를 '코드의 악취code smell'로 본다.* 변환 연산자가 유용하기는 하지만 그 유용성보다 더 큰 문제를 초래하기도 한다. 변환 연산자가 없다면 앞에서와 같은 코드를 작성하지 않았을 것이기 때문이다.

변환 연산자를 사용하지 않으려면, 그 대안을 함께 가지고 있어야 할 것이다. MyType은 문자열 저장용으로 읽고 쓸 수 있는 속성을 이미 가지고 있으니, 사용자 정의 변환 연산자를 제거한 후 다음 두 방식 중 하나를 사용하면 된다.

```
var answer4 = GetSomeStrings().
    Select(n => new MyType { StringMember = n });
```

----

* 역자주_ 코드상의 특정 구조가 코드 설계의 근본 취지를 위반하고 있는 것을 의미한다. 표면적인 코드 오류가 아닌 코드 설계 관점에서 깊게 숨겨져 있는 문제를 가리킨다.

```
var answer5 = from v in GetSomeStrings()
              select new MyType { StringMember = v };
```

필요하다면 MyType에 생성자를 추가할 수도 있겠다. 하지만 이 모든 작업이 단순히 Cast〈T〉가 가진 제약을 피하기 위함일 뿐이다. 이제 왜 이런 제약이 존재하는지를 이해했을 것이니, 이제는 이러한 제약을 해결하는 메서드를 작성하고 싶을 것이다. 여기서 묘수는 런타임 정보를 활용해서 모든 변환을 수행하는 제네릭 메서드를 작성하는 것이다.

리플렉션을 사용해 어떤 변환이 가능한지를 확인한 후, 해당 변환을 수행하여 올바른 타입을 반환하는 '엄청나게 긴' 코드를 작성할 수도 있다. 하지만 이렇게 하려면 너무 많은 수고를 해야 한다. 대신, C# 4.0의 동적 타이핑을 활용하여, 거추장스러운 일을 모두 맡겨 버리자. 이제 단순히 Convert〈T〉 메서드를 이용해서 원하는 작업을 수행할 수 있다.

```
public static IEnumerable<TResult> Convert<TResult>(
    this System.Collections.IEnumerable sequence)
{
    foreach (object item in sequence)
    {
        dynamic coercion = (dynamic)item;
        yield return (TResult)coercion;
    }
}
```

이제 원본 타입에서 목표 타입으로 변환(암묵적 또는 명시적)할 수 있는 방법이 존재하기만 하면, 더 이상 변환 문제는 발생하지 않는다. 여전히 형변환이 필요하므로 런타임에 실패할 가능성은 있지만, 이것은 타입을 강제로 변환할 때 언제든 발생할 수 있는 문제이므로 어쩔 수가 없다. Convert〈T〉는 Cast〈T〉()보다 다양한 상황에 사용할 수 있고, 그만큼 하는 일도 많다. 개발자라면 자신보다는 다른 사용자가 무엇을 생성하기 원하는지를 좀 더 고려해야 한다. Convert〈T〉는 다음 테스트를 통과한다.

```
var convertedSequence = GetSomeStrings().Convert<MyType>();
```

Cast〈T〉는 다른 제네릭 메서드와 마찬가지로 타입 매개변수에 대한 세한된 징보민으로 수행된다. 그래서 기대한 것과 다르게 동작하는 제네릭 메서드를 만들 가능성이 있다. 근본 원인은 십중팔구 제네릭 메서드가 타입 매개변수로 주어진 타입이 제공하는 기능을 제대로 인식하지 못한다는 데 있다. 이런 상황에서는 동적 타이핑을 약간만 응용하면 런타임 리플렉션을 통해 문제를 바로잡을 수 있다.

아이템 45: 데이터 주도 동적 타입에는 DynamicObject나 IDynamicMetaObjectProvider를 사용하라

동적 프로그래밍의 큰 장점 하나는 런타임에 public 인터페이스가 바뀌는 타입을 만들 수 있다는 것이다. C#은 dynamic과 System.Dynamic.DynamicObject 베이스 클래스, 그리고 System.Dynamic.IDynamicMetaObjectProvider 인터페이스를 통해 이 기능을 제공하여, 이를 활용해 동적 능력을 갖춘 고유의 타입을 만들 수 있다.

동적 능력을 가지는 타입을 만드는 가장 쉬운 방법은 System.Dynamic.DynamicObject를 상속하는 것이다. 이 타입은 IDynamicMetaObjectProvider 인터페이스를 구현한 중첩 private 클래스를 가지고 있고, 이 중첩 private 클래스는 표현식을 파싱하고 결과를 DynamicObject 클래스의 가상 메서드에 전달하는 등의 많은 일을 수행한다. DynamicObject를 상속할 수 있다면 동적 클래스 만들기는 비교적 쉬운 작업이 된다.

예를 들어 DynamicPropertyBag(동적 속성 모음)을 구현하는 클래스를 생각해보자. 이 예는 Razor 속성 모음, ExpandObject, 클레이와 제미니 프로젝트[Clay and Gemini project]와도 비슷하다(실무에 적용하려면 이런 예를 살펴보면 도움이 된다). DynamicPropertyBag을 처음 만들면 아직 항목이 존재하지 않으니 속성도 가지고 있지 않다. 따라서 속성을 꺼내려 하면 예외를 던진다. 속성에 대한 세터를 사용하면 어떤 속성이든 추가할 수 있다. 속성을 추가한 후에는 게터로 다시 가져올 수 있다.

```
dynamic dynamicProperties = new DynamicPropertyBag();

try
{
    Console.WriteLine(dynamicProperties.Marker);
}
catch (Microsoft.CSharp.RuntimeBinder.RuntimeBinderException)
{
```

```
        Console.WriteLine("There are no properties");
    }

    dynamicProperties.Date = DateTime.Now;
    dynamicProperties.Name = "Bill Wagner";
    dynamicProperties.Title = "Effective C#";
    dynamicProperties.Content = "Building a dynamic dictionary";
```

DynamicPropertyBag을 구현하려면 DynamicObject의 TrySetMember와
TryGetMember 메서드를 재정의해야 한다.

```
class DynamicPropertyBag : DynamicObject
{
    private Dictionary<string, object> storage =
        new Dictionary<string, object>();

    public override bool TryGetMember(GetMemberBinder binder, out object
result)
    {
        if (storage.ContainsKey(binder.Name))
        {
            result = storage[binder.Name];
            return true;
        }
        result = null;

        return false;
    }

    public override bool TrySetMember(SetMemberBinder binder, object value)
    {
        string key = binder.Name;
        if (storage.ContainsKey(key))
            storage[key] = value;
        else
            storage.Add(key, value);

        return true;
    }

    public override string ToString()
    {
```

```
            StringWriter message = new StringWriter();
            foreach (var item in storage)
                message.WriteLine($"{item.Key}:\t{item.Value}");

            return message.ToString();
        }
    }
```

이 DynamicPropertyBag은 속성들의 이름과 값을 저장하는 딕셔너리를 갖고 있다. 속성 저장과 얻기는 TryGetMember와 TrySetMember가 처리한다.

TryGetMember는 속성의 이름(binder.Name)을 확인하여 해당 속성이 딕셔너리에 저장돼 있으면 그 값을 반환한다. 값이 저장돼 있지 않으면 동적 호출이 실패한다.

TrySetMember도 비슷한 방식으로 처리된다. 이름(binder.Name)을 확인해서 딕셔너리에 해당 속성을 추가하거나 갱신한다. 어떤 속성이든 만들 수 있으므로 TrySetMember는 항상 true를 반환해서 동적 호출이 성공했음을 알린다.

DynamicObject는 인덱서, 메서드, 생성자, 단항 연산자, 이항 연산자 등의 동적 호출을 처리하는 비슷한 메서드들을 갖고 있다. 이 멤버들 중 원하는 것을 재정의해서 자신만의 동적 멤버를 만들 수 있다. 어떤 경우든 Binder 객체를 검사해서 어느 멤버가 요청됐는지 확인하고 필요한 작업을 수행한다. 만약 반환값이 존재한다면 out 매개변수에 반할 객체를 할당하고, 이 메서드가 해당 멤버를 처리했음을 반환한다.

동적으로 행동하는 타입을 만들고 싶다면 DynamicObject를 베이스 클래스로 사용하는 것이 가장 쉬운 방법이다. 물론 DynamicPropertyBag을 사용할 수도 있지만 동적 타입이 더 유용하다. 다음 예에서도 확인할 수 있다.

LINQ to XML은 XML 작업의 효율을 크게 향상시키지만 아직 아쉬운 부분이 있다. 다음은 태양계 정보를 담고 있는 XML이다.

```
<Planets>
  <Planet>
    <Name>Mercury</Name>
  </Planet>
  <Planet>
    <Name>Venus</Name>
```

```
      </Planet>
      <Planet>
        <Name>Earth</Name>
        <Moons>
          <Moon>Moon</Moon>
        </Moons>
      </Planet>
      <Planet>
        <Name>Mars</Name>
        <Moons>
          <Moon>Phobos</Moon>
          <Moon>Deimos</Moon>
        </Moons>
      </Planet>
      <!-- 다른 정보는 생략 -->
</Planets>
```

첫 번째 행성을 가져오려면 다음처럼 작성해야 한다.

```
// 태양계 데이터를 담은 XElement 문서 생성
var xml = createXML();

var firstPlanet = xml.Element("Planet");
```

나쁘지 않은 접근이다. 하지만 XML을 더 깊이 파고들수록 코드가 더 복잡해진다. 예를 들어 세 번째 행성인 지구(Earth)를 가져오는 코드는 다음과 같다.

```
var earth = xml.Elements("Planet").Skip(2).First();
```

세 번째 행성의 이름을 가져오려면 더 복잡해진다.

```
var earthName = xml.Elements("Planet").Skip(2).First().Element("Name");
```

달(Moons)의 이름을 모두 가져오려면 정말 긴 코드를 작성해야 한다.

```
var moon = xml.Elements("Planet").Skip(2).First().
    Elements("Moons").First().Element("Moon")
```

그뿐만 아니라 이 코드는 XML에 찾으려는 노드가 있을 때만 실행된다. 노드가 존재하지 않으면 예외를 던질 것이다. 존재하지 않는 노드를 찾으려는 경우까지 처리하려면 꽤 많은 코드를 더 추가해야 한다(그저 발생할 가능성이 있다는 이유로 말이다). 여기까지 오면 원래 목적이 무엇인지 잊게 된다.

이제 요소 이름을 점(.)으로 이어 XML 요소에 접근할 수 있는 데이터 주도data-driven 타입을 사용한다고 가정해보자. 첫 번째 행성을 찾는 것은 다음과 같이 매우 쉽다.

```
// 태양계 데이터를 저장하고 있는 XElement 문서 생성
var xml = createXML();

Console.WriteLine(xml);

dynamic dynamicXML = new DynamicXElement(xml);

// 이전 방법
var firstPlanet = xml.Element("Planet");
Console.WriteLine(firstPlanet);

// 새로운 방법
dynamic test2 = dynamicXML.Planet; // 첫 번째 행성을 반환한다.
Console.WriteLine(test2);
```

세 번째 행성을 가져오려면 인덱서만 사용하면 된다.

```
// 세 번째 행성(지구) 가져오기
dynamic test3 = dynamicXML["Planet", 2];
```

달에 접근하려면 인덱서를 2개 연결하면 된다.

```
dynamic earthMoon = dynamicXML["Planet", 2]["Moons", 0].Moon;
```

마지막으로 이 코드는 동적이므로 의미 체계를 징의해서 노드가 비어 있다면 빈 요소는 반환하게 할 수 있다. 예를 들어 다음 호출들은 모두 비어 있는 동적 XElement 노드를 반환한다.

```
dynamic test6 = dynamicXML["Planet", 2]
    ["Moons", 3].Moon; // 지구는 네 번째 달을 가지고 있지 않다.
```

```
dynamic fail = dynamicXML.NotAppearingInThisFile;
dynamic fail2 = dynamicXML.Not.Appearing.In.This.File;
```

특정 요소가 존재하지 않는다면, 해당 요소가 존재하지 않음을 나타내는 요소를 반환하기 때문에 이를 이용하여 참조를 계속 이어나갈 수 있다. 결과적으로 어떤 요소가 XML에 누락돼 있다면 최종 결과도 해당 요소가 존재하지 않음을 나타내는 요소가 반환된다. 이런 처리는 DynamicObject에서 파생된 다른 클래스를 통해 작성된다. TryGetMember와 TryGetIndex 모두 적합한 노드를 담은 동적 요소를 반환하도록 재정의해야 한다.

```
public class DynamicXElement : DynamicObject
{
    private readonly XElement xmlSource;

    public DynamicXElement(XElement source)
    {
        xmlSource = source;
    }

    public override bool TryGetMember(GetMemberBinder binder,
        out object result)
    {
        result = new DynamicXElement(null);
        if (binder.Name == "Value")
        {
            result = (xmlSource != null) ? xmlSource.Value : "";
            return true;
        }
        if (xmlSource != null)
            result = new DynamicXElement(xmlSource
                .Element(XName.Get(binder.Name)));

        return true;
    }

    public override bool TryGetIndex(GetIndexBinder binder,
        object[] indexes, out object result)
    {
        result = null;
        // [string, int] 인덱서만 지원한다.
        if (indexes.Length != 2)
            return false;
```

```
        if (!(indexes[0] is string))
            return false;
        if (!(indexes[1] is int))
            return false;

        var allNodes = xmlSource.Elements(indexes[0].ToString());
        int index = (int)indexes[1];
        if (index < allNodes.Count())
            result = new DynamicXElement(allNodes.ElementAt(index));
        else
            result = new DynamicXElement(null);

        return true;
    }

    public override string ToString() =>
        xmlSource?.ToString() ?? string.Empty;
}
```

이 코드는 이 아이템의 초반부에서 본 코드와 비슷한 개념을 사용한다. 하지만 TryGetIndex 는 새로운 메서드다. 이 메서드는 클라이언트 코드가 XElement를 추출하고자 인덱서를 호출 할 때의 동적인 처리를 구현해야 한다.

DynamicObject를 사용하면 동적으로 처리되는 타입을 쉽게 구현할 수 있다. DynamicObject는 동적 타입을 만들 때 필요한 복잡성을 상당히 감춰준다. 동적 디스패치를 구현하는 코드의 상당량을 제공해주는 덕이다.

하지만 다른 베이스 클래스를 상속해야 해서 DynamicObject를 상속할 수 없다 면, 동적 타입을 직접 만들어야 한다. 이럴 때는 DynamicObject에 의존하는 대신 IDynamicMetaObjectProvider를 구현해서 동적 딕셔너리를 만들면 된다.

IDynamicMetaObjectProvider를 구현하려면 GetMetaObject라는 메서드 하나만 구현하 면 된다. 다음은 DynamicDictionary의 두 번째 버전으로, DynamicObject를 상속하지 않 고 IDynamicMetaObjectProvider를 구현하였다.

```
class DynamicDictionary2 : IDynamicMetaObjectProvider
{
    DynamicMetaObject IDynamicMetaObjectProvider.GetMetaObject(
        System.Linq.Expressions.Expression parameter)
```

```
    {
        return new DynamicDictionaryMetaObject(parameter, this);
    }

    private Dictionary<string, object> storage = new Dictionary<string,
object>();

    public object SetDictionaryEntry(string key, object value)
    {
        if (storage.ContainsKey(key))
            storage[key] = value;
        else
            storage.Add(key, value);

        return value;
    }

    public object GetDictionaryEntry(string key)
    {
        object result = null;
        if (storage.ContainsKey(key))
        {
            result = storage[key];
        }

        return result;
    }

    public override string ToString()
    {
        StringWriter message = new StringWriter();
        foreach (var item in storage)
            message.WriteLine($"{item.Key}:\t{item.Value}");

        return message.ToString();
    }
}
```

GetMetaObject()는 호출될 때마다 새로운 DynamicDictionaryMetaObject를 반환한다. 첫 번째 복잡한 부분이다. DynamicDictionary의 어떤 멤버를 호출하더라도, GetMetaObject()가 호출된다. 따라서 같은 멤버를 10회 호출하면 GetMetaObject()도 10회 호출된다. 심지어 DynamicDictionary2에 정적으로 정의된 메서드를 호출하는 경우에도

GetMetaObject()가 호출되므로, 해당 메서드에 동적인 동작하도록 끼워 넣을 수 있다. 동적 객체는 dynamic 타입임을 기억하자. 즉, 컴파일 타임에는 어떤 동작도 정의되지 않으며, 멤버에 대해 접근을 시도하면 모두 동적으로 디스패치된다.

DynamicMetaObject는 동적 호출을 처리할 때 필요한 코드를 수행할 수 있도록 표현식 트리를 구축한다. DynamicMetaObject의 생성자는 표현식과 동적 객체를 매개변수로 받는다. 객체가 생성되면, 다음으로 Bind 메서드가 호출된다. Bind 메서드는 동적 호출을 수행하는 표현식을 담은 DynamicMetaObject를 생성한다. DynamicDictionary 구현에 필요한 BindSetMember와 BindGetMember, 2개의 Bind 메서드를 살펴보자.

BindSetMember는 딕셔너리에 값을 저장하기 위해 Dynamic2.SetDictionaryEntry()를 호출하는 표현식을 생성한다. 다음은 이를 구현한 코드다.

```
public override DynamicMetaObject BindSetMember(
    SetMemberBinder binder,
    DynamicMetaObject value)
{
    // 바깥 클래스에서 호출할 메서드의 이름
    string methodName = "SetDictionaryEntry";

    // 바인딩 제약 설정
    BindingRestrictions restrictions =
        BindingRestrictions.GetTypeRestriction(Expression, LimitType);

    // 매개변수 설정
    Expression[] args = new Expression[2];
    // 첫 번째 매개변수는 Set할 속성의 이름이다.
    args[0] = Expression.Constant(binder.Name);
    // 두 번째 매개변수는 값이다.
    args[1] = Expression.Convert(value.Expression, typeof(object));

    // 'this' 참조 설정
    Expression self = Expression.Convert(Expression, LimitType);

    // 메서드 호출 표현식 설정
    Expression methodCall = Expression.Call(self,
        typeof(DynamicDictionary2).GetMethod(methodName), args);

    // 이후에 Set을 호출하도록 메타 객체 생성
```

```
        DynamicMetaObject setDictionaryEntry =
            new DynamicMetaObject(methodCall, restrictions);

        // 동적 객체 반환
        return setDictionaryEntry;
    }
```

메타 프로그래밍metaprogramming은 이해하기 어려우므로 코드를 보면서 차근히 설명하도록 하겠다. 첫 번째 줄은 DynamicDictionary에서 호출되는 메서드의 이름을 SetDictionaryEntry로 설정한다. SetDictionaryEntry가 속성 할당 시 오른쪽 타입의 객체를 반환해야 함에 주의해야 한다. 이것이 중요한 이유는 다음과 같이 코딩할 수 있어야 하기 때문이다.

```
DateTime current = propertyBag2.Date = DateTime.Now;
```

반환값이 제대로 설정되지 않으면 이 문장은 실행되지 않는다.

다음으로, 이 메서드는 BindingRestrictions를 초기화한다. 대부분의 경우 이 예에서 사용한 것과 같은 제약을 사용하게 된다. 즉, 소스 표현식과 동적으로 호출할 타입에 대하여 하나 이상의 제약이 주어진다.

메서드의 나머지 부분에서는 속성 이름과 값을 사용해 SetDictionaryEntry()를 호출하는 표현식을 구성한다. 속성 이름은 상수식constant expression이지만, 값은 지연 평가되어야 하므로 변환식conversion expression이다. 세터의 오른쪽은 메서드 호출이 될 수도 있고 부수효과가 따르는 표현식이 될 수도 있다는 것을 떠올려보자. 어느 쪽이던 모두 적절한 시점에 값을 가져와야 한다. 그렇지 않으면 메서드의 반환값을 사용해서 속성을 할당할 수가 없다.

```
propertyBag2.MagicNumber = GetMagicNumber();
```

물론 딕셔너리를 구현하려면 BindGetMember도 구현해야 한다. BindGetMember도 거의 같은 방식으로 동작한다. 즉, 딕셔너리로부터 속성값을 가져오는 표현식을 만들어야 한다.

```
public override DynamicMetaObject BindGetMember(GetMemberBinder binder)
{
    // 바깥 클래스에서 호출하기 위한 메서드 이름
    string methodName = "GetDictionaryEntry";
```

```
    // 단일 매개변수
    Expression[] parameters = new Expression[]
    {
        Expression.Constant(binder.Name)
    };

    DynamicMetaObject getDictionaryEntry =
        new DynamicMetaObject(
            Expression.Call(
                Expression.Convert(Expression, LimitType),
                typeof(DynamicDictionary2).GetMethod(methodName), parameters),
            BindingRestrictions.GetTypeRestriction(Expression, LimitType));

    return getDictionaryEntry;
}
```

이런 식의 프로그래밍이 그다지 어렵지 않다고 생각하는 독자를 위해서 필자가 이 코드를 작성할 때의 경험을 공유하고자 한다. 이번 아이템의 예는 동적 객체를 가장 단순화한 모습이다. 속성을 get하고 set하는 단 2개의 API만 존재하기 때문이다. 형태도 아주 구현하기 쉬웠다. 하지만 이처럼 간단한 동작임에도 불구하고 코드를 제대로 작성하기가 쉽지 않았다. 표현식 트리는 디버그하기가 무척 어렵다. 더 복잡한 동적 타입이라면 훨씬 많은 코드를 작성해야 하며 그만큼 제대로 표현해내기가 더 어려워진다.

이 아이템의 초반에 언급한 이야기도 떠올려보자. 동적 객체를 호출할 때마다 새로운 DynamicMetaObject를 생성하고 이 객체의 Bind 멤버 중 하나를 호출한다. 따라서 이 메서드들은 효율과 성능을 고려해서 작성해야 한다. 자주 호출될 것이고 또 많은 작업을 처리하기 때문이다.

어려운 프로그래밍에 도전하고 싶다면 동적 처리를 구현해보는 것도 좋은 선택이다. 동적 타입을 만들어야 한다면 가장 먼저 System.Dynamic.DynamicObejct를 상속하도록 하자. 다른 베이스 클래스를 사용해야 해서 어쩔 수 없다면 IDynamicMetaObjectProvider를 구현하자. 단, 구현이 쉽지 않다는 사실을 기억해야 한다. 그뿐만 아니라 동적 다입은 성능을 다소 떨어뜨리며, 직접 구현하면 그 정도가 더 심할 것이다.

아이템 46: 표현식 API의 사용법을 익혀두라

.NET Framework는 런타임에 코드를 생성하거나 타입을 리플렉션하는 API를 제공한다. 런타임에 코드를 훑어보거나 생성하는 것은 매우 강력한 기능이라서 다양한 문제를 해결할 수 있다. 하지만 매우 저수준이라 다루기 어려운 API라는 게 단점이다. 개발자라면 문제를 동적으로 해결할 수 있는 더 쉬운 방법을 원할 것이다.

지금은 C#에 LINQ와 동적 지원 기능이 추가되어 이전에 리플렉션 API를 사용할 때보다 더 나은 선택지가 생겼다. 바로 표현식과 표현식 트리다. 표현식은 코드처럼 보이며 많은 경우 델리게이트로 컴파일해 사용한다. 어쩌면 표현식 형태의 표현식이 필요할 수도 있다. 표현식을 이용하면 리플렉션 API를 사용하여 클래스를 살펴보는 것보다 더 많은 작업을 수행할 수 있다.

추가로, 표현식을 활용하면 런타임에 코드를 생성할 수도 있다. 표현식 트리를 만들 수만 있다면 이를 컴파일하고 수행할 수 있다. 코드를 런타임에 생성할 수 있으니 그 가능성은 무궁무진하다.

표현식을 이용하면 쉽게 해결할 수 있는 두 가지 문제를 살펴보자. 첫 번째, 커뮤니케이션 프레임워크에서 발생하는 일반적인 문제를 해결해준다. WCF, 리모팅remoting, 웹 서비스 등을 사용할 때는 일반적으로 코드 생성기를 사용해서 특정 서비스를 위한 클라이언트 측 프록시를 생성한다. 이 방식도 쓸 수는 있지만 (수백 줄의) 매우 무거운 코드가 만들어지며, 서버에 새로운 메서드가 추가되거나 매개변수 목록이 바뀔 때마다 프록시를 갱신해야 한다. 그 대신 코드를 다음과 같이 작성할 수 있다고 생각해보자.

```
var client = new ClientProxy<IService>();
var result = client.CallInterface<string>(srver => srver.DoWork(172));
```

ClientProxy〈T〉는 실제로 접근하는 서비스가 무엇인지 전혀 모르지만, 인수에 따라 적절한 메서드 호출로 연결해준다. 이 코드는 시대에 뒤떨어진 코드 생성기에 의존하지 않고, 표현식 트리와 제네릭을 이용해서 어떤 매개변수를 사용하고 어떤 메서드를 호출해야 하는지 기술할 수 있다.

CallInterface() 메서드는 Expression〈Func〈T, TResult〉〉라는 표현식 하나를 매개변수로 받는다. 입력 매개변수(타입 T)는 IService를 구현한 객체를 나타낸다. 물론 TResult는 메서드가 반환하는 결과다. 이때 매개변수는 표현식이므로 이 코드를 작성할 시점에는 IService 를 구현한 객체의 인스턴스가 필요하지 않다. 핵심 알고리즘은 CallInterface() 메서드에 구현된다.

```csharp
public TResult CallInterface<TResult>(Expression<Func<T, TResult>> op)
{
    var exp = op.Body as MethodCallExpression;
    var methodName = exp.Method.Name;
    var methodInfo = exp.Method;
    var allParameters = from element in exp.Arguments
                        select processArgument(element);
    Console.WriteLine($"Calling {methodName}");

    foreach (var parm in allParameters)
        Console.WriteLine(@$"\tParameter type =
            {parm.ParmType},
            Value = { parm.ParmValue} ");

    return default(TResult);
}

private (Type ParmType, object ParmValue) processArgument(Expression element)
{
    object argument = default(object);
    LambdaExpression expression = Expression.Lambda(
        Expression.Convert(element, element.Type));
    Type parmType = expression.ReturnType;
    argument = expression.Compile().DynamicInvoke();

    return (parmType, argument);
}
```

CallInterface의 첫 부분부터 살펴보자. 이 코드는 가장 먼저 표현식 트리의 내용을 살펴본다 (람다 연산자의 오른쪽 부분). 앞에서 본 CallInterface() 사용 예를 떠올려보자. 이 예에서는 srver.DoWork(172)를 인수로 넣어 메서드를 호출했다. MethodCallExpression은 모든 매개변수와 호출되는 메서드 이름을 이해하는 데 필요한 정보를 모두 갖고 있다. 메서드 이름은 Method 속성의 Name 속성에 저장되어 있다. 이 예에서는 DoWork라는 이름이 사용됐다. LINQ 쿼리는 이 메서드로 넘기는 모든 매개변수를 처리한다.

각 매개변수의 표현식을 평가하는 processArgument는 더욱 흥미롭다. 앞의 예에서는 인수를 하나(값이 172인 상수)만 사용했다. 이 방식은 범용적이지 못하므로 새로운 코드에서는 다른 전략을 취했다. 이번 예에서는 매개변수가 다른 메서드의 호출이 될 수도 있고, 속성이나 인덱서 접근자, 심지어 필드 접근자도 될 수 있다. 또한 메서드 호출은 이 모든 타입을 매개변수로 취할 수도 있다. 모든 것을 파싱하는 대신에 이 메서드는 LamdaExpression 타입을 활용해서 각 매개변수 표현식을 평가한다. ConstantExpression을 포함해서 모든 매개변수 표현식은 람다 표현식의 반환값으로 표현될 수 있다. processArgument()는 매개변수를 LambdaExpression으로 변환한다. 상수 표현식이라면 () => 172와 같은 람다 표현식으로 변환할 것이다. 앞서 언급한 것처럼 람다 표현식은 델리게이트로 컴파일한 다음 나중에 호출할 수 있다. 매개변수 표현식의 경우, 예제 코드에서는 상수인 172를 반환하는 델리게이트를 생성한다. 더 복잡한 표현식을 사용하면 더 복잡한 람다 표현식도 만들 수 있다.

람다 표현식이 만들어진 후에는 해당 람다로부터 매개변수의 타입을 추출할 수 있다. 예제 메서드에서는 매개변수에 어떤 처리도 하지 않는 것에 주목하자. 람다 표현식의 매개변수를 평가하는 코드는 람다 표현식이 호출될 때만 실행된다. 이 방식의 장점은 메서드에 또 다른 CallInterface() 호출을 포함할 수 있다는 것이다. 예를 들어 다음처럼 구성할 수 있다.

```
client.CallInterface(srver => srver.DoWork(
    client.CallInterface(srv => srv.GetANumber())));
```

이 기술을 적용하면 표현식 트리를 이용해서 사용자가 실행하고자 하는 코드를 런타임에 결정할 수 있다. 이 과정을 지면으로 설명하기란 쉽지 않지만, ClientProxy⟨T⟩가 서비스의 인터페이스를 타입 매개변수로 취하는 제네릭 클래스이므로 CallInterface 메서드는 강하게 타이핑된다. 이때 람다 표현식의 메서드 호출은 서버에 정의된 멤버 메서드여야 한다.

첫 번째 예제는 표현식을 파싱해서 코드(또는 코드를 정의하는 표현식)를 (나중에 런타임 알고리즘 구현에 사용할) 데이터 요소로 변환하는 방법을 보여줬다. 두 번째 예제는 반대로 런타임에 코드를 생성하는 상황을 다루고 있다.

대규모 시스템에서는 원본 타입을 이용하여 대상 타입의 객체를 생성하는 것과 연관된 문제를 해결해야 할 경우가 비일비재하다. 예를 들어 대규모 기업 시스템은 다른 제조사가 만든 다른 시스템들로 구성되기도 하며, 이럴 때는 시스템마다 다른 연락처(Contact) 타입을 정의해 사용하는 경우가 많다. 타입을 변환하는 메서드들을 일일이 작성할 수도 있지만 매우 지루한 작업이니, 그 대신 필요한 구현체를 알아낼 수 있는 타입을 만드는 편이 훨씬 낫다. 예를 들면 다음과 같은 코드를 작성할 수 있다.

```
var converter = new Converter<SourceContact, DestinationContact>();
DestinationContact dest2 = converter.ConvertFrom(source);
```

변환기(Converter)가 원본 객체의 모든 속성을 대상 객체로 복사하길 기대할 것이다. 그러려면 속성의 이름이 모두 동일하고, 원본 객체에는 public get 접근자가, 대상 객체는 public set 접근자가 있어야 한다. 이처럼 런타임에 코드를 생성해야 하는 작업을 가장 잘 다루는 방법은 표현식을 생성해서 컴파일하고 실행하는 것이다. 아마 다음과 같은 코드가 필요할 것이다.

```
// 동작하는 C# 코드가 아니다. 설명을 위해 작성한 것이다.
TDest ConvertFromImaginary(TSource source)
{
    TDest destination = new TDest();
    foreach (var prop in sharedProperties)
        destination.prop = source.prop;
    return destination;
}
```

이제 이 의사 코드를 실행할 코드를 만들어줄 표현식을 작성해야 한다. 다음 코드는 이 의사 코드를 표현식으로 만들어서 함수로 컴파일하는 메서드의 전체 코드다. 우선 전체 코드를 살펴본 후, 각 부분에 대해서는 하나씩 상세히 설명하겠다. 처음에는 다소 복잡해 보이겠지만, 이해 못할 정도는 아니다.

```
private void createConverterIfNeeded()
{
    if (converter == null)
    {
        var source = Expression.Parameter(typeof(TSource), "source");
        var dest = Expression.Variable(typeof(TDest), "dest");

        var assignments = from srcProp in typeof(TSource).GetProperties(
                BindingFlags.Public | BindingFlags.Instance)
                where srcProp.CanRead
                let destProp = typeof(TDest).GetProperty(
```

```
                        srcProp.Name,
                        BindingFlags.Public | BindingFlags.Instance)
                    where (destProp != null) && (destProp.CanWrite)
                    select Expression.Assign(
                        Expression.Property(dest, destProp),
                        Expression.Property(source, srcProp));

            // body를 하나로 합침
            var body = new List<Expression>();
            body.Add(Expression.Assign(dest, Expression.New(typeof(TDest))));
            body.AddRange(assignments);
            body.Add(dest);

            var expr =
                Expression.Lambda<Func<TSource, TDest>>(
                    Expression.Block(
                        new[] { dest }, // 표현식 매개변수
                        body.ToArray()  // 보디
                    ),
                    source // 람다 표현식
                );

            var func = expr.Compile();
            converter = func;
        }
    }
```

이 메서드는 앞서 본 의사 코드에 해당하는 표현식 트리를 생성한다. 가장 먼저 매개변수를 선언하고 있다.

```
var source = Expression.Parameter(typeof(TSource), "source");
```

다음은 대상을 저장할 지역변수를 선언한다.

```
var dest = Expression.Variable(typeof(TDest), "dest");
```

이 메서드의 대부분은 원본 객체의 속성을 대상 객체에 할당하기 위한 코드다(LINQ 쿼리를 사용하고 있다). LINQ 쿼리의 시퀀스는 원본 객체에 있는 모든 public 인스턴스 속성의 집합으로, get 접근자를 갖고 있다.

```
from srcProp in typeof(TSource).GetProperties(
            BindingFlags.Public | BindingFlags.Instance)
        where srcProp.CanRead
```

let 구문은 대상 타입에 존재하는 동일한 이름의 속성을 담은 지역변수를 선언한다. 대상 타입에 적절한 속성이 없다면 null이 될 것이다.

```
let destProp = typeof(TDest).GetProperty(
            srcProp.Name,
            BindingFlags.Public | BindingFlags.Instance)
    where(destProp != null) && (destProp.CanWrite)
```

다음 쿼리는 일련의 할당 구문으로, 대상 객체의 속성에 원본 객체의 (이름이 같은) 속성 값을 할당한다.

```
select Expression.Assign(
    Expression.Property(dest, destProp),
    Expression.Property(source, srcProp));
```

메서드의 나머지 부분은 람다식의 몸체를 구성한다. Expression 클래스의 Block() 메서드는 문장을 구성하는 모든 표현식이 담겨있는 배열을 요구하기 때문에, 다음 단계는 문장을 구성하는 모든 표현식이 있는 List〈Expression〉을 만드는 일이다. 이 리스트는 쉽게 배열로 변환할 수 있다.

```
var body = new List<Expression>();
body.Add(Expression.Assign(dest, Expression.New(typeof(TDest))));
body.AddRange(assignments);
body.Add(dest);
```

마지막으로, 대상 객체가 반환되면, 지금까지 만든 모든 구문을 포함하는 람다 표현식을 생성한다.

```
var expr =
    Expression.Lambda<Func<TSource, TDest>>(
        Expression.Block(
            new[] { dest }, // 표현식 매개변수
```

```
        body.ToArray() // 몸체
            ),
        source // 람다 표현식
    );
```

이것으로 코드가 다 준비됐다. 이제 이 코드를 컴파일해서 호출 가능한 델리게이트로 변환하자.

```
var func = expr.Compile();
converter = func;
```

이번 예제는 복잡하며 작성하기도 쉽지 않다. 표현식이 제대로 구성되기까지는 컴파일 오류처럼 보이는 오류가 런타임에 뜨는 모습을 계속 보게 될 것이다. 또한 이 방식은 간단한 문제를 해결하기 위한 방법으로는 최선이라 할 수 없다. 하지만 표현식 API는 이전에 리플렉션 API를 사용해 IL을 만들어내는 방식보다는 훨씬 사용하기 쉽다. 그리고 이는 표현식 API를 언제 사용하는 것이 좋은지 알려주는 힌트가 되기도 한다. 리플렉션을 사용해야 할 문제가 있다면 그 대신 표현식 API로 해결하려고 시도해보라.

표현식 API는 두 가지 매우 다른 방식으로 사용할 수 있다. 첫 번째는 표현식을 매개변수로 취하는 메서드를 만드는 것이다. 이 방식에서는 표현식을 파싱해서 해당 표현식의 개념을 코드로 생성할 수 있다. 두 번째는 런타임에 코드를 생성하는 것이다. 즉, 코드를 작성하는 클래스를 만들고, 그렇게 작성된 코드를 실행하는 방법이다. 이 전략은 해결하기는 어렵지만 매우 광범위하게 발생하곤 하는 문제를 해결하는 매우 강력한 방법이 될 수 있다.

아이템 47: Public API에서는 동적 객체 사용을 최소화하라

동적 객체는 정적 타입 시스템에서는 제대로 작동하지 않는다. 타입 시스템은 동적 객체를 System.Object의 인스턴스로 인식하지만 실제로는 매우 다른 타입의 인스턴스다. 따라서 동적 객체에 System.Object에서 정의하지 않은 작업을 요청할 수도 있다. 컴파일러는 여러분이 접근하고자 하는 멤버가 무엇이든, 이를 찾고 실행하는 코드를 생성한다.

한편 dynamaic 객체는 건드리는 모든 것을 동적으로 만들어 버리기 때문에 과도한 측면이 있다. 작업의 대상이 되는 매개변수 중 하나라도 dynamic이라면 그 결과도 dynamic이 된다. 또한 메서드가 동적 객체를 반환하면 그 객체를 사용하는 모든 것이 동적 객체가 된다. 마치 배양 접시에서 곰팡이가 피어나는 것과 같다. 모든 것이 빠른 속도로 동적으로 변하고, 어디에서도 타입 안전성을 보장할 수 없게 된다.

생물학자들은 유기체를 배양할 때 배양 접시를 사용하여 유기체가 퍼져나가는 것을 제한한다. 동적 타이핑도 이렇게 해야 한다. 동적 객체는 고립된 환경에서 작업하고 반환할 때는 동적 객체가 아닌 다른 것으로 대체하는 것이다. 이렇게 하지 않으면 동적 타이핑이 나쁜 영향을 주어 애플리케이션 전체가 서서히 동적으로 바뀔 수 있다.

동적 프로그래밍이 나쁘다고 말하는 것은 아니다. 이 장의 다른 아이템들에서는 동적 프로그래밍이 훌륭한 해결책이 되는 기술 영역을 다뤘다. 동적 타이핑과 정적 타이핑은 올바른 사용법, 관용구, 전략 면에서 매우 달라서, 적절한 예방책 없이 혼용하면 수많은 오류와 비효율성을 양산하게 된다. C#은 기본적으로 정적 타입 언어이면서, 일부 영역에 동적 타이핑을 지원하는 것이다. 따라서 C#을 사용한다면 대부분의 시간을 정적 타이핑으로 개발하고, 동적 기능을 활용하는 범위를 최소화해야 한다. 하나부터 열까지 동적으로 프로그램을 작성하고 있다면 정적 언어보다는 차라리 본격적인 동적 언어를 사용할지 고민해야 한다.

프로그램에서 동적인 기능을 사용하더라도 public 인터페이스에서는 가능한 제외해야 한다. 그렇게 해야 동적 타이핑을 하나의 객체나 혹은 특정 타입 내부로 묶어두어, 동적 타이핑이 프로그램의 다른 부분 혹은 여러분이 만든 객체를 사용하는 다른 프로그램으로까지 감염되는 것을 막을 수 있다.

동적 타이핑을 고려할 수 있는 한 가지 시나리오는 IronPython 같은 동적 환경에서 생성된 객체를 다룰 때다. 동적 언어로 생성한 동적 객체를 사용해야 할 때는 C# 객체로 래핑하는 것이 좋다. 이렇게 함으로써 다른 객체들은 이 타입이 내부적으로 동적 객체를 사용하고 있다는 사실을 인지할 수조차 없도록 해야 한다.

덕 타이핑을 위해 동적 타이핑을 사용해야 하는 상황이라면 다른 방법을 선택할 수 있다. **아이템 43: 동적 타이핑의 장단점을 이해하라**의 덕 타이핑 사용 예를 보자. 계산 결과가 항상 동적이었다. 딱히 나빠 보이진 않지만 컴파일러가 꽤 많은 처리를 하고 있음을 인지해야 한다. 다음 코드를 보자.

```
dynamic answer = Add(5, 5);
Console.WriteLine(answer);
```

컴파일러는 동적 객체를 처리하기 위해 이 두 줄의 코드를 다음과 같이 변환한다.

```
// 컴파일러가 생성하는 코드(정식 C# 코드는 아니다.)
object answer = Add(5, 5);
if (<Main>o__SiteContainer0.◇p__Site1 == null)
{
    <Main>o__SiteContainer0.◇p__Site1 =
        CallSite<Action<CallSite, Type, object>>.Create(
        new CSharpInvokeMemberBinder(
        CSharpCallFlags.None, "WriteLine",
        typeof(Program), null, new CSharpArgumentInfo[]
        {
            new CSharpArgumentInfo(
                CSharpArgumentInfoFlags.IsStaticType |
                CSharpArgumentInfoFlags.UseCompileTimeType,
                null),
            new CSharpArgumentInfo(CSharpArgumentInfoFlags.None, null)
        }));
}
<Main>o__SiteContainer0.◇p__Site1.Target.Invoke(
    <Main>o__SiteContainer0.◇p__Site1,
    typeof(Console), answer);
```

동적 타이핑은 공짜가 아니다. C#에서 동적 호출을 지원하기 위해 컴파일러는 상당량의 코드를 생성한다. 그리고 이 코드는 Add()를 호출할 때마다 반복해서 생성되므로 프로그램의 크기와 성능에 영향을 준다.

아이템 43: 동적 타이핑의 장단점을 이해하라에서 보여준 Add() 메서드를 제네릭을 조금 가미해 감싸면 동적 타입의 영향 범위를 제한할 수 있다. 이 방식을 활용하더라도 똑같은 코드가 여러 번 재생성되긴 하지만 생성되는 위치를 줄일 수 있다.

```
private static dynamic DynamicAdd(dynamic left, dynamic right) =>
    left + right;

// 래핑한 메서드
public static T1 Add<T1, T2>(T1 left, T2 right)
```

```
{
    dynamic result = DynamicAdd(left, right);
    return (T1)result;
}
```

이렇게 하면 컴파일러는 모든 동적 호출 코드를 제네릭 Add() 메서드 안에 생성한다. 즉, 동적 호출 코드를 한 곳으로 고립시키는 것이다. 더불어 호출 측 코드도 상당히 간단해진다. 이전에는 모든 결과가 동적이었으나, 이제 첫 번째 인수의 타입과 일치하도록 정적 타이핑된다. 물론, 이 결과 타입을 다루기 위해 오버로드 메서드를 작성해야 할 수는 있다.

```
public static TResult Add<T1, T2, TResult>(T1 left, T2 right)
{
    dynamic result = DynamicAdd(left, right);
    return (TResult)result;
}
```

어떤 경우든 호출하는 측은 강하게 타이핑된 세상에 남게 된다.

```
int answer = Add(5, 5);
Console.WriteLine(answer);

double answer2 = Add(5.5, 7.3);
Console.WriteLine(answer2);

// args가 같은 타입이 아니므로 타입 인수가 필요하다.
answer2 = Add<int, double, double>(5, 12.3);
Console.WriteLine(answer);

string stringLabel = System.Convert.ToString(answer);

string label = Add("Here is ", "a label");
Console.WriteLine(label);

DateTime tomorrow = Add(DateTime.Now, TimeSpan.FromDays(1));
Console.WriteLine(tomorrow);

label = "something" + 3;
Console.WriteLine(label);
label = Add("something", 3);
Console.WriteLine(label);
```

이 코드는 **아이템 43: 동적 타이핑의 장단점을 이해하라**에서 본 예와 같지만 반환값으로 동적 타입이 아닌 정적 타입을 사용하고 있다. 결과적으로 호출자는 동적으로 타이핑된 객체를 다룰 필요가 없다. 즉, 호출자가 정적 타입을 다루므로 동적 연산이 동작하도록 하기 위해 수행하던 작업들을 더 이상 하지 않아도 안전하다. 사실, 타입 시스템의 안전망에서 벗어나서 동적 타입을 사용한 적이 있었다는 사실조차 알 필요가 없다.

이번 장을 통해 동적 타입이 가능한 한 작은 범위로 제한돼야 한다는 것을 보았다. 예제 코드에서는 동적 기능이 필요할 때 동적인 지역변수를 활용했다. 그런 다음 이 동적 객체를 강한 타입으로 변환하여 동적 객체가 절대로 해당 메서드의 범위를 벗어나지 않도록 했다. 알고리즘 구현에 동적 객체를 활용할 때는 그 객체가 인터페이스로 노출되지 않도록 주의해야 한다.

하지만 경우에 따라선 동적 객체를 반드시 인터페이스로 노출해야만 하는 문제도 있다. 그런 경우라도 모든 것을 동적으로 만들어서는 안 된다. 동적으로 동작해야만 하는 멤버에 한정하여 동적 객체를 사용해야 한다. 같은 API에서 동적 타이핑과 정적 타이핑을 혼용할 수는 있지만, 가능한 정적 타입의 코드를 생성해야 한다. 동적 타이핑은 어쩔 수 없는 상황서에만 사용하라.

모든 프로그래머는 필연적으로 CSV 데이터를 다룬다. 제품화에 사용해도 될 수준의 관련 라이브러리는 https://github.com/JoshClose/CsvHelper에서 받을 수 있다. CSV 같은 데이터를 다루는 간단한 예를 살펴보자. 다음 코드는 헤더가 서로 다른 2개의 CSV 파일을 읽어서 한 줄씩 출력한다.

```
var data = new CSVDataContainer(
    new System.IO.StringReader(myCSV));
    foreach (var item in data.Rows)
        Console.WriteLine(@$"{item.Name}, {item.PhoneNumber}, {item.Label}");

data = new CSVDataContainer(new System.IO.StringReader(myCSV2));
foreach (var item in data.Rows)
    Console.WriteLine(@$"{item.Date}, {item.high}, {item.low}");
```

이 API의 형태는 일반적인 CSV 파일을 처리하기에 적합하다. 데이터를 순회한 후 반환되는 행들은 모든 행(row)의 이름에 대응하는 속성들을 담고 있다. 각 행의 헤더 이름은 컴파일 시점에는 알 수 없으므로 이 속성들은 반드시 동적이어야 할 것이다. 하지만 그 외에는 CSVDataContainer에서 어떤 것도 동적일 필요가 없다. CSVDataContainer는 동적 타이핑을 지원하지 않는다. 다만 CSV의 각 행을 동적 객체로 반환하는 API를 제공하는 정도다.

```csharp
public class CSVDataContainer
{
    private class CSVRow : DynamicObject
    {
        private List<(string, string)> values = new List<(string, string)>();
        public CSVRow(IEnumerable<string> headers, IEnumerable<string> items)
        {
            values.AddRange(headers.Zip(items,
                (header, value) => (header, value)));
        }

        public override bool TryGetMember(
            GetMemberBinder binder, out object result)
        {
            var answer = values.FirstOrDefault(n =>
                n.Item1 == binder.Name);
            result = answer.Item2;
            return result != null;
        }
    }
    private List<string> columnNames = new List<string>();
    private List<CSVRow> data = new List<CSVRow>();

    public CSVDataContainer(System.IO.TextReader stream)
    {
        // 헤더 읽기
        var headers = stream.ReadLine();
        columnNames = (from header in headers.Split(',')
            select header.Trim()).ToList();
        var line = stream.ReadLine();
        while (line != null)
        {
            var items = line.Split(',');
            data.Add(new CSVRow(columnNames, items));
            line = stream.ReadLine();
        }
    }
    public dynamic this[int index] => data[index];

    public IEnumerable<dynamic> Rows => data;
}
```

동적 타입을 인터페이스로 노출해야 할지라도 절대적으로 필요한 범위만으로 한정해야 한다. 모든 CSV 형식에 대응하려면 칼럼 이름을 동적으로 지원해야 하기 때문에 이 API는 동적이어 야 한다. 설사 모든 것을 동적 타이핑을 사용해서 노출하기로 선택했더라도, 해당 기능이 동적 타이핑을 요구하는 인터페이스만으로 제한해야 한다.

지면의 제약으로 앞의 예제에서 CSVDataContainer의 다른 기능은 생략했다. RowCount나 ColumnCount, GetAt(row, column) 등의 API를 어떻게 구현하면 좋을지 각자 생각해보 자. API에 동적 객체가 노출되지 않는, 심지어 구현에서도 사용할 일이 없는 방법이 떠오르는 가? 이 기능들은 사실 정적 타이핑으로도 가능하며, 실제로도 그렇게 해야 한다. 공개 인터페 이스에서는 진짜로 필요할 때만 동적 타이핑을 활용해야 한다.

동적 타입은 유용한 기능으로, 심지어 C# 같은 정적 타이핑 언어에서도 그 점은 변하지 않는 다. 하지만 C#은 여전히 정적 언어라는 사실을 직시해야 한다. 즉, C# 프로그램이라면 C#이 제공하는 타입 시스템을 최대한 활용해야 한다. 동적 프로그래밍은 여전히 유용하지만, 정말 필요한 곳 그리고 동적 객체를 다른 정적 타입의 객체로 즉각 변환할 수 있는 곳으로 제한해서 사용해야 한다. 다른 환경에서 만들어진 동적 타입을 다뤄야 한다면 해당 동적 객체를 다른 정 적 타입으로 래핑하여, 공개 인터페이스에서는 정적 타입을 사용하도록 만들어야 한다.

글로벌 C# 커뮤니티에 참여하기

C#은 전 세계 수백만 명의 개발자가 사용하는 언어다. 이 개발자들이 모인 커뮤니티에서는 C#에 관한 수많은 지식과 지혜가 생산되고 있다. C# 관련 질의응답은 항시 스택 오버플로stack overflow의 상위 카테고리를 차지한다. C# 언어 개발팀도 언어 설계에 관한 논의를 깃허브에서 진행함으로써 커뮤니티에 기여하고 있다. 또한, 컴파일러도 깃허브에 오픈소스로 공개돼 있다. 여러분도 이 커뮤니티의 일부가 될 수 있다. 적극적으로 참여하자.

아이템 48: 가장 인기 있는 답이 아닌 최고의 답을 찾으라

유명 프로그래밍 언어 커뮤니티는 언어에 추가된 새로운 기능에 맞춰 기존의 예제와 활용법 자료를 갱신해야 한다는 과제에 직면한다. C# 개발팀은 올바로 작성하기 쉽지 않은 관용구를 쉽게 처리해주는 기능을 지속해서 추가해왔고, C# 커뮤니티는 더 많은 개발자가 이 새로운 기능을 빨리 습득해 적용하기를 원한다. 그럼에도 여전히 낡은 방식을 추천하는 예전 지식이 커뮤니티에 넘쳐난다. 실제 운용되고 있는 많은 코드는 예전 버전의 C#으로 작성돼 있다. 그리고 그 제품에 사용된 코드가 당시의 모범 사례로 소개되어 현재까지 갱신되지 않고 남아 있는 것이다. 또한 새롭고 개선된 기술이 검색 엔진이나 다른 사이트의 상단에 자리잡기까지는 시간이 걸린다. 이런 이유들로 최신 기술이나 개선된 기술보다 오래전 기술을 설명하는 글이 가장 인기 있는 추천의 글로 버젓이 고개를 내미는 경우를 흔히 볼 수 있다.

C# 커뮤니티에서는 다양한 배경의 수많은 개발자가 활동한다. 좋은 소식은 이 광활한 커뮤니티가 여러분에게 C#을 알려주고 프로그래밍 기술을 향상시켜줄 풍부한 정보를 축적하고 있다는 것이다. 어떤 검색 엔진이든 궁금한 것을 입력하면 즉시 수백, 수천 개의 결과를 찾아준다. 하지만 좋은 답(예제나 해결책)이 인기를 얻어서 검색 결과의 상단에 노출되기까지는 시간이 걸린다. 설사 어렵사리 검색 결과의 첫 페이지에 노출된다고 해도 다른 더 인기 있는 답들로 인해 새롭고 더 나은 답이 가려질 수도 있다.

C# 커뮤니티의 규모가 크다는 것은 온라인상의 변화가 빙하가 녹는 것처럼 아주 느리다는 것을 뜻하기도 한다. 초보 개발자가 찾게 되는 답은 두세 버전 이전의 정답일 수 있다. 사실 이처럼 오래되고 유명해져버린 답이 새로운 기능을 만드는 원동력이 되기도 한다. 언어 설계팀은 새로운 기능을 고려할 때 개발자의 일상 업무에 크게 기여할 수 있다고 판단되면 언어에 해당 기능을 추가한다. 기존에 활용되던 우회책이나 해법을 구현하는 데 필요한 코드의 길이만 보더라도 새로운 기능이 필요한 이유가 정확하게 설명되는 경우가 많다. 우회 방법에 대한 인기도는 새로운 기능의 중요도와 직결된다. 그렇게 추가된 최고의 신기능을 대중화하는 것은 이제 우리 전문 개발자들의 몫이다.

한 예로 『Effective C#(3판)』 **아이템 8: 이벤트 호출 시에는 null 조건 연산자를 사용하라**에서 다룬 내용을 돌아보자. 델리게이트 호출이나 이벤트를 일으킬 때 ?. 연산자를 사용하면, null을 검사하고, 그 결과 null이 아닐 때 메서드를 호출하는 작업을 스레드 안전한 방식으로 수행할 수 있다. 반면 지역변수에 이벤트를 할당한 다음, 이벤트를 일으키기 직전에 지역변수가 null인지를 확인한 후, 그렇지 않은 경우에만 이벤트를 발생시키는 방법이 오래전부터 사용되었고, 아직도 이 오래된 기법이 많은 사이트에서 가장 인기 있는 방법으로 언급되고 있다.

텍스트 출력을 다루는 대다수의 예제 코드와 운용 코드도 문자열 포매팅과 대체에 낡아빠진 위치 지정 방식 구문positional syntax을 여전히 사용 중이다. 『Effective C#(3판)』의 **아이템 4: string.Format()을 보간 문자열로 대체하라**와 **아이템 5: 문화권별로 다른 문자열을 생성하려면 FormattableString을 사용하라**에서는 새로운 기술인 보간 문자열 구문interpolated string syntax을 소개하고 있다.

전문 개발자라면 최신 기술을 홍보하기 위해 노력해야 한다. 이를 위해 첫 번째로 할 일은 답을 검색할 때 가장 인기 있는 답이 아니라 최신 C# 언어의 기능을 활용한 최고의 답을 찾아야 한다. 충분한 검토를 통해 여러분의 환경, 플랫폼, 버전에 가장 적합한 답이 어느 것인지 정해야 한다.

두 번째는, 최고의 답을 찾았다면 그 답을 지지해야 한다. 이렇게 해야 새로운 답이 서서히 검색 결과의 상위로 이동해서 가장 인기 있는 답이 될 것이다.

세 번째로, 웹페이지를 수정할 수 있는 경우라면 가장 인기 있는 답을 수정해서 최신의 답을 살펴볼 수 있도록 만들자.

마지막으로 자신의 코드를 수정할 때마다 더 나은 코드로 만들려고 노력해야 한다. 변경하려는 코드를 살펴보고 새로운 기술을 사용해서 리팩터링할 여지가 있는지를 검토하고 반영하라. 코드 전체를 단 단일의 스프린트 내에서 모두 개선할 필요는 없다. 작은 개선들이 축적돼야 더 나은 결과가 된다.

이상의 권장 사항을 준수하고 C# 커뮤니티의 모범 시민이 되어 보자. 그러면 자연스럽게 다른 개발자가 최신의 최적 해답을 찾는 데도 도움이 될 것이다.

큰 커뮤니티가 새롭고 나은 해결책을 받아들이려면 시간이 필요하다. 어떤 것은 곧바로 새로운 기술로 넘어갈 수도 있지만, 어떤 것은 몇 년이 걸리기도 한다. 여러분이나 여러분의 팀이 새로운 기술을 받아들이는 단계에 있다면 최신 기술을 기반으로 한 최고의 해결책을 홍보해서 커뮤니티를 도와줄 수 있을 것이다.*

아이템 49: 명세와 코드 향상에 기여하라

오픈소스를 지향하는 C#의 정신은 컴파일러 코드 공개 이상으로 확장되고 있다. 언어의 설계 역시 공개 프로세스로 진행된다. 그래서 C# 지식을 배우고 키워갈 정보는 아주 풍부하다. 이런 정보를 찾아보는 것이야말로 C#을 학습하고, 최신 정보를 취득하고, C#의 진화에 기여할 수 있는 가장 좋은 방법이다. 구체적으로는 깃허브에 공개된 .NET 언어 플랫폼인 로슬린

***

* 옮긴이_ 개인적인 경험으로는 새로운 기술로 넘어가려면 항상 1~2년 정도의 시간이 걸린다. 예를 들어 C# 7.0이 나왔다고 해서 바로 7.0을 사용하는 개발자는 거의 없다. 왜냐하면 당시 현장에서 개발된 것이 대부분 5.0이고 6.0을 사용하는 곳이 간혹 있는 정도이기 때문이다. 이는 비주얼 스튜디오의 기술 이전 속도와도 관련이 있다. 비주얼 스튜디오 2017이 나왔다고 해서 바로 넘어가지 않는다. 한편으로는 개발자들이 게으른 탓도 있다고 본다. 비주얼 스튜디오 2017 버전이 나올 쯤에는 아마 2015 버전을 사용하는 현장이 대부분이고 개발자도 굳이 새로운 버전을 바로 공부하려고 하지 않는다. 하지만 이것이 우리에게는 오히려 기회가 될 수 있다. 현장에서 아무도 신버전을 사용할 줄 모른다면 미리 공부해서 사용법을 익힌 개발자가 팀의 기술 선도자로 인정받을 수 있기 때문이다.

(https://github.com/dotnet/roslyn)과 C# 언어 설계를 뜻하는 CSharpLang(https://github.com/dotnet/csharplang) 저장소에 정기적으로 방문할 것을 권한다.

이런 오픈소스 협업 체계는 C# 커뮤니티의 큰 변화 중 하나로, 동료 개발자와 함께 작업하고 배울 수 있는 새로운 방식을 제공한다. 여러분도 얼마든지 이 공간에 참여해서 함께 성장할 수 있다.

C#은 오픈소스 언어이므로 자신만의 C# 컴파일러를 만들어 사용할 수 있다. 변경한 코드를 언어 개발자에게 전달할 수도 있으며, 자신이 새롭게 만든 기능이나 개선안을 제안할 수 있다. 좋은 아이디어가 있다면 자신의 포크^{fork}에서 프로토타입으로 구현해 풀 리퀘스트^{pull request}를 하면 된다.

이런 방식으로 참여하려면 사실 많은 노력과 시간이 필요하다. 하지만 이외에도 참여할 수 있는 방법은 많다. 문제를 발견하면 깃허브의 로슬린 저장소에 보고하자. 보고된 문제에 대해서는 C# 팀이 현재 개선 작업을 진행 중인지 아니면 작업할 예정인지 등의 상태가 표시된다. 여기서 말하는 '문제'는 수상한 버그, 명세상의 문제, 새로운 기능 요청, 진행 중인 업데이트 등을 모두 포함한다.

CSharpLang 저장소에선 새로운 기능에 대한 명세를 찾을 수 있다. 이 명세들은 새로 나올 기능을 미리 학습하고, 언어 설계와 진화 과정에 참여할 수 있는 좋은 기회가 될 수 있다. 모든 명세는 의견 청취와 논의를 위해 열려 있다. 커뮤니티의 다른 멤버들의 생각을 읽고 논의에 참여해서 여러분이 좋아하는 언어의 진화 과정에 참여하는 재미를 느껴보자. 새로운 명세는 검토 준비가 되면 공개되며, 검토가 마감되는 시간은 출시 주기에 따라 다르다. 다음 출시를 위한 계획 단계에서는 많은 명세가 공개되는데, 최종 단계가 가까워질수록 줄어든다. 이른 단계라고 해도 매주 한두 개의 사양만 읽어보아도 충분히 쫓아갈 수 있다. 명세의 참고 자료는 CSharpLang 저장소의 'Proposals' 폴더(http://bit.ly/2nT4TNJ)에서 찾을 수 있다. 각 제안에는 해당 제안의 상태를 추적하기 위한 'Champion' 이슈를 가지고 있다. 이 이슈들에 의견을 남기는 형태로 해당 제안에 여러분의 의견을 남길 수 있다.

명세 외에도 언서 설계 미팅의 회의록도 CSharpLang 저장소에 공개된다. 이 회의록들을 읽으면 새로운 기능을 만들기 위해 어떤 사항이 고려되고 있는지 깊이 있게 이해할 수 있다. 예를 들면 이미 안정화된 언어에 새로운 기능을 추가할 때 따르는 제약을 알 수 있다. 언어 설계팀은 새 기능에 대한 긍정적 효과와 부정적 효과를 논의하고, 이점을 저울질하고, 대략적인 일정을 잡고, 영향을 논의한다. 여러분은 새 기능에 대한 다양한 시나리오를 배울 수 있다. 이 회의록도 의견을 수렴하고 논의를 거치기 위해 모두에게 열려 있다. 여러분의 목소리를 들려주고 언어의 진화에 관심을 가져보자. 언어 설계팀은 한 달에 한 번 정도 만나며, 회의록은 회의가 끝나면 머지않아 공개된다. 회의록을 읽는 데는 많은 시간이 걸리지 않으며, 그만한 시간을 투자할 가치가 충분히 있다. 회의록은 CSharpLang의 'Meetings' 폴더(http://bit.ly/2nUkKvr)에서 찾을 수 있다.

C# 언어의 명세는 마크다운^{markdown}으로 변환돼서 역시 CSharpLang 저장소에 저장되어 있다. 잘못된 곳을 발견하였다면 주석을 달거나, 이슈로 등록하거나, 풀 리퀘스트할 수도 있다.

좀 더 모험을 하고 싶다면 로슬린 저장소를 복제^{clone}해서 컴파일러의 단위 테스트들을 살펴보자. 언어의 개별 기능이 관리되는 규칙을 깊이 이해할 수 있을 것이다.

C# 커뮤니티가 클로즈드소스^{closed source}에서 오픈소스로 바뀐 것은 큰 변화다. 소수의 구성원만이 개발과 논의에 참여할 수 있던 환경에서 커뮤니티 전체가 참여할 수 있게 바뀐 것이다. 우리 모두가 이러한 기회에 적극 동참해야 한다. 다음 출시에 어떤 기능이 포함되는지 먼저 배우도록 하자. 관심 있는 부분에는 적극적으로 참여하자.

아이템 50: 분석기를 사용해서 자동화 처리를 고민하라

『Effective C#(3판)』과 이 책은 더 나은 코드를 작성하도록 도와주는 제안들을 수록하고 있다. 로슬린 API를 사용해 만든 코드 분석기를 사용하면 이 제안들 중 상당수를 제대로 활용하고 있는지 검증할 수 있다. 로슬린 API를 사용하면 코드를 의미론^{semantics} 수준에서 분석하여 더 나은 기법을 적용할 수 있도록 도와준다.

좋은 소식은 이런 분석기를 직접 작성할 필요가 없다는 것이다. 다양한 오픈소스 프로젝트에서 분석기를 제공하고 있으니 말이다.

로슬린 컴파일러 팀이 구축한 로슬린 분석기 프로젝트가 대표적이다(http://bit.ly/2PstJAP). 이 분석기는 로슬린 팀이 성석 분석 API를 검증하기 위해 만들었고, 현재는 로슬린 팀이 사용하는 다양한 지침을 자동 검증하는 기능이 추가된 상태다.

또 다른 유명 라이브러리로 코드 크래커^{Code Cracker} 프로젝트가 있다(http://bit.ly/2Pn3Pyl). 이 프로젝트는 .NET 커뮤니티 멤버들이 시작한 것으로, 본인들이 생각하는 코드 작성 모범 사례를 반영했다. C#과 VB.NET 버전의 분석기를 제공한다.

또 다른 커뮤니티 멤버들은 .NET 분석기들^{NET Analyzers}이라는 깃허브 모임^{GitHub organization}을 만들어 나름의 권장안을 구현한 분석기들을 모아놓았다(https://github.com/DotNetAnalyzers). 자세한 내용은 사이트를 직접 방문해 알아보기 바란다. 라이브러리와 애플리케이션 유형별로 최적화된 분석기들을 제공한다.

분석기를 설치하기 전에 각 분석기가 어떤 규칙을 얼마나 강하게 적용하는지 알아봐야 한다. 규칙을 위반하면 분석기는 정보, 경고, 오류 등으로 수준을 나눠 보고한다. 분석기별로 규칙들에 대해 선택할 수 있는 옵션도 다르다. 상충하는 규칙이 있을 수도 있다. 하나의 위반 사항을 수정하면 다른 분석기는 수정한 코드가 오히려 규칙 위반이라고 보고할 수도 있다(예를 들어, 어떤 분석기는 var를 사용한 암묵적 타입 변수를 선호하지만, 또 다른 분석기는 변수 타입을 명시하는 쪽을 선호한다). 많은 분석기가 설정 옵션을 제공해서 어떤 규칙을 적용하고 어떤 규칙을 무시할지 선택할 수 있도록 하고 있다. 이 옵션을 사용해서 자신의 환경에 맞는 설정을 만들자. 이 과정에서 각 분석기가 제공하는 규칙과 모범 사례에 대해 자세히 배울 수 있다.

만약 원하는 모범 사례를 제공하는 분석기를 찾기 어렵다면 직접 만들어볼 수도 있다. 로슬린 분석기 저장소에 포함되어 있는 분석기들은 모두 오픈소스이므로, 새로운 분석기를 개발하기 위한 훌륭한 템플릿이 될 수 있다. 분석기 개발은 C# 구문과 의미 체계 분석을 깊이 있게 이해해야 하는 고급 주제다. 하지만, 간단한 분석기를 개발해보면 C# 언어에 대한 훨씬 깊은 통찰을 얻을 수 있다. 관심이 있다면 필자가 설명용으로 사용하던 저장소를 활용하면 도움이 될 것이다(http://bit.ly/2PnWLkK). 이 저장소는 가상 이벤트를 찾아 바꾸는 분석기를 만드는 방법을 설명하고 있다(**아이템 21: 이벤트는 가상으로 선언하지 말라** 참조). 각 브랜치가 코드를 분석하고 수정하는 단계를 하나씩 보여준다.

분석기를 개발하기 위한 로슬린 API는 어떤 코딩 모범 사례에도 대응할 수 있는 자동 검증 기능을 제공한다. 로슬린 팀과 커뮤니티가 다양한 분석기를 개발해 공개하였다. 이 분석기들이 여러분의 요구에 부합하지 못한다면 자신만의 분석기를 개발할 수도 있다. 분석기 개발은 고급 기술을 요구하지만 C# 언어 규칙에 대한 깊은 지식을 얻을 수 있는 기회가 될 것이다.

INDEX

INDEX